Innovativ und kompakt – gesellschaftliche Herausforderungen der Gegenwart

Reihe herausgegeben von

Wolfgang Aschauer, Fachbereich Soziologie und sozialwissenschaftliche Geographie
Universität Salzburg
Salzburg, Österreich
Thomas Herdin, Fachbereich Kommunikationswissenschaft
Universität Salzburg
Salzburg, Österreich

In den Sozialwissenschaften wird der Ruf nach mehr Öffentlichkeitswirksamkeit immer lauter, dominante gesellschaftliche Diskurse sollen durch wissenschaftliche Einsichten bereichert werden. Es gibt sie ja durchaus noch – die originären Ideen und fundierten Analysen – jedoch finden diese in der Regel wenig Eingang in die Alltagswelt. Hochwertige Publikationen werden deshalb meist nur in der Scientific Community rezipiert. Kritisch bis ironisch ausgedrückt könnte man von einer „akademisch-rezeptiven Echokammer" sprechen.

Wir als Sozialwissenschaftler_innen sind aber gerade angesichts der aktuellen gesellschaftlichen Entwicklungen gefordert, unsere Erkenntnisse aus den Kernaufgaben Forschung (first mission) und Lehre (second mission) auch in die Gesellschaft (third mission) zu tragen. Es geht dabei um die gezielte Bekanntmachung und Nutzung wissenschaftlicher Erkenntnis zum adäquaten Umgang mit aktuellen gesellschaftlichen Herausforderungen (Stichwort: Wissenstransfer). Im Idealfall sollen auch Entscheidungsträger_innen durch die innovativen sozialwissenschaftlichen Analysen angeregt werden, Schritte hin zu einer positiven gesellschaftlichen Entwicklung zu leisten.

Thomas Herdin

Stille - Ein Weckruf zur digitalen Selbstfürsorge

Thomas Herdin
FB Kommunikationswissenschaft
Universität Salzburg
Salzburg, Österreich

ISSN 2662-1568 ISSN 2662-1576 (electronic)
Innovativ und kompakt – gesellschaftliche Herausforderungen der Gegenwart
ISBN 978-3-658-51340-5 ISBN 978-3-658-51341-2 (eBook)
https://doi.org/10.1007/978-3-658-51341-2

Die Deutsche Nationalbibliothek verzeichnet diese Publikation in der Deutschen Nationalbibliografie; detaillierte bibliografische Daten sind im Internet über https://portal.dnb.de abrufbar.

Springer VS ist ein Imprint der eingetragenen Gesellschaft Springer Fachmedien Wiesbaden GmbH und ist ein Teil von Springer Nature.
Die Anschrift der Gesellschaft ist: Abraham-Lincoln-Str. 46, 65189 Wiesbaden, Germany

Für Lisa,
die mich daran erinnert,
zu leben, was ich schreibe.

Vorwort: Stille als Haltung

Wir leben in einer Zeit, in der die Welt lauter geworden ist. Die Beschleunigung des Alltags, die Verdichtung digitaler Kommunikationsräume und die ständige Präsenz von Reizen haben eine Gegenwart hervorgebracht, in der Stille zunehmend schwindet. Dieses Buch widmet sich den Fragen, was geschieht, wenn Stille verloren geht, wie sie wiedergefunden werden kann und welche transformierende Kraft sie entfaltet.

Die vorliegende Arbeit ist aus einer langen persönlichen Auseinandersetzung mit dem Thema Stille hervorgegangen. Vielleicht, weil ich selbst immer wieder nach ihr gesucht, sie verloren geglaubt und sie in unerwarteten Momenten neu entdeckt habe. Vielleicht auch, weil mir über die Jahre bewusst wurde, wie leicht sie im Alltag entgleitet, oft unmerklich, bis man irgendwann spürt, dass etwas Wesentliches fehlt.

Die Beschäftigung mit Stille hat eine längere Vorgeschichte. Sieben Jahre lang lebte ich in Bangkok, einer Stadt, die kaum zur Ruhe kommt. Sie ist faszinierend, intensiv, vibrierend, rastlos, voller Bewegungen und Stimmen, ein Strom aus Farben, Geräuschen und Gerüchen. Auf den Straßen pulsiert das Leben. Doch wenn man im 64. Stockwerk steht und hinunterblickt, verwandelt sich dieses Chaos in etwas Geordnetes. Der Lärm wird zu einem Flüstern, die Unruhe zeigt sich als fließendes Lichtermeer. Und inmitten dieser Weite tritt eine stille Schönheit hervor, die im Nahen nicht zu erkennen war. Dieselbe Stadt, zwei völlig unterschiedliche Wahrnehmungen. Beides ist wirklich, beides gehört zusammen.

Mit diesem Blickwechsel wurde mir bewusst, dass Stille kein Ort ist, sondern eine Perspektive. Sie ist nicht das Gegenteil des Lebendigen, sondern sein notwendiger Ausgleich. In unserem digitalen Alltag fehlt jedoch oft genau dieser Gegenpol. Das Lautsein ist überall, das Stillwerden selten. Sobald ein Element aber dauerhaft fehlt, verliert das Ganze seine Balance.

Diese Erfahrung hat mir gezeigt, dass Stille eine Lebendigkeit besitzt, ein Gegenstück zu jenen Phasen des Lebens, die von ständiger Aktivität geprägt sind. Das Laute braucht das Leise. Die Bewegung braucht die Ruhe. In unserem digitalen Alltag gerät dieses Gleichgewicht leicht aus den Fugen. Dann entsteht eine Schieflage, die spürbar wird.

Der Aufbau dieses Buches folgt einem Dreischritt. Der erste Teil *Die verlorene Stille* beschreibt die Bedingungen, unter denen Stille in der Gegenwart verloren geht, und analysiert die gesellschaftlichen Spannungen, die aus diesem Verlust entstehen. *Der Weg zur Stille* zeigt, wie Stille wieder erfahrbar werden kann, wenn Wahrnehmung geschärft, automatische Reaktionsmuster unterbrochen und Räume für Reflexion geöffnet werden. *Die Wirkung der Stille* beleuchtet schließlich, wie Stille kognitive Klarheit unterstützt, emotionale Regulation fördert und kommunikative Beziehungen vertieft, wenn sie bewusst in den Alltag integriert wird. Gemeinsam bilden diese drei Perspektiven einen Bogen, der von der Analyse unserer überreizten Gegenwart zu einer Haltung führt, die Orientierung, Selbstregulation und Beziehung stärkt. Stille erscheint so nicht als Rückzug, sondern als Ressource, die in einer lauter werdenden Welt an Bedeutung gewinnt.

Diese drei Teile bilden eine wissenschaftliche Annäherung an das Thema *Stille in der Kommunikation*. Sie verstehen sich nicht als Anleitung im Sinne eines Ratgebers, sondern als Einladung zu einer Haltung, die Wahrnehmung und Umgang mit Stille neu erschließt. Zugleich ist dieses Buch ein Versuch zu zeigen, dass Stille keinen Rückzug aus der Welt bedeutet, sondern eine Möglichkeit eröffnet, in einer überreizten Gegenwart psychische Widerstandskräfte zu stärken und dem Leben mit mehr Zuversicht zu begegnen.

Dieses Buch ist eine Einladung, Stille als eine oft übersehene Dimension unserer Gegenwart neu zu entdecken. Es geht nicht um eine nostalgische Rückkehr zu einer vermeintlich einfacheren oder besseren Zeit, sondern richtet den Blick darauf, wie ein gelingendes Leben auch inmitten beschleunigter und reizintensiver Umgebungen möglich wird und sich bewahren lässt.

Salzburg, Österreich Thomas Herdin

Inhaltsverzeichnis

Teil I

DIE VERLORENE STILLE

Die Gegenwart ist von einer Intensivierung kommunikativer Prozesse geprägt, in der Stille zur Seltenheit geworden ist. Reize, Informationen und Bewertungen überziehen den Alltag in einer solchen Dichte, dass die eigenen Grenzen oft erst dann erkennbar werden, wenn Erschöpfung bereits eingetreten ist. Dieser erste Teil untersucht die Bedingungen, unter denen Stille im digitalen und gesellschaftlichen Alltag verschwindet, und zeigt, wie Krisendiskurse, permanente Erreichbarkeit und algorithmisch strukturierte Medienumwelten eine Atmosphäre schaffen, in der Pausen kaum vorgesehen sind. Die daraus resultierenden psychischen Belastungen werden nicht als individuelle Defizite, sondern als Ausdruck struktureller Überforderung sichtbar. Stille erscheint in diesem Zusammenhang als jene fehlende Voraussetzung, die Kommunikation wieder zu einem Raum des Hörens, Verstehens und gemeinsamen Nachdenkens werden lässt.

Wo alles zu uns spricht und nichts zur Ruhe kommt, verliert der Mensch den Zugang zu dem, was wesentlich ist.

1

Kommunikation ist allgegenwärtig, Stille jedoch nicht

Wir leben in einer Zeit, in der Kommunikation allgegenwärtig ist. Noch nie zuvor war es so einfach, mit anderen in Kontakt zu treten, unsere Gedanken zu teilen, Meinungen zu äußern oder Informationen zu verbreiten und das zu jeder Zeit und räumlich unbegrenzt. Kommunikation ist eine grundlegende Voraussetzung für individuelles und gemeinschaftliches Leben. Sie dient nicht nur dem Austausch von Informationen, sondern ermöglicht die Entstehung von Sinn, Identität und sozialer Ordnung. Auf persönlicher Ebene bildet sich das Selbst im Miteinander und auf gesellschaftlicher Ebene schafft Kommunikation Verständigung und trägt zur Stabilisierung des gemeinsamen Alltags bei. Kommunikation ist eine Schlüsselkompetenz, denn sie öffnet den Raum für Empathie und kann integrierend wirken, wenn unterschiedliche Lebenswelten aufeinandertreffen. Gerade weil Kommunikation diese Funktionen erfüllt, verdient sie Wertschätzung und eine bewusste Pflege. Um

T. Herdin, *Stille - Ein Weckruf zur digitalen Selbstfürsorge*, Innovativ und kompakt – gesellschaftliche Herausforderungen der Gegenwart, https://doi.org/10.1007/978-3-658-51341-2_1

dies zu gewährleisten ist es notwendig, sowohl ihre Voraussetzungen als auch ihre Grenzen zu beleuchten.

Kommunikative Entgrenzung: Eine Gesellschaft ohne Pausen
Im digitalen Zeitalter steigt die Gefahr, dass Kommunikation an Tiefe verliert und damit echtes Zuhören, gemeinsame Aufmerksamkeit und gegenseitiges Verstehen seltener eingelöst werden. Deshalb ist eine reflektierte Auseinandersetzung mit Kommunikation notwendig, da ihre Allgegenwart keineswegs garantiert, dass mehr Austausch zu mehr Verständnis oder tragfähigeren Beziehungen führt. Sie kann vielmehr das Gegenteil bewirken, indem Belangloses verstärkt und Konflikte angeheizt werden. Die Herausforderung liegt darin, dass Quantität nicht mit Qualität verwechselt werden darf. Erst Pausen und Zurückhaltung eröffnen die Möglichkeit, Inhalte zu gewichten und Wesentliches von Nebensächlichem zu unterscheiden.

Es fehlt unserer Gesellschaft also nicht an Kommunikation, wohl aber an Stille, die der Kommunikation Pause und Tiefe verleiht. Wo Stille fehlt, verliert Kommunikation an Qualität, wird reflexhaft und flüchtig und kann psychisch belasten. Stille darf jedoch nicht als bloßes Schweigen verstanden werden, sondern als konstitutive Dimension jeder gelingenden Kommunikation. Sie schafft einen Raum des Innehaltens und der Selbstwahrnehmung, aus dem heraus echte Beziehung entstehen kann. Ohne Stille verkommt Kommunikation zu einem Dauerfeuer an Worten und inflationären Mitteilungen, wobei das Empfangen, Verstehen und Reflektieren aus dem Blick gerät.

Dieses Buch rückt die Bedeutung der Stille ins Zentrum kommunikativer Prozesse. Es fragt, welche psychologischen und gesellschaftlichen Folgen ihre Abwesenheit nach sich zieht. Erst eine Wiederentdeckung der Stille kann helfen, Kommunikation neu zu denken. Denn wir brauchen nicht nur das Wort, wir brauchen ebenso die Stille, mehr als je zuvor.

Die heutige Zeit ist reich an Mitteilungen aber arm an Pausen. Kommunikation ist allgegenwärtig und begleitet uns in nahezu allen Lebensbereichen. In sozialen Netzwerken, digitalen Plattformen und Nachrichtenportalen wird gepostet, bewertet und kommentiert. Eine unablässige Flut an Informationen strömt ununterbrochen auf uns ein, der wir uns kaum entziehen können. Insbesondere in sozialen Medien und digitalen Kommentarbereichen von Nachrichtenforen wird rasch Stellung bezogen. Diskussionen folgen direkt auf Nachrichteninhalte, häufig geprägt vom Beharren auf der eigenen Position und wenig echtem Austausch. Innere Impulse werden ungefiltert nach außen getragen, ohne Verzögerung und ohne Reflexion. In der Auseinandersetzung mit den Meinungen anderer steht vielfach die Korrektur oder das Belehren im Vordergrund. Der Raum für echten Dialog bleibt dabei oft verschlossen. Das ist problematisch, da Kommunikation ein zentraler Bestandteil des menschlichen Zusammenlebens ist.

Kommunikation birgt Risiken, denn sie ist ein irreversibler Prozess.[1] Einmal Gesagtes kann nicht mehr rückgängig gemacht werden. Bereits Ausgesprochenes kann man höchstens relativieren, einschränken, erklären, zurücknehmen, widerrufen, erläutern oder modifizieren. Auch wenn nachträgliche Korrekturen, Erläuterungen, Relativierungen oder gar Entschuldigungen möglich sind, bleibt die ursprüngliche Botschaft im Raum, entfaltet dort ihre Wirkung und kann unvorhersehbare Reaktionen auslösen. Dieser Aspekt macht Kommunikation anfällig für Konflikte. Umso notwendiger wird eine bewusste Kommunikationskultur, die Raum für eine stille Reflexion lässt.

---

[1] Watzlawick et al. 1990.

Die Forderung nach einer bewussteren Kommunikationskultur zeigt sich besonders dort, wo Unsicherheit, Überforderung und Zukunftsängste zunehmen. In Krisenzeiten wird deutlich, wie kommunikative Reizüberflutung, emotionale Aufladung und der Verlust von Stille zur kollektiven Erschöpfung beitragen. Die junge Generation steht dabei im Fokus, da sie diese Beschleunigung besonders intensiv erlebt. Wie sich diese Entwicklungen konkret äußern und welche Verantwortung daraus erwächst, wird im folgenden Abschnitt vertieft.

Krisendiskurse, Überforderung und die junge Generation
Die Belastungen entgrenzter Kommunikation werden in aktuellen gesellschaftlichen Debatten zunehmend thematisiert. Besonders im Umgang mit Krisen wird eine wachsende Überforderung spürbar. Die Zukunft erscheint vielen als unsicher, komplex und schwer berechenbar. Diese Wahrnehmung wird mit dem Akronym VUCA beschrieben, das für Volatilität, Unsicherheit, Komplexität und Ambiguität steht und als Kennzeichen der gegenwärtigen gesellschaftlichen Rahmenbedingungen steht.[2] In solchen Zeiten ist die Versuchung groß, die Gegenwart als Abstieg gegenüber einer vermeintlich besseren Vergangenheit zu interpretieren. Was unter dem Schlagwort VUCA diskutiert wird, reiht sich damit in eine lange Tradition kulturpessimistischer Deutungen ein. Schon Cicero brachte diese Haltung vor über 2000 Jahre mit seinem berühmten Ausruf *O tempora, o mores* zum Ausdruck, als er moralischen Verfall und politische Missstände kritisierte. Die Vorstellung, dass Gesellschaft, Kultur oder gar Zivilisation im Niedergang begriffen seien, scheint im kollektiven Denken verankert zu sein.

---

[2] Bennett und Lemoine 2014.

Heute begegnen uns ähnliche Muster in Form pessimistischer Zukunftsszenarien. Krisen und Konflikten fördern die Tendenz, Entwicklungen ausschließlich als Bedrohung zu sehen. In digitalen Räumen verbreiten sich solche Erzählungen schnell und werden emotional verstärkt. Ein zeitdiagnostischer Hinweis auf diese Dynamik findet sich in der Wahl des Oxford Word of the Year 2025 *Rage bait*. Damit werden Onlineinhalte bezeichnet, die gezielt Empörung hervorrufen, um Interaktionen zu erhöhen. Die Auszeichnung verdeutlicht, wie stark manipulative Empörungsstrategien die öffentliche Kommunikation prägen und wie zentral Debatten über digitale Beeinflussung und Plattformregulierung geworden sind. *Rage bait* verstärkt schnelle emotionale Reaktionen, fördert polarisierende Interpretationen und trägt dazu bei, komplexe Entwicklungen als unmittelbare Bedrohung einzuordnen. Zugleich wächst das Bewusstsein für diese Mechanismen, wodurch digitale Empörung zunehmend als strukturelles Element gegenwärtiger Kommunikationskulturen verstanden wird. Solche kommunikativen Dynamiken bleiben nicht folgenlos. Wer sich permanent mit düsteren Prognosen konfrontiert sieht, läuft Gefahr, in eine Spirale negativer Denkprozesse zu geraten. Dabei wird das Gefühl verstärkt, der Entwicklung ausgeliefert zu sein, anstatt sie mitgestalten zu können.

Doch gerade in unsicheren Zeiten ist es entscheidend, nicht in Alarmismus zu verfallen. Komplexe Herausforderungen erfordern differenziertes Denken, nüchterne Analyse und einen klaren Blick. Es gilt, Gefahren ernst zu nehmen, ohne sie zu dramatisieren. Probleme müssen benannt, reflektiert und in einen größeren Zusammenhang gestellt werden. Nur so eröffnen sich Wege, mit diesen Entwicklungen konstruktiv umzugehen. Die aktive Auseinandersetzung mit Schwierigkeiten ermöglicht es, an ihnen zu wachsen und daraus Gestaltungskraft zu entwickeln. Das gilt auf individueller wie auch auf gesellschaftlicher Ebene.

Besonders deutlich zeigen sich diese Herausforderungen bei jungen Menschen. Sie wachsen in einer Zeit auf, die von digitalen Reizen und permanenter Erreichbarkeit geprägt ist, was ihre emotionale Stabilität und mentale Verarbeitungskapazität stark beansprucht. Dieses Buch richtet den Blick immer wieder auf die junge Generation, die vor der Aufgabe steht, sich in einer Welt zu orientieren, die durch tiefgreifende digitale Transformation, algorithmisch gesteuerte Umwelten und den zunehmenden Einfluss künstlicher Intelligenz geprägt ist. Damit verbunden ist eine wachsende Belastung ihrer psychischen Gesundheit, die sich jedoch differenziert darstellt und neben Risiken auch Ressourcen und Stabilisierungspotenziale erkennen lässt. Gleichzeitig nehmen Ängste, Erschöpfung und depressive Symptome insgesamt zu. Es gilt, Herausforderungen präzise zu benennen und nicht mit Katastrophenszenarien zu verwechseln. Entscheidend ist, reale Probleme von übersteigerten Dramatisierungen zu unterscheiden. Auf dieser Grundlage kann ein Bewusstsein für einen gesunden und reflektierten Umgang mit digitalen Kommunikations- und Medienrealitäten entstehen. Nur wenn digitale Technologien klug und verantwortungsvoll genutzt werden, lassen sich auch ihre Potenziale erschließen. In diesem Buch werden Wege aufgezeigt, wie ein bewussteres Kommunikationsverhalten zur Stärkung des Einzelnen und zum gesellschaftlichen Zusammenhalt beitragen kann.

Das Buch analysiert den Verlust der Stille, beschreibt Wege zu ihrer Wiedergewinnung und beleuchtet ihr Potenzial für Kommunikation, Gesellschaft und individuelles Leben. Es zeigt, dass ihr Fehlen ein zentrales Problem der Gegenwart ist und ihre Wiedergewinnung eine wesentliche Ressource für vertiefte Kommunikation, psychische Gesundheit und Orientierung in einer überreizten Welt darstellt. Die Struktur übernimmt dafür ein Vorgehen, das ursprünglich in der Medizin entwickelt wurde. Anamnese,

Diagnose und Therapie bilden dort einen Prozess, der komplexe Situationen schrittweise erfasst. Dieses Modell eignet sich nach Michael Gieseke und Erich Hamberger auch für die Kommunikationswissenschaft, weil es eine klare Ordnung ermöglicht und den Forschungsprozess erst dann als abgeschlossen versteht, „wenn auf die empirischen Untersuchungen (Anamnese) und die theoriegeleitete Diagnose therapeutische Vorschläge für die Praxis folgen".[3] Ergänzt wird dieser Dreischritt durch die Ebene der Wirkung, die die Frage nach tatsächlichen Veränderungen und möglichen Formen der Transformation auf individueller und gesellschaftlicher Ebene einbezieht.

Erster Teil: Die verlorene Stille (Anamnese und Diagnose)

Der erste Teil bündelt Anamnese und Diagnose. Er beschreibt die Bedingungen, unter denen Stille in der Gegenwart verloren geht, und analysiert die Spannungen, die daraus entstehen. Kap. 1 zeigt, dass Kommunikation heute allgegenwärtig ist, ihre Qualität jedoch leidet, wenn sie nicht durch Stille ergänzt wird. Kommunikation ohne Pausen erschwert Zuhören und Reflexion und lässt wenig Raum für Resonanz. Kap. 2 erweitert diese Anamnese um die individuelle Ebene psychischer Belastungen. Daten verweisen auf einen deutlichen Anstieg von Angst, Überforderung und Erschöpfung, der besonders junge Menschen betrifft. Globale Unsicherheiten und permanent alarmierende Informationsumwelten prägen eine Grundstimmung der Anspannung. Diese Erfahrungen sind in breitere soziale Entwicklungen eingebettet. Während in öffentlichen Debatten oft von Spaltung die Rede ist, zeigen empirische Befunde ein differenzierteres Bild. Statt einer klaren Polarisierung lässt sich eher eine fragmentierte und emotional auf-

[3] Giesecke o.J.; Weiterentwicklung Hamberger 2016, S. 27

geladene Meinungslandschaft beobachten, in der Konflikte punktuell eskalieren und sich selten von selbst lösen. Auch wenn die These der gesellschaftlichen Spaltung relativiert wird, deutet vieles darauf hin, dass sich soziale Spannungsfelder verstärken.[4] Kap. 3 und 4 liefern die Diagnose, indem sie die Rolle digitaler Medien betrachten. Kap. 3 geht der Frage nach, wie Reizüberflutung, Erschöpfung oder suchtähnliche Nutzungsformen zunehmen und wie die permanente Verfügbarkeit von Informationen und hochfrequente soziale Interaktionen die Fähigkeit beeinträchtigt, zur Ruhe zu kommen. Kap. 4 analysiert, wie Bewertungslogiken, Multitasking und digitale Aufmerksamkeitsbindung Stille weiter verdrängen und kommunikative Prozesse fragmentieren. Dabei wird sichtbar, wie stark mediale Routinen das individuelle Erleben und das gesellschaftliche Miteinander prägen.

Zweiter Teil: Der Weg zur Stille (Therapie)
Der zweite Teil widmet sich der Therapie im übertragenen Sinn. Er beschreibt Bedingungen, unter denen Stille wieder erfahrbar wird, und entwickelt Wege zu einem verantwortungsvollen Umgang mit Kommunikation und Medien. Ziel ist es, nicht nur Belastungen zu beschreiben, sondern konkrete Ansätze für ein gesünderes Verhältnis zu medialen Reizen zu entwickeln. Dies reicht über klassische Medienkompetenz hinaus und umfasst eine Form digitaler Selbstfürsorge, die kommunikative Belastungen erkennbar und regulierbar macht. Kap. 5 beschreibt den Einstieg in diesen Prozess, der mit der Wahrnehmung äußeren und inneren Lärms beginnt. Erst wenn dieser uns bewusst wird, können

[4] Mau, Linx und Westheuser (2023) argumentieren, dass sich die gesellschaftliche Lage eher als zerklüftet denn als polarisiert beschreiben lässt. Sie sprechen von einem Zustand dauerhafter Grundspannung, in dem Konflikte an spezifischen Triggerpunkten aufbrechen, ohne dass sich stabile, unversöhnliche Lager herausbilden.

Räume entstehen, in denen Stille möglich ist. Kap. 6 zeigt, wie automatische Antwortreflexe unterbrochen und Pausen zwischen Reiz und Reaktion eröffnet werden können. Dadurch entstehen Reflexionsräume, in denen neue Entscheidungs- und Handlungsmöglichkeiten hervortreten. Kap. 7 widmet sich dem Unbehagen, das Stille auslösen kann. Häufig treten in der Stille jene inneren Regungen hervor, die durch Ablenkung vermieden werden. Das Aushalten dieser Momente bildet einen wesentlichen Bestandteil des Prozesses der Selbstfürsorge. Stille wird somit zu einem Übungsfeld für Resilienz und Ambiguitätstoleranz.

Dritter Teil: Die Kraft der Stille (Wirkung)
Der dritte Teil widmet sich der Wirkung von Stille. Er beschreibt, welches Potenzial sie entfaltet, wenn sie bewusst praktiziert und in Alltag und Kommunikation integriert wird. Die Wirkung umfasst kommunikative, psychologische und neurobiologische Dimensionen. Kap. 8 beschreibt, wie Stille emotionale Selbstregulation unterstützt und kognitive Klarheit fördert. Ruhephasen und reduzierte Reizaufnahme versetzen das Gehirn in Zustände, in denen Integration, Erholung und Kreativität möglich sind. Kap. 9 stellt die Atmung als zentralen Zugang zur Stille vor. Sie reguliert das Nervensystem und bildet eine Grundlage für bewusste Kommunikation. Kap. 10 thematisiert die Bedeutung von Stille für digitale Selbstfürsorge. Sie schafft Distanz zu Reizen und öffnet den Raum, Entscheidungen reflektierter zu treffen. Die Wirkungsebene zeigt, wie Stille nicht nur entlastet, sondern transformativ wirkt, indem sie verändert, wie Menschen sich selbst wahrnehmen und wie sie Beziehungen gestalten.

Die konzeptionelle Struktur dieses Buches (s. Abb. 1.1) zielt auf mehr als eine Veränderung einzelner Verhaltensweisen. Sie bildet die Grundlage für Impulse, die dazu einladen, Kommunikationsräume so zu gestalten, dass sie

TEIL	KAPITEL	PROZESSLOGIK
DIE VERLORENE STILLE	1: Entgrenzte Kommunikation 2: Zerbrechliche Seelen	ANAMNESE
	3: Wenn Stille fehlt 4: Absorptionsvermögen	DIAGNOSE
DER WEG ZUR STILLE	5: Wahrnehmung des Lärms 6: Stille ermöglichen 7: Stille ertragen lernen	THERAPIE
DIE KRAFT DER STILLE	8: Emotionale Selbstregulation 9: Regulation des Nervensystems 10: Digitale Selbstfürsorge	WIRKUNG

Abb. 1.1 Überblick und konzeptioneller Rahmen. (Eigene Darstellung)

nicht körperlich und geistig erschöpfen, sondern bereichern. Stille stellt keinen sozialen Rückzug dar, sondern wird zu einer Voraussetzung für Verbindung mit sich selbst, mit anderen und mit dem, was als wesentlich erlebt wird. Durch bewusste Gestaltung von Stille entsteht eine Grundlage für verantwortungsbewusste Kommunikation und verbesserte emotionale Selbstregulation, die in einer reizüberfluteten Gegenwart zunehmend an Bedeutung gewinnt.

Stille wird damit im digitalen Zeitalter zu einer Schlüsselkompetenz einer achtsamen, selbstfürsorglichen und resonanzfähigen Kommunikationskultur. Sie eröffnet einen Raum für Präsenz, Kreativität und Beziehungstiefe und wird so zu einem aktiven Bestandteil tragfähiger Kommunikation und eines gelingenden Lebens.

Warum Kritik nicht technikfeindlich ist

Digitale Informations- und Kommunikationstechnologien leisten unbestrittenermaßen Sensationelles und ihr Nutzen liegt im wörtlichen Sinn in unserer Hand. Vor allem Smartphones, aber auch Smartwatches, Tablets und Laptops begleiten uns heute in nahezu allen Lebenslagen und sind zu unverzichtbaren, permanent verfügbaren Begleitern geworden.

In der folgenden Ausführung wird keine technophobe Perspektive vertreten. Weder eine unreflektierte Begeisterung für Digitalisierung noch ein romantisierender Rückgriff auf eine vermeintlich bessere analoge Vergangenheit ist zielführend. Für eine ausgewogene Haltung ist es notwendig, zwischen unkritischer Technikbegeisterung, also Technophilie, und pauschaler Ablehnung technologischer Entwicklungen, also Technophobie, zu unterscheiden. Eine differenzierte Auseinandersetzung mit digitalen Technologien bildet die Grundlage für bewusste Entscheidungen im Sinne digitaler Selbstfürsorge.

Dieses Buch widmet sich daher einer kritischen Analyse digitaler Kommunikation und ihrer Auswirkungen auf Wahrnehmung, Selbstregulation und zwischenmenschliche Beziehungen. Im Vordergrund stehen psychologische und soziale Belastungen, die mit permanenter Erreichbarkeit, Reizüberflutung und beschleunigten Kommunikationsprozessen einhergehen. Diese kritische Perspektive ist jedoch keine Absage an Technologie, sondern versucht, Bedingungen eines reflektierten Umgangs auszuloten.

In der Forschung zur Wirkung digitaler Kommunikation auf die psychische Gesundheit zeigt sich ein ambivalentes Bild. Diese Ambivalenz findet sich auch in öffentlichen Debatten, die häufig von extremen Positionen geprägt sind. Während die einen die Möglichkeiten zur globalen Vernetzung, zum Zugang zu Wissen und zu kreativen Ausdrucksformen betonen, verweisen andere auf negative Folgen wie Aufmerksamkeitsverkürzung, oberflächliche Informationsverarbeitung und emotionale Überforderung.

Eine kritische Betrachtung digitaler Kommunikation erfordert zugleich den Blick auf ihre positiven Effekte, ohne damit eine Gegenposition zur Kritik zu eröffnen. Entscheidend ist, dass Chancen und Risiken untrennbar miteinander verknüpft sind und sich der Nutzen weniger aus der Technologie selbst ergibt als aus der Art ihrer Nutzung. Digitale Medien können unter bestimmten Bedingungen soziale Verbundenheit, kreative Entfaltung und Lernprozesse fördern, etwa durch soziale Medien, Self-Tracking, Gaming oder digitale Netzwerke. Dieses Wirkungsspektrum umfasst soziale, individuelle, informative und technische Dimensionen.

Auf individueller Ebene eröffnen digitale Medien Möglichkeiten zur Selbstentfaltung, da sie Raum für Selbstausdruck schaffen und es erlauben, unterschiedliche Facetten der eigenen Identität zu erproben. Sie können auch gezielt für das psychische Wohlbefinden genutzt werden, etwa zur Stärkung des Selbstwertgefühls, zur Förderung persönlicher Ressourcen wie Resilienz oder im Rahmen digitaler Selbstfürsorge durch Achtsamkeits- und Meditations-Apps.

Auf sozialer Ebene können digitale Medien die zwischenmenschliche Verbundenheit stärken, neue Formen des Austauschs ermöglichen und Vernetzung über räumliche, soziale oder strukturelle Grenzen hinweg fördern. Dies gilt besonders für marginalisierte oder geografisch getrennte Gruppen.[5] Eine globale Studie mit über 42.000 Teilnehmenden zeigt, dass mehr als die Hälfte der Befragten soziale Vernetzung und Gemeinschaftsbildung als zentrale positive Aspekte sozialer Medien hervorheben.[6] In einer US-amerikanischen Untersuchung gaben 91 % der Generation Z an, soziale Medien mit dem Begriff *Verbindung* zu assoziieren, und nahezu ebenso viele Jugendliche schätzen die Möglichkeit, jederzeit mit anderen in Kontakt treten zu können.[7]

---

[5] Gupta et al. 2022.

[6] Coe et al. 2023.

[7] Heeg und Steiner 2019.

Im Bereich des Wissenszugangs erleichtern Formate wie Tutorials, Podcasts oder Onlinekurse informelles und lebenslanges Lernen und ermöglichen eine flexible Auseinandersetzung mit aktuellen Themen. Auch spielbasierte Formate können Problemlösefähigkeit, Kreativität und soziale Interaktion fördern. Untersuchungen weisen zudem darauf hin, dass bestimmte Formen des Videospielens in einem begrenzten zeitlichen Umfang kognitive Funktionen verbessern können.[8]

Besonders für marginalisierte Gruppen bieten soziale Plattformen Räume für Austausch und gegenseitige Unterstützung. Diese sogenannten Communities können nicht nur entlastend in Krisensituationen wirken, sondern auch das Gefühl sozialer Zugehörigkeit stärken und zur Resilienz beitragen.[9] Während der Corona-Pandemie etwa half die vermehrte Nutzung von Videochats, das Gefühl der Einsamkeit zu reduzieren.[10] Die Qualität digitaler Interaktionen ist dabei entscheidend, da Beziehungen zu vertrauten Personen sich tendenziell positiv auf das psychische Wohlbefinden auswirken.[11] Wird der Fokus hingegen stark auf fremde Inhalte oder Vergleiche mit unbekannten Personen gelegt, kann dies depressive Symptome begünstigen.

Ein weiterer Forschungsstrang befasst sich mit den sogenannten digitalen *dritten Orten*. Während Oldenburg (1989) darunter ursprünglich physische Treffpunkte wie Cafés oder Buchläden verstand, hat sich die Forschung zunehmend virtuellen Räumen zugewandt, die ähnliche soziale Funktionen erfüllen. Digitale dritte Orte zeichnen sich oft durch unterstützende und positive Interaktionen aus, die ein wertschätzendes und verbindendes Umfeld

[8] Chaarani et al. 2022; Bavelier und Green 2016; Johannes et al. 2021.

[9] Craig et al. 2023.

[10] Awao et al. 2023.

[11] Lup et al. 2015.

schaffen. Sie senken Zugangshürden, ermöglichen gleichberechtigte Teilhabe und stärken über geteilte Interessen das Gemeinschaftsgefühl.[12] Dadurch können digitale dritte Orte zu emotionalem Wohlbefinden beitragen.

Insgesamt zeigt sich, dass digitale Technologien bei reflektierter und verantwortungsvoller Nutzung substanzielle Beiträge zur individuellen Entwicklung und gesellschaftlichen Teilhabe leisten können. Diese Potenziale entfalten sich jedoch nur dann nachhaltig, wenn zugleich ein Bewusstsein für Risiken und Nebenwirkungen besteht.

Gerade vor diesem Hintergrund greifen polarisierende Sichtweisen zu kurz. Insbesondere dort, wo die Debatte in ein pauschales *Bashing* digitaler Medien mündet, geht die differenzierte Auseinandersetzung verloren. Die Mehrdimensionalität des Themas tritt zurück und konstruktive Diskussionen werden zunehmend durch einseitige Haltungen ersetzt. Notwendig ist vielmehr, sowohl Risiken als auch Chancen digitaler Technologien konsequent gemeinsam zu reflektieren und nicht gegeneinander auszuspielen.

Die folgende Analyse digitaler Kommunikation versteht sich daher nicht als pauschale Kritik an Technologie, sondern als Einladung zu einem reflektierten Umgang mit ihr. Ein reflektierter Umgang mit digitalen Medien ist an psychische Voraussetzungen gebunden, da Kommunikation stets im Kontext individueller Belastungen und gesellschaftlicher Spannungen erfolgt. Die Frage nach Stille ist damit untrennbar mit der Frage nach seelischem Wohlbefinden verbunden. Wenn äußere Reizüberflutung und innere Unruhe aufeinandertreffen, steigt das Risiko, dass Kommunikation nicht entlastet, sondern überfordert. In diesem Spannungsfeld wird deutlich, dass Stille eine psychologi-

[12] Parkinson et al. 2022.

sche Ressource ist, die zunehmend verdrängt und der immer weniger Raum gegeben wird. Bevor Wege zur Wiedergewinnung von Stille beschrieben werden, ist eine Analyse des psychischen Zustands der Gegenwart notwendig, denn nur vor diesem Hintergrund lässt sich ihr tatsächlicher Stellenwert ermessen.

2 Zerbrechliche Seelen: Krisen und psychische Gesundheit

2.1 Leben in der Polykrise

Das 21. Jahrhundert war bislang von multiplen Krisen geprägt, die auf globalem Niveau wirken. Den Anfang machte die politische Krise nach den Terroranschlägen vom 11. September 2001, die eine Spirale aus Terror und Krieg auslöste. Im Jahr 2008 folgte eine globale Wirtschaftskrise. Um insolvenzgefährdete Banken und Unternehmen zu retten, verschuldeten sich viele Staaten und setzten Sparmaßnahmen um, die vor allem die ärmeren Bevölkerungsgruppen trafen. 2015 erlebte Europa eine Flüchtlingskrise, ausgelöst durch Kriege, Naturkatastrophen und globale Ungleichheiten. In vielen Ländern erstarkten rechte, autoritäre Bewegungen, was eine Krise der Demokratie zur Folge hatte. Im Jahr 2020 brachte die COVID-19-Pandemie eine weltweite Gesundheits-, Wirtschafts- und Gesellschaftskrise mit sich, die sämtliche Lebensbereiche beeinflusste. Seit 2022 hat der Krieg in der Ukraine die geopolitischen

T. Herdin, *Stille - Ein Weckruf zur digitalen Selbstfürsorge*, Innovativ und kompakt – gesellschaftliche Herausforderungen der Gegenwart,
https://doi.org/10.1007/978-3-658-51341-2_2

Spannungen verschärft, wirtschaftliche Sanktionen ausgelöst und eine Energiekrise verursacht, die viele Länder stark belastet. Parallel dazu kam es durch politische Entwicklungen, insbesondere während der Präsidentschaft von Donald Trump, zu geostrategischen Verschiebungen und einer teilweisen Erosion etablierter Allianzen und internationaler Sicherheitsstrukturen. Zusätzlich führte 2023 der eskalierende Konflikt zwischen Israel und Palästina zu einer erneuten humanitären Krise in der Region und erhöht das Risiko weiterer Instabilität im Nahen Osten. Diese Ereignisse, zusammen mit den spürbaren Auswirkungen des Klimawandels und der Gefahr einer globalen Inflation, verdeutlichen eine zunehmend komplexe und instabile Lage, die Gesellschaften weltweit vor enorme Herausforderungen stellt. Derzeit befinden wir uns inmitten einer globalen Polykrise. Der insbesondere in westlichen wissenschaftlichen und politischen Diskursen verwendete Begriff beschreibt eine Situation, in der multiple, global verflochtene Krisen gleichzeitig auftreten und sich gegenseitig verstärken.[1] Die Folgen sind nicht nur wirtschaftlicher oder politischer Natur, sondern wirken negativ auf unsere individuelle Lebensrealität.

Faktenbasierte Gegenstimmen zum Krisendiskurs

Trotz der sich überlagernden globalen Krisen gibt es Stimmen, die der vorherrschenden pessimistischen Wahrnehmung widersprechen. Sie argumentieren, dass sich die Welt, bei aller berechtigten Sorge, dennoch in vielen zentralen Lebensbereichen deutlich verbessert hat. Drei prominente Vertreter dieser faktenbasierten Gegenposition sind der Mediziner und Statistiker Hans Rosling (gemeinsam mit Anna Rosling Rönnlund & Ola Rosling, 2018), der Psy-

[1] Lawrence et al. 2024.

chologe und Kognitionsforscher Steven Pinker (2018) sowie die Umweltwissenschaftlerin Hannah Ritchie (2024). Sie plädieren für einen realistischeren Blick auf globale Entwicklungen, der auf Daten statt auf Angst basiert.

Das Autorenteam um Hans Rosling (2018) zeigt anhand von Statistiken, dass sich in Bereichen wie Gesundheit, Bildung, Lebenserwartung und Armutsbekämpfung erhebliche Fortschritte erzielen ließen, und zwar auch in Ländern mit mittlerem und niedrigem Einkommen. Ihrer Ansicht nach entsteht ein Großteil der düsteren Weltwahrnehmung durch sogenannte kognitive Verzerrungen, weil wir Menschen dazu neigen, negative Informationen zu überschätzen und positive Entwicklungen zu unterschätzen. Um diese Wahrnehmungsverzerrungen zu vermeiden ist ein faktenbasierter Zugang notwendig, der auf differenzierter Datenauswertung statt auf emotionaler Reaktion beruht.

Steven Pinker (2018) argumentiert in eine ähnliche Richtung, stützt sich aber stärker auf die ideengeschichtliche Dimension. Für ihn sind die Errungenschaften der Aufklärung wie Vernunft, Wissenschaft und Humanismus der Motor gesellschaftlichen Fortschritts. Auch er verweist auf empirische Daten, um zu belegen, dass Gewalt, Armut, Hunger und Krankheiten in den letzten Jahrhunderten deutlich zurückgegangen sind. Sein zentrales Plädoyer lautet, dass Fortschritt möglich ist, wenn wir an der Idee des vernunftgeleiteten Humanismus festhalten.

Eine jüngere Vertreterin dieses faktenorientierten Ansatzes ist Hannah Ritchie (2024), die auf der Datenbasis von *Our World in Data* zeigt, dass viele ökologische Entwicklungen differenzierter betrachtet werden müssen, als es der öffentliche Diskurs nahelegt. Ritchie weist darauf hin, dass sich globale Fortschritte häufig erst über längere Zeiträume hinweg erkennen lassen und dass pessimistische Einschätzungen oftmals aus einer selektiven Wahrnehmung von Einzelereignissen entstehen. Im Unterschied zu Pinker verfolgt sie jedoch eine vorsichtigere Linie, da sie Fortschritte anerkennt, aber gleichzeitig strukturelle Risiken und bestehende Herausforderungen klar benennt. Ihr Ansatz verbindet empirische Nüchternheit mit einer verantwortungsvollen Auseinandersetzung mit ökologischen Belastungen und erweitert damit die Positionen von Rosling und Pinker um eine ökologische Perspektive.

Obwohl alle drei Autorinnen und Autoren unterschiedliche Zugänge wählen, teilen sie eine gemeinsame Überzeugung: Nur ein rationaler, von überprüfbaren Fakten geleiteter Blick auf die Welt kann helfen, überzogene Ängste abzubauen und Fehlwahrnehmungen zu korrigieren. Ihr Ansatz richtet sich nicht gegen das Bewusstsein für reale Probleme, sondern gegen die lähmende Wirkung eines einseitigen Krisennarrativs.

Psychische Gesundheit unter Krisendruck

Auch wenn in vielen Bereichen Fortschritte zu beobachten sind, lassen sich die psychosozialen Auswirkungen anhaltender globaler Krisen nicht übersehen. Die politischen, wirtschaftlichen und sozialen Umbrüche der letzten Jahre beeinflussen nicht nur gesellschaftliche Strukturen, sondern auch das psychische Erleben von Einzelnen und erzeugen scheinbar einen Zustand permanenter Anspannung. Die mentale Belastung ist längst kein individuelles Problem mehr, sondern Ausdruck einer kollektiven Überforderung.

Internationale Gesundheitsorganisationen weisen seit Jahren auf die wachsende Dimension psychischer Erkrankungen hin. Laut der Weltgesundheitsorganisation WHO lebt weltweit etwa jede achte Person mit einer psychischen Störung. Angst und depressive Erkrankungen zählen dabei zu den häufigsten Diagnosen. Selbstmord ist eine der führenden Todesursachen bei jungen Menschen und betrifft zudem Menschen aller Altersgruppen und Regionen.[2] Das verdeutlicht, dass sich die mentale Gesundheit in einem kritischen Zustand befindet.

Die Zusammenhänge zwischen kollektiven Krisenerfahrungen und psychischem Wohlbefinden sind in den letzten Jahren verstärkt untersucht worden. Eine Studie von Scharbert (2024), die Daten aus 17 europäischen Ländern rund um den Beginn des Ukraine-Kriegs analysierte, zeigt eindrucksvoll, wie stark sich geopolitische Ereignisse auf das individuelle Befinden auswirken können. Die Ergebnisse legen nahe, dass eine hohe mediale Präsenz des Krieges mit einer signifikant schlechteren mentalen Verfassung der Befragten einherging. Dieser Effekt trat unabhängig von Alter, Geschlecht, politischer Orientierung oder anderen demografischen Faktoren auf. Insgesamt spricht vieles dafür, dass es sich möglicherweise um eine nahezu universelle psychische Belastungswirkung handeln könnte.

Die deutsche COPSY-Studie[3] ist eine repräsentative, bundesweite Längsschnittuntersuchung und macht sichtbar, wie stark globale Krisen die psychische Verfassung junger Menschen beeinflussen. Im Herbst 2024 gaben 72 % der befragten Kinder und Jugendlichen an, mittelmäßig bis sehr besorgt über Kriege zu sein. Ebenso äußerten 70 % Sorgen in Bezug auf Terrorismus. Diese hohen Anteile verdeutlichen, dass internationale Konflikte und Gewalt das alltägliche Sicherheitsempfinden junger Menschen prägen. Eine differenzierte Betrachtung der Belastungsintensität lässt zudem erkennen, dass sich in der Gruppe der elf bis 17 Jahre alten Jugendlichen 16,8 % sehr stark durch den Krieg belastet fühlten. Während Sorgen eine breite Mehrheit betreffen, erlebt etwa jede sechste jugendliche Person eine besonders ausgeprägte psychische Belastung.

---

[2] WHO 2022b.

[3] Kaman et al. 2025.

Die Daten veranschaulichen, dass die mentale Gesundheit heute nicht mehr unabhängig von globalen Prozessen betrachtet werden kann. Die psychischen Belastungen, die Menschen weltweit erleben, sind Teil der zuvor beschrieben Polykrise und ihre Auswirkung reicht tief in unsere individuelle Lebensrealität hinein. Besonders stark trifft diese Dauerbelastung jene, die sich in einer sensiblen Phase ihrer Persönlichkeitsentwicklung befinden, wie Kinder, Jugendliche und junge Erwachsene. Ihre psychische Verfassung lässt sich nicht nur als Ausdruck individueller Krisenerfahrungen verstehen, sondern ist ein Spiegel unseres gesellschaftlichen Zustands. Im folgenden Abschnitt rückt daher die Frage in den Fokus, wie sich diese globale Belastungslage konkret auf junge Menschen auswirkt.

Die junge Generation im Krisenmodus

Die psychische Gesundheit von Jugendlichen hat sich in den vergangenen zwei Jahrzehnten weltweit deutlich verschlechtert. Immer mehr junge Menschen berichten von Ängsten, Depressionen, chronischem Stress und Hoffnungslosigkeit. Eine internationale Expertengruppe um Patrick McGorry (2024) warnt in einem aktuellen Bericht des Fachjournals *The Lancet* eindringlich davor, dass diese Entwicklung nicht nur die betroffene Altersgruppe selbst, sondern auch die gesellschaftliche Zukunft insgesamt gefährdet. Die Forschenden sprechen von einer kritischen Phase, die dringend politische und gesellschaftliche Antworten erfordert.

Daten aus Österreich, Deutschland und der Schweiz zeigen übereinstimmend, dass junge Menschen heute stärker psychisch belastet sind als frühere Generationen. Eine in Deutschland durchgeführte Studie[4] belegt, dass psychische Belastungen wie Stress (51 %) und Erschöpfung (36 %) bei

[4] Schnetzer et al. 2024.

jungen Menschen zwischen 14 und 29 Jahren weit verbreitet sind. Die Pandemie hat zwar als Katalysator gewirkt, doch die Ursachen liegen tiefer und sind eine Mischung aus Zukunftsangst, Leistungsdruck, sozialer Instabilität und zunehmender digitaler Überforderung.

Bereits im Schulalter sind psychische Probleme weit verbreitet. Laut einer WHO-Studie[5] aus den Jahren 2021 und 2022 gaben 44 % der Mädchen und 25 % der Burschen in Österreich an, häufig gereizt oder schlecht gelaunt zu sein. Zudem berichteten 30 % der Mädchen und zwölf Prozent der Burschen von regelmäßiger Niedergeschlagenheit. Während sich die Werte der männlichen Jugendlichen im Vergleich zu 2018 kaum verändert haben, sind die Verschlechterungen bei Mädchen besonders deutlich ausgeprägt und verweisen damit auf vorhandene geschlechtsspezifische Unterschiede in der Wahrnehmung und Verarbeitung psychischer Belastung.

Diese Entwicklungen betreffen zunehmend auch den Bildungs- und Ausbildungsalltag. Wie sehr sich diese Belastung bereits im Alltag von Schülern und Studierenden niederschlägt, belegen aktuelle Studien. Daten aus Deutschland belegen, dass zwischen 2015 und 2023 ein signifikanter Anstieg psychischer Belastungen bei Studierenden zu verzeichnen ist. Inzwischen geben zwei Drittel der Studierenden an, Stress als ernsthafte gesundheitliche Beeinträchtigung zu erleben. Diese Belastung äußert sich unter anderem in Konzentrationsstörungen, Schlafproblemen und psychosomatischen Beschwerden wie Magen- oder Kopfschmerzen. Besonders besorgniserregend ist der Anstieg emotionaler Erschöpfung. Der Anteil der davon betroffenen Studierenden stieg zwischen 2017 und 2023 um 48 %.[6]

[5] Felder-Puig et al. 2023.

[6] Techniker Krankenkasse 2023.

Diese Befunde bestätigt auch der Mental-Health-Barometer (2022), an dem über achttausend Studierende aus Österreich und Deutschland teilnahmen. Mehr als die Hälfte der Befragten schätzte ihren psychischen Gesundheitszustand als mäßig bis schlecht ein. Nur zehn Prozent der Teilnehmenden gaben an, sich psychisch sehr gut zu fühlen. Auffällig ist dabei, dass weibliche Studierende ihre psychische Verfassung deutlich schlechter bewerteten als ihre männlichen Kollegen.

Auch aktuelle Daten aus der Schweiz zeichnen ein ähnliches Bild. Eine Auswertung des schweizerischen Gesundheitsobservatoriums (2024) zeigt, dass Jugendliche und junge Erwachsene stärker belastet sind als ältere Bevölkerungsgruppen. In der Altersgruppe der 15- bis 24-Jährigen weisen rund fünfzehn Prozent mittelschwere bis schwere Depressionssymptome auf, während der Anteil in der Gesamtbevölkerung bei etwa zwölf Prozent liegt. Besonders besorgniserregend ist, dass etwa neun Prozent der jungen Menschen in den vergangenen zwölf Monaten von Suizidgedanken berichteten. Insgesamt weist rund jeder achte Jugendliche eine ausgeprägte psychische Symptomatik mit erheblichen Einschränkungen im Alltag oder mit Hinweisen auf Suizidalität auf.

Ursachen und gesellschaftliche Treiber der psychischen Krise

Vor dem Hintergrund dieser Befunde stellt sich die Frage, welche gesellschaftlichen Bedingungen zu dieser anhaltenden Belastung beitragen und wie ihnen begegnet werden kann. Die Ursachen für die zunehmende psychische Belastung sind vielschichtig und lassen sich nicht allein durch individuelle Faktoren erklären. Die Lancet-Kommission[7] benennt eine Reihe gesellschaftlicher Ent-

[7] McGorry et al. 2024

wicklungen, die in den vergangenen zwei Jahrzehnten erheblichen Einfluss auf das mentale Wohlbefinden junger Menschen ausgeübt haben. Dazu zählen die rasante Digitalisierung, die unregulierte Verbreitung sozialer Medien, der schwindende soziale Zusammenhalt, die zunehmende politische Polarisierung, die Bedrohung durch die Klimakrise sowie prekäre Wohn- und Arbeitsverhältnisse. Hinzu kommt ein wachsender Leistungsdruck in Schule, Studium und Beruf, der viele junge Menschen an die Grenzen ihrer Belastbarkeit bringt.

Vor allem die Digitalisierung prägt das Aufwachsen junger Menschen in besonderer Weise. Plattformen wie TikTok, Instagram oder YouTube beeinflussen nicht nur das Kommunikationsverhalten, sondern auch die Identitätsentwicklung junger Menschen. Sie sind ständig sozialen Bewertungen ausgeliefert und vergleichen sich oft mit idealisierten Bildern, die in digitalen Netzwerken kursieren. Dies kann zu Selbstwertproblemen, sozialem Rückzug oder internalisiertem Leistungsdruck führen. Gleichzeitig bieten diese Plattformen kaum Schutzmechanismen, um psychisch belastende Inhalte zu regulieren oder Hilfestellung bei Problemen zu geben.

Die beschriebenen Belastungsmechanismen spiegeln sich auch in vorliegenden Erhebungen wider. Depressive Erkrankungen haben bei jungen Menschen in den vergangenen Jahren deutlich zugenommen. Zwischen 2018 und 2023 stiegen die Diagnosen depressiver Episoden bei Kindern, Jugendlichen und jungen Erwachsenen insgesamt um fast 30 %.[8] Besonders stark betroffen sind Mädchen und junge Frauen, bei denen ein Anstieg von nahezu 40 % verzeichnet wurde. Bei Jungen und jungen Männern liegt der Zuwachs bei rund vierzehn Prozent. Diese Entwicklungen verdeutlichen, dass die psychische Belastung

[8] BARMER-Institut 2024.

junger Menschen kein vorübergehendes Phänomen ist, sondern sich bereits im Alltag vieler junger Menschen bemerkbar macht.

Das Jugendalter stellt ein besonders sensibles Entwicklungsfenster dar. Beunruhigend ist der Zeitpunkt, zu dem viele psychische Erkrankungen erstmals auftreten. Der Beginn der meisten psychischen Störungen liegt typischerweise im Jugendalter. Zwischen dem 15. und 25. Lebensjahr entstehen rund zwei Drittel aller psychischen Erkrankungen.[9] Werden Symptome in dieser Phase nicht erkannt oder behandelt, können sich diese verfestigen und die Identität und damit auch Bildungsweg, Beruf und Beziehungen langfristig beeinträchtigen. Auf Basis dieser Befunde fordern Gesundheitsexperten eine internationale Initiative, um die Strukturen psychosozialer Versorgung junger Menschen zu verbessern und präventive Strukturen zu stärken.

Aktuelle Erhebungen zum subjektiven Erleben junger Menschen bestätigen diese Entwicklung. Die YEP-Studie (2025), an der 5511 Jugendliche und junge Erwachsene aus Deutschland und Österreich teilgenommen haben, dokumentiert ein ausgesprochen belastetes psychisches Befinden dieser Altersgruppe. Nur sieben Prozent der Befragten geben an, sich glücklich und zufrieden zu fühlen. In Deutschland bewerten 72 % der Jugendlichen ihr aktuelles emotionales Wohlbefinden als negativ, in Österreich sind es mit 49 % zwar weniger, jedoch immer noch nahezu die Hälfte. Besonders alarmierend ist, dass 20 % der Befragten angeben, dass es ihnen derzeit wirklich schlecht geht, häufig negative Gedanken haben und sich unwohl fühlen. Weitere 63 % berichten, oft mit Problemen zu kämpfen, gestresst oder traurig zu sein. Die Studie zeigt zudem, dass Ohnmacht ein zentraler Belastungsfaktor ist. 87 % der Jugend-

[9] McGorry et al. 2024.

lichen erleben dieses Gefühl zumindest manchmal, mehr als die Hälfte sogar häufig, wobei die Anteile in Deutschland bei 92 % und in Österreich bei 80 % liegen. Ohnmacht steht in engem Zusammenhang mit einer schlechteren psychischen Verfassung. Dies verdeutlicht, wie tief sich psychische Belastungen im Alltag junger Menschen verankert haben und dass ein erheblicher Teil ihre mentale Verfassung als problematisch einschätzt, womit unmittelbarer Handlungsbedarf besteht.

Diese Entwicklungen unterstreichen die entscheidende Bedeutung präventiver Maßnahmen für junge Menschen. Angesichts der Tatsache, dass die meisten psychischen Erkrankungen im Jugendalter beginnen und ein Großteil der Fälle bis zum 25. Lebensjahr erstmals auftritt, ist es entscheidend, Verbesserungen der psychischen Gesundheit vorrangig bei jungen Menschen zu erzielen. Experten der Lancet-Kommission[10] betonen daher die Notwendigkeit einer globalen Initiative, um die psychische Gesundheitsversorgung für junge Menschen zu verbessern und ihnen einen leichteren Zugang zu entsprechenden Angeboten zu ermöglichen.

Die aktuelle psychische Verfassung junger Menschen ist ein sensibles Barometer gesellschaftlicher Entwicklungen. Sie verweisen auf die Notwendigkeit, psychisches Wohlbefinden nicht isoliert, sondern im Kontext sozialer und kultureller Veränderungen zu betrachten. Damit rückt die Frage in den Vordergrund, welche Rolle emotionale Stabilität, Resilienz und Lebensqualität in einer zunehmend komplexen Welt spielen.

Trotz dieser besorgniserregenden Befunde zeichnet die Forschung kein ausschließlich negatives Bild. Mehrere Studien weisen darauf hin, dass ein erheblicher Teil junger

[10] McGorry et al. 2024.

Menschen weiterhin über stabile psychosoziale Ressourcen verfügt und ihr Leben insgesamt positiv bewertet. So zeigt etwa die Shell Jugendstudie 2024, dass viele Jugendliche ihre persönliche Lebenssituation als zufriedenstellend einschätzen und trotz bestehender Unsicherheiten ein grundlegendes Zukunftsvertrauen aufweisen.[11] Auch groß angelegte Erhebungen wie die AID:A-Studie (Aufwachsen in Deutschland: Alltagswelten) weisen darauf hin, dass soziale Einbindung, familiäre Unterstützung und stabile Alltagsstrukturen zentrale Schutzfaktoren für das Wohlbefinden junger Menschen darstellen.[12] Ergänzend verdeutlichen die JuCo-Studien zur Lebenssituation junger Menschen während der Corona-Pandemie, dass Jugendliche trotz erheblicher psychischer Herausforderungen nicht ausschließlich als vulnerable Gruppe zu betrachten sind, sondern auch über Ressourcen und Formen der Bewältigung verfügen.[13] Insgesamt ergibt sich somit ein differenziertes Bild, das sowohl Belastung als auch Stabilität umfasst.

Dieses Spannungsverhältnis deutet darauf hin, dass psychische Gesundheit nicht ausschließlich als Folge von Belastungen verstanden werden kann. Ebenso bedeutsam ist, wie gesellschaftliche Entwicklungen wahrgenommen und kommunikativ vermittelt werden. In einer mediatisierten Umwelt, in der Krisen dauerhaft präsent sind, entsteht psychisches Erleben im Zusammenspiel von realen Erfahrungen und kulturellen Deutungsmustern. Diese Befunde werfen jedoch nicht nur Fragen nach Ursachen und Prävention auf, sondern auch danach, wie die Situation junger Menschen gesellschaftlich eingeordnet und interpretiert wird.

[11] Albert et al. 2024.

[12] BMFSFJ 2023.

[13] Andresen et al. 2022.

Jugend im Spannungsfeld gesellschaftlicher Deutungen
Die beschriebenen Befunde zur psychischen Belastung junger Menschen machen deutlich, dass wir es nicht nur mit individuellen Krisenerfahrungen zu tun haben, sondern mit strukturellen Herausforderungen. Um die gegenwärtige Lage junger Menschen angemessen einzuordnen, reicht es jedoch nicht aus, ihre Situation ausschließlich anhand aktueller empirischer Daten zu betrachten. Jede Generation wird auch durch kulturelle Zuschreibungen geprägt, die beeinflussen, wie ihre Belastungen wahrgenommen und gesellschaftlich bewertet werden. Erst im Zusammenspiel von realen Krisenerfahrungen und historisch gewachsenen Deutungsmustern lässt sich verstehen, warum die Lebenslage junger Menschen bis heute oft verkannt wird. Trotz der alarmierenden Befunde zur psychischen Gesundheit sind Jugendliche immer wieder mit pauschalen Vorwürfen über ihre Haltung, ihr Verhalten und ihre vermeintliche Antriebslosigkeit konfrontiert. Diese Diskrepanz zwischen tatsächlicher Belastung und öffentlicher Wahrnehmung ist jedoch kein neues Phänomen. Schon in der Antike galt die Jugend als bequem, unzuverlässig oder überheblich. Der Bildungswissenschaftler Gustav Keller (2014) zeigt in seinem Werk *Die Schülerschelte: Leidensgeschichte einer Generation*, dass seit mehr als 5.000 Jahren Klagen über die Jugend ein fester Bestandteil gesellschaftlicher Erzählungen sind. Bereits in den ersten Schulen Mesopotamiens beklagten Lehrpersonen mangelnde Konzentration, fehlende Disziplin, soziale Defizite und geringe Leistungsbereitschaft. Diese historischen Befunde verweisen darauf, dass sich das Bild der Jugend als Problemgeneration über lange Zeiträume hinweg erstaunlich stabil gehalten hat, unabhängig von kulturellen, politischen oder sozialen Kontexten. Jugendkritik erscheint damit als überdauerndes kulturelles Deutungsmuster, das die Wahrnehmung junger Menschen bis heute prägt.

Diese Kontinuität relativiert derzeitige Jugenddebatten. Sie zeigt, dass viele aktuelle Vorwürfe weniger auf realen Verhaltensänderungen beruhen als auf tradierten kulturellen Zuschreibungen. Der Schriftsteller Kurt Tucholsky brachte die Fremdheit zwischen Generationen bereits 1931 in seiner typischen Klarheit auf den Punkt: „Die verschiedenen Altersstufen des Menschen halten einander für verschiedene Rassen: Alte haben gewöhnlich vergessen, daß sie jung gewesen sind, oder sie vergessen, daß sie alt sind, und Junge begreifen nie, daß sie alt werden können." Diese historische Perspektive rückt gegenwärtige Jugenddebatten in ein anderes Licht. Sie legt nahe, dass die oft medial zugespitzte Kritik an jungen Menschen weniger mit ihrem tatsächlichen Verhalten zu tun hat als mit einem kulturell tief verankerten Deutungsmuster. Die reale Belastungssituation junger Menschen wird dadurch häufig verkannt oder verharmlost.

Diese historische Kontinuität hat eine folgenreiche Konsequenz für die Gegenwart. Sie begünstigt, dass aktuelle Belastungen junger Menschen als Ausdruck individueller Schwäche gedeutet werden, obwohl empirische Daten auf strukturelle Überforderungen verweisen. Die Diskrepanz zwischen empirisch belegter Notlage und kulturell tradierten Vorurteilen erschwert eine angemessene gesellschaftliche Reaktion. Daher sind Antworten erforderlich, die die Lebensrealität junger Menschen ernst nehmen. Diese Ausgangslage führt dazu, dass Fachleute zunehmend strukturelle Veränderungen fordern. Barbara Haid, Präsidentin des Österreichischen Bundesverbands für Psychotherapie, plädiert für eine nachhaltige Verankerung psychischer Gesundheitsförderung im Bildungswesen. Mental Health müsse „in den Lehrplan integriert werden. Entweder in ein eigenes Fach oder in bestehende Lehrpläne".[14] Auch Schul-

[14] Haid 2024 zit. nach OÖNachrichten.

psychologinnen und -psychologen fordern seit Jahren einen Ausbau der psychologischen Unterstützungsangebote im schulischen Kontext. Diese Appelle unterstreichen, dass die emotionale Not der Jugend nicht allein ein individuelles Problem ist, sondern ein gesellschaftliches Versäumnis. Mentale Gesundheit sollte daher nicht als Randthema, sondern als zentrale Voraussetzung für Bildung, Entwicklung und Teilhabe verstanden werden.

Rückgang des psychischen Wohlbefindens in der Weltbevölkerung

Wie steht es nun aber um das psychische Befinden der Weltbevölkerung? Diese Frage untersucht das Global Mind Project (2024) mit dem jährlich erscheinenden *Mental State of the World Report*. Die groß angelegte Studie analysiert Daten von über einer halben Million Menschen aus 71 Ländern und liefert differenzierte Einblicke in emotionale Gesundheit, soziale Beziehungen, Lebensqualität, kognitive Funktionen und Verhaltensmuster. Der sogenannte Mental Health Quotient (MHQ) dient dabei als umfassender Indikator für das psychische Wohlbefinden.

Die Ergebnisse sind alarmierend. Die weltweite Zahl neu diagnostizierter Depressionen stieg von 172 Mio. im Jahr 1990 auf 258 Mio. im Jahr 2017, was einem Zuwachs von knapp 50 % entspricht.[15] Seit Beginn der COVID-19-Pandemie ist die mentale Verfassung weltweit deutlich weiter gesunken, und es gibt bislang keine Anzeichen für eine nachhaltige Erholung. Der Abwärtstrend, der sich bereits 2019 und 2020 abzeichnete, hat sich in den Folgejahren verfestigt. Der Anteil der Menschen, die überfordert, belastet oder gar verzweifelt sind, hat sich seit der Pandemie fast verdoppelt. Während sich 2019 noch 14 % der Befragten dieser Gruppe zuordneten, waren es 2020 bereits

[15] Liu et al. 2020.

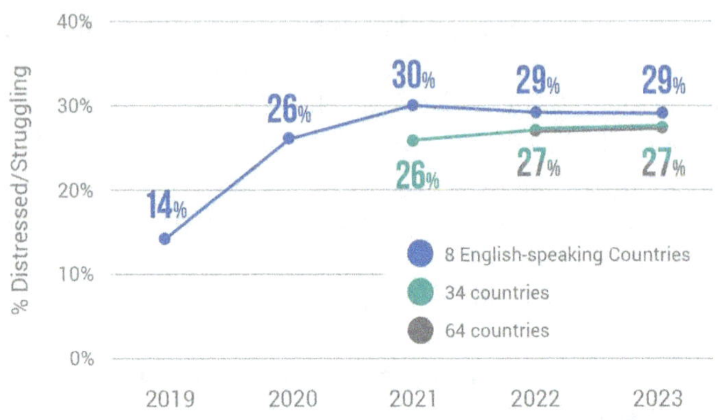

Abb. 2.1 Deutlicher Anstieg der Werte zu *distressed/struggeling.* (Global Mind Project, 2024, S. 10)

26 % und im darauffolgenden Jahr sogar 30 %. Dieser Wert bleibt auf hohem Niveau nahezu unverändert (s. Abb. 2.1).

Der Begriff *distressed* beschreibt nicht einfach nur den Zustand des Gestresstseins. Während Stress eine vorübergehende Reaktion auf Belastungssituationen bezeichnet, beschreibt *distressed* einen anhaltenden emotionalen Zustand von Verzweiflung, Angst oder innerer Leere. Betroffene Menschen sind nicht nur psychisch angespannt, sondern stehen oft am Rand einer tiefgreifenden Lebenskrise. Diese Unterscheidung ist bedeutsam, da sie aufzeigt, dass es sich nicht nur um vorübergehende Befindlichkeitsstörungen handelt, sondern um eine strukturelle mentale Erschöpfung.

Besonders deutlich zeigt sich der jüngste Rückgang des psychischen Wohlbefindens bei jungen Erwachsenen unter 35 Jahren, die während der Pandemie die stärksten Einbußen verzeichneten. Gleichzeitig blieb das Wohlbefinden bei älteren Menschen über 65 Jahren relativ stabil. Dieser Generationeneffekt lässt vermuten, dass jüngere Menschen unter den Bedingungen gegenwärtiger Unsicherheiten und Belastungen besonders anfällig für psychische Erschöpfung sind. Die anhaltende Belastung zieht sich quer durch alle Altersgruppen, verstärkt sich jedoch dort, wo soziale und emotionale Ressourcen ohnehin begrenzt sind.

Gleichzeitig zeigen andere empirische Befunde, dass psychische Belastung keineswegs ausschließlich ein Phänomen jüngerer Generationen ist. Insbesondere für das mittlere Erwachsenenalter lassen sich in zahlreichen Studien Hinweise auf ein erhöhtes Maß an Stress, Unzufriedenheit und gesundheitlichen Risiken finden. So wird in der Forschungsliteratur häufig eine U-förmige Tendenz des Wohlbefindens über die Lebensspanne diskutiert, bei der das mittlere Alter als Phase mit vergleichsweise niedrigen Zufriedenheitswerten erscheint.[16] Allerdings ist diese Annahme in der wissenschaftlichen Debatte nicht unumstritten: Während einige Studien eine robuste U-Form betonen, weisen andere Arbeiten darauf hin, dass Verlaufsmuster je nach Datensatz, Methode und individueller Lebenssituation deutlich variieren können.[17] Neuere Längsschnittanalysen ergänzen diese Debatte und zeigen, dass ein Rückgang des Wohlbefindens in der Lebensmitte auch unabhängig von reinen Querschnittsanalysen beobachtbar ist. Dies spricht dafür, dass es sich zumindest teilweise um ein stabiles Muster und nicht ausschließlich um ein methodisches Artefakt handelt.[18] Diese Lebensphase ist häufig von kumulativen Anforderungen wie beruflicher Verantwortung, finanziellen Belastungen sowie familiären Verpflichtungen geprägt, die sich zu einer anhaltenden Mehrfachbelastung verdichten können. Damit wird deutlich, dass psychische Belastung nicht auf einzelne Generationen beschränkt ist, sondern je

[16] Blanchflower und Graham 2021.

[17] Galambos et al. 2020.

[18] Giuntella et al. 2023.

nach Lebensphase unterschiedliche Ursachen und Ausprägungen annimmt.

Ein internationaler Vergleich im Rahmen des Global Mind Projects (2024) verdeutlicht zudem, dass wirtschaftlicher Wohlstand nicht zwangsläufig mit höherem psychischen Wohlbefinden korreliert. In Ländern mit hohem Einkommen sind digitale Technologien weiter verbreitet und werden häufig schon im frühen Jugendalter genutzt. Gleichzeitig zeigt sich dort vermehrt eine stärkere Vereinsamung sowie ein Rückgang stabiler sozialer Netzwerke. Das Auseinanderdriften familiärer und freundschaftlicher Bindungen sowie der Rückgang gemeinschaftlicher Rituale tragen ebenfalls zu dieser Entwicklung bei. Je stärker Menschen in digitalen Lebenswelten abdriften, desto wahrscheinlicher entsteht ein Gefühl psychischer Entfremdung.

Das Global Mind Project (2024) zeichnet damit ein besorgniserregendes Bild unserer postpandemischen Zukunft. Die Studie betont die Dringlichkeit, die treibenden Kräfte unseres kollektiven mentalen Zustands besser zu verstehen und politisch wie gesellschaftlich zu adressieren. Dabei geht es nicht allein um Gesundheitsreformen oder Therapieangebote, sondern um die grundsätzliche Frage, wie wir psychisches Wohlbefinden als gesellschaftlichen Wert denken, fördern und schützen wollen.

Besonders auffällig ist, dass bestimmte Gruppen deutlich höhere Risiken aufweisen wie etwa Frauen und Jugendliche, die laut Weltgesundheitsorganisation besonders häufig von Angststörungen, depressiven Symptomen und suizidalen Gedanken betroffen sind.[19] Für viele von ihnen bleibt das Gefühl innerer Überforderung kein temporärer Ausnahmezustand, sondern ein dauerhafter Begleiter im Alltag.

Diese Bestandsaufnahme wirft die Frage auf, wie Gesellschaften mit dieser psychischen Dauerbelastung umgehen

[19] WHO 2022b.

können und was es braucht, um neue Formen der Resilienz und Selbstregulation zu fördern.

2.2 Krisenmodus im Alltagsleben

Auch in der Arbeitswelt sind mentale Erschöpfung, Überforderung und emotionale Anspannung zu einem breiten Phänomen geworden. Die Anforderungen an Erwerbstätige sind in den letzten Jahren kontinuierlich gestiegen, einerseits durch strukturelle Veränderungen in der Arbeitswelt, die nicht zuletzt durch die COVID-19-Pandemie angestoßen wurden und andererseits durch die zunehmenden Unsicherheiten und den beschleunigten digitalen Wandel.

Dauerbelastung am Arbeitsplatz

Eine Umfrage[20] unter Erwerbstätigen zeigt, dass sich fast ein Viertel der Befragten häufig stark gestresst oder überlastet fühlt. Weitere 43 % berichten von regelmäßiger oder gelegentlicher Anspannung. Die psychischen Folgen sind deutlich spürbar. Rund 40 % der Befragten gaben an, bereits Erschöpfungszustände erlebt zu haben. Knapp zehn Prozent waren wegen stressbedingter Erkrankungen krankgemeldet und fünf Prozent erlitten einen Burnout. Besonders kritisch ist, dass 68 % der Teilnehmenden erklärten, dass das Thema psychische Gesundheit in ihrem Unternehmen kaum oder gar nicht thematisiert wird.

Internationale Daten untermauern diese Entwicklung. Laut dem aktuellen *State of the Global Workplace Report* des Gallup-Instituts (2024) geht es weltweit nur etwa einem Drittel der Erwerbstätigen mental gut. 58 % befinden sich in einem psychisch belasteten Zustand, während acht Prozent unter gravierenden psychischen Problemen leiden. Ein

[20] Mayer 2022.

Viertel der Führungskräfte gibt an, häufig oder dauerhaft von Burnout betroffen zu sein, während zwei Drittel zumindest gelegentlich Symptome emotionaler Erschöpfung verspüren. Diese Zahlen verdeutlichen, dass auch Menschen in Leitungspositionen zunehmend an ihre Belastungsgrenzen geraten.

Hinzu kommt ein Aspekt, der lange wenig beachtet wurde: Einsamkeit im Arbeitskontext. Laut Gallup (2024) leidet etwa jeder fünfte Arbeitnehmer weltweit unter täglichem Einsamkeitsempfinden. Besonders betroffen sind jüngere Erwerbstätige unter 35 Jahren. Der Verlust gemeinschaftlicher Strukturen, zunehmende Homeoffice-Modelle, Entgrenzung von Arbeits- und Lebenszeit sowie der Rückgang informeller Austauschmöglichkeiten im Berufsalltag tragen zu diesem Empfinden bei. Einsamkeit wiederum gilt als Risikofaktor für psychosomatische Beschwerden, Depression und Burnout.

Aus gesundheitsökonomischer Perspektive wird die Relevanz dieser Entwicklung erkennbar. Eine Studie der AOK Rheinland/Hamburg (2024) belegt, dass psychische Erkrankungen unter jungen Beschäftigten stark zunehmen. Im Jahr 2022 fehlten Erwerbstätige unter 30 Jahren durchschnittlich 19 Arbeitstage, wobei der Grund laut Studie vorwiegend auf psychische Belastung zurückzuführen war. Der Krankenstand in dieser Altersgruppe stieg gegenüber dem Vorjahr um 41,9 % und erreichte ein Rekordhoch. Pro versicherte Person wurden im Schnitt 2,79 Krankmeldungen eingereicht, was einem Anstieg von nahezu 53 % gegenüber dem Vorjahr entspricht und somit einen Negativrekord zu den vorherigen Jahren markiert.

Ein ähnliches Bild zeigt der Gesundheitsreport der DAK (2024), eine der größten gesetzlichen Krankenkassen in Deutschland, die regelmäßig Daten zu Arbeitsunfähigkeit und psychischer Gesundheit veröffentlicht. Die Ausfalltage aufgrund psychischer Erkrankungen erreichten 2023 mit

323 Fehltagen je 100 Versicherte einen Höchststand und lagen mehr als die Hälfte über dem Wert von vor zehn Jahren. Besonders stark betroffen sind junge Erwerbstätige. In der Gruppe der 20- bis 24-Jährigen stiegen die Krankschreibungen um 34 %, bei den 25- bis 29-Jährigen um 31 %. Der Gesundheitsreport 2025[21] bestätigt diesen Trend. Rund 14 % der Fehltage bei unter 30-Jährigen gehen bereits auf psychische Erkrankungen zurück. Diese Zahlen unterstreichen, dass Belastungen vor allem für jüngere Beschäftigte ein zunehmend ernstes Problem darstellen.

Psychische Gesundheit ist längst zu einem zentralen Thema der Arbeitswelt geworden, nicht nur im Hinblick auf individuelle Belastung, sondern auch als gesellschaftliche und ökonomische Herausforderung. Dennoch bleibt der offene Umgang mit psychischer Gesundheit in vielen Unternehmen scheinbar ein Tabu. Die Folge ist eine Kultur der Selbstüberforderung, in der Erschöpfung oft erst dann thematisiert wird, wenn sie bereits krank macht.

Ein nicht zu unterschätzender Belastungsfaktor liegt dabei im Wandel der Kommunikationskultur selbst. Permanente Erreichbarkeit, ständige Unterbrechungen durch digitale Tools und die Erwartung ständiger Reaktionsbereitschaft führen zu einem Verlust echter Pausen und damit der benötigten Stille. Das Nervensystem bleibt so in einem Zustand latenter Alarmbereitschaft. Die Grenze zwischen Arbeit und Erholung verschwimmt zunehmend und hat damit tiefgreifende Folgen für die Fähigkeit zur Selbstregulation.

Digitale Erschöpfung und Suchtverhalten

Digitale Technologien fordern unsere Aufmerksamkeit und können psychisch und körperlich belasten. Insbesondere bei jungen Menschen führt die ständige Nutzung digitaler

[21] DAK 2025.

Medien zunehmend zu Erschöpfungszuständen, Reizüberflutung und einer beeinträchtigten Regulation des inneren Erregungsniveaus.

Dauerhafte Erreichbarkeit, Multitasking, häufiges Empfangen von Push-Benachrichtigungen und algorithmisch gesteuerte Inhalte gelten als zentrale Faktoren, die nachweislich zur Erhöhung des individuellen Stressniveaus beitragen. Diese Zusammenhänge sind sowohl durch wissenschaftliche Studien belegt als auch in unserem eigenen Alltag spürbar. Je fragmentierter die Aufmerksamkeit, desto schwerer fällt es dem Gehirn, in einen Zustand tiefer Konzentration oder Erholung zurückzukehren. Besonders Social-Media-Plattformen wie TikTok, Instagram Reels oder YouTube Shorts liefern kurze, intensive Reizimpulse, die direkt das dopaminerge Belohnungssystem aktivieren. Eine aktuelle neurobiologische Untersuchung[22] weist darauf hin, dass Menschen mit Symptomen einer sogenannten *Short Video Addiction* – also einer exzessiven und schwer kontrollierbaren Nutzung extrem kurzer Videoformate – auffällige Veränderungen in jenen Hirnregionen aufweisen, die an Belohnungsprozessen und Entscheidungsverhalten beteiligt sind. Die Aktivitätsmuster in diesen Bereichen ähneln jenen, die auch bei Glücksspiel- oder Substanzabhängigkeiten beobachtet werden. Die Studie legt nahe, dass gerade diese kurzen Videos, die von Algorithmen gezielt ausgewählt und auf schnelle Reizwirkung optimiert werden, durch fortlaufende Dopaminreaktionen ein suchtähnliches Verhalten fördern können.

Ergänzend zu diesen neurobiologischen Befunden weist der Sozialpsychologe Jonathan Haidt (2024) auf eine gesellschaftliche Dimension dieser Entwicklung hin. Er beschreibt, dass sich seit Beginn der 2010er-Jahre ein tiefgreifender Wandel der kindlichen und jugendlichen

[22] Liu et al. 2025.

Lebenswelt vollzogen hat, der nicht allein auf technische Innovationen zurückzuführen ist, sondern auf eine strukturelle Verschiebung alltäglicher Erfahrungsräume. Kinder verbringen weniger Zeit in realen sozialen Begegnungen, im freien Spiel oder in körperlicher Aktivität. Diese für die Entwicklung zentralen Erfahrungsformen werden zunehmend durch digitale Umgebungen ersetzt, die auf permanente Verfügbarkeit, schnelle Reizfolgen und algorithmisch erzeugte Rückmeldungen ausgerichtet sind. Haidt (2024) betont, dass dieser Übergang global, überraschend rasch und zeitlich eng verknüpft mit einem Anstieg psychischer Belastungen im Jugendalter verlaufen ist. Er interpretiert diese Veränderungen als Ausdruck eines grundlegenden Wandels der Entwicklungsbedingungen. Kinder benötigen reale Erfahrungsräume, um Autonomie zu erproben, Konflikte in unmittelbarer Interaktion zu bewältigen und moderate Herausforderungen zu meistern. Diese Erfahrungen unterstützen die Stabilität des emotionalen und kognitiven Systems. Wenn jedoch digitale Umgebungen einen großen Teil dieser realen Interaktionen ersetzen, entstehen Bedingungen, die die psychische Belastbarkeit junger Menschen mindern können. Aus dieser Perspektive wird deutlich, dass digitale Erschöpfung nicht allein aus individuellem Medienverhalten entsteht, sondern in gesellschaftliche Bedingungen eingebettet ist, in denen reale Erfahrungsräume zunehmend durch digitale Strukturen ersetzt werden.

Die beschriebenen strukturellen Belastungen erfassen nicht nur emotionale und kognitive Prozesse, sondern beeinflussen auch die physiologische Stressregulation, indem sie das sympathische Nervensystem stimulieren. Die Folge ist eine chronische Übererregung, die nicht nur die Schlafqualität beeinträchtigt, sondern auch die emotionale Stabilität schwächt. Je häufiger Nutzerinnen und Nutzer von Reizen überflutet werden, desto schwieriger wird es, überhaupt noch einen Zustand innerer Ruhe zu erreichen.

Selbst in Phasen äußerer Ruhe bleibt das Nervensystem oft aktiviert, was langfristig zu Symptomen wie innerer Unruhe, Konzentrationsstörungen, Reizbarkeit oder depressiven Verstimmungen führen kann.

Besonders gravierend ist der Einfluss digitaler Technologien auf Jugendliche. Die WHO klassifizierte bereits 2019 Internetsucht und Gaming Disorder als behandlungsbedürftige psychische Erkrankungen.[23] Studien belegen, dass junge Menschen durchschnittlich mehrere Stunden täglich auf Social-Media-Plattformen verbringen, wobei der Konsum nicht selten in exzessive Nutzungsformen übergeht. Der frühe Besitz eines Smartphones und der unregulierte Zugang zu sozialen Netzwerken gelten als zentrale Risikofaktoren für die Entwicklung emotionaler Instabilität.

Eine in 44 Ländern durchgeführte internationale Studie[24] dokumentiert einen alarmierenden Anstieg problematischer Nutzung digitaler Medien. Der Anteil Jugendlicher mit Anzeichen suchtähnlichen Social-Media-Verhaltens stieg von sieben Prozent im Jahr 2018 auf elf Prozent im Jahr 2022. Das bedeutet, dass bereits jeder zehnte Jugendliche Symptome wie Kontrollverlust, Entzugserscheinungen und damit eine Vernachlässigung anderer Lebensbereiche zeigt. Ähnlich besorgniserregend ist die Entwicklung im Bereich des digitalen Spielens: 34 % der Jugendlichen spielen täglich, wobei 22 % an Spieltagen vier Stunden oder mehr damit verbringen. Zwölf Prozent gelten laut WHO (2024) durch exzessives Gaming als gefährdet. Auch der Zusammenhang zwischen exzessiver Nutzung und psychischer Belastung ist gut dokumentiert. So steht problematisches Nutzungsverhalten in enger Verbindung mit Angst-

[23] Gansner 2019.

[24] Boniel-Nissim et al. 2023.

zuständen, depressiven Symptomen und emotionaler Instabilität.[25]

Wie bereits zuvor beschrieben, korreliert ein hoher technologischer Entwicklungsstand nicht zwangsläufig mit größerem psychischem Wohlbefinden.[26] Besonders in wohlhabenden Gesellschaften zeigt sich eine emotionale Erschöpfung, die mit dem frühen und intensiven Einwirken digitaler Reize, der Fragmentierung sozialer Beziehungen und der Auflösung stabiler Alltagsstrukturen in Verbindung steht. Die Bewältigung digitaler Erschöpfung erfordert daher weit mehr als gelegentliche App-Pausen oder *Digital-Detox*-Tage. Sie setzt ein grundlegendes Verständnis der neurobiologischen Prozesse voraus, die Aufmerksamkeit, Selbstregulation und das Gleichgewicht des Nervensystems steuern. Die zentrale Frage lautet, wie ein Zustand innerer Ruhe wieder erreichbar werden kann, und zwar jenseits von Selbstoptimierung und kurzfristiger Abstinenz. Das folgende Kapitel widmet sich einer Ressource, die in der modernen Gesellschaft zunehmend verloren geht: der Stille.

[25] Marino et al. 2018.

[26] Global Mind Project 2024

3

Wenn Stille fehlt: Digitale Reizüberflutung und ihre Folgen

„Die Stille der Ordnung ist eine dynamische Stille, die Stille einer Flamme, die in vollkommener Ruhe brennt, oder eines Rads, das sich so schnell dreht, dass es stillzustehen scheint. Schweigen in diesem Sinn ist nicht nur eine Eigenschaft der Umgebung, sondern in erster Linie eine Einstellung, eine Haltung des Hörens. Lasst uns also einander Schweigen schenken. Lasst uns damit auf der Stelle anfangen."

(David Steindl-Rast)

Das einleitende Zitat von David Steindl-Rast beschreibt Stille als eine innere Haltung, die Orientierung und Resonanz ermöglicht. Dieses Kapitel untersucht, welche Folgen entstehen, wenn diese Form von Stille verloren geht, und wie digitale Reizsysteme Wahrnehmung, Verhalten und psychische Gesundheit beeinflussen.

T. Herdin, *Stille - Ein Weckruf zur digitalen Selbstfürsorge*, Innovativ und kompakt – gesellschaftliche Herausforderungen der Gegenwart,
https://doi.org/10.1007/978-3-658-51341-2_3

3.1 Die Überstimulation der Gegenwart

Spricht man von Kommunikation, denkt man in der Regel nicht an Stille. Im Sinne der westlichen Logik erscheinen beide Begriffe als Gegensätze. Betrachtet man jedoch Kommunikation im Rahmen eines sowohl-als-auch-Denkens,[1] wird deutlich, dass Stille nicht ihr Gegenteil ist, sondern ihre Voraussetzung. So wie es keinen Tag ohne Nacht, keinen Berg ohne Tal gibt, so gibt es keine Kommunikation ohne Stille. Sie bildet nicht nur eine Lücke zwischen Worten, sondern ist Bedingung dafür, dass Bedeutung entstehen kann.

Wo das Weglassen Bedeutung schafft

Was in der Kommunikation als Widerspruch erscheint, wird in der Kunst gezielt eingesetzt. Gerade dort, wo bewusst etwas weggelassen wird, kann Wirkung entstehen und Ausdruckskraft verstärkt werden. In der klassischen Musik gehören Pausen nicht nur zur Notation, sondern sind integraler Bestandteil der Komposition. Sie schaffen Raum für Reflexion, erzeugen Spannung, ermöglichen dem Hörer, Gehörtes zu verarbeiten, sich auf das kommende zu konzentrieren und beeinflussen Rhythmus und Betonung. Ohne diese Stille würde Musik ihre Wirkung, ihre emotionale Tiefe verlieren. Auch in der Malerei ist das bewusste Weglassen Teil des Schaffens. Leere Flächen, unvollendete Striche und sparsam gesetzte Details eröffnen dem Betrachter eigene Deutungsräume. Die bewusste Reduktion lenkt den Blick auf das Wesentliche. Pablo Picasso wird der Ausspruch zugeschrieben, dass Kunst in der Eliminierung des

[1] Auf die Unterscheidung zwischen der aristotelischen Entweder-oder-Logik und einem Denken in Polaritäten, das einem sowohl-als-auch-Prinzip folgt, wird in Kapitel 6.1 noch genauer eingegangen.

Unnötigen bestehe. Die Kunst zeigt: Bedeutung entsteht nicht trotz, sondern durch das Weglassen. In unserem Alltagsleben wird Leere stattdessen gefüllt, Pause vermieden und Stille zunehmend verdrängt.

Diese Prinzipien der Reduktion veranschaulichen, dass das Fehlen von Elementen oft mehr Wirkung entfalten kann als deren Übermaß. Was in der Kunst geschätzt wird, bleibt im Alltag jedoch meist unberücksichtigt. Unsere Gegenwart ist geprägt von einem ständigen Zuviel an Reizen, Informationen, Geräuschen und schlussendlich Lärm. Die Stille, die für gelingende Kommunikation notwendig wäre, ist selten geworden.

Digitale Dauerbeschallung und mediale Lärmquellen
Das Phänomen der Reizüberflutung zeigt sich sowohl auf akustischer als auch auf kognitiver Ebene. Während physischer Lärm vor allem sinnlich erfahrbar ist, wirkt digitaler Lärm unmittelbar auf unsere Aufmerksamkeitssysteme. Unsere heutige Lebenswelt ist von einem ständigen Strom akustischer und digitaler Reize überlagert. Wir werden in jeglicher Form dauerbeschallt, und die Orte, die noch frei sind von menschengemachten Geräuschen, schrumpfen. Die Welt ist laut, sowohl im wörtlichen als auch im übertragenen Sinn. Einerseits nimmt die physische Lärmbelastung zu, andererseits sind wir permanent medialen Botschaften ausgesetzt, denen wir uns kaum entziehen können oder wollen. Durch soziale Medien, Messaging-Dienste und ständige Benachrichtigungen wird unsere Wahrnehmung in immer kürzere Intervalle fragmentiert und Informationen fordern unaufhörlich unsere Reaktion.

Schon früh wurde die Reizbelastung durch Medien als kulturelles Phänomen beschrieben. Für Guido Zurstiege (2019, S. 215) ist das Leiden am Lärm der Zeit „dessen Hauptverursacher schon immer die Medien waren“ nicht neu und er zitiert den Philosophen Theodor Lessing, der bereits zu Beginn des 20. Jahrhunderts meinte, dass „der Lärm das tiefste Charakteristikum des Menschen *schlechthin* zu sein“ scheint.

Mit der Digitalisierung hat sich das Tempo weiter erhöht. Selbst in den Momenten, in denen wir zur Ruhe kommen, bleibt die Welt um uns herum in Bewegung. Die ständige Erreichbarkeit lässt kaum noch Unterbrechungen zu. Statt bewusster Pausen folgen wir einem durchgehenden Strom aus Informationen und Entscheidungen. Ruhephasen, die einst selbstverständlich waren, werden zunehmend von der ständigen medialen Verfügbarkeit torpediert.

Ruheoasen sind nicht mehr strukturell vorhanden, sondern müssen aktiv hergestellt werden. Aber ohne bewusste Unterbrechung geht das Gefühl für Rhythmus verloren, denn Rhythmus entsteht erst durch das Wechselspiel von Bewegung und Ruhe, von Klang und Stille, von Aktion und Pause. Ohne dieses Wechselspiels bleibt nur ein gleichförmiger Strom, der keine Struktur erkennen lässt und dadurch weder Orientierung noch Tiefe ermöglicht.

Überreizt, erschöpft, entfremdet

Die Überreizung des modernen Lebens ist nicht allein Resultat technischer Medien, sondern wird auch durch gesellschaftliche Strukturen verstärkt. Bereits in den 1990er-Jahren beschrieb Peter Gross (1994), dass wir in einer *Multioptionsgesellschaft* leben, in der sich die Zahl möglicher Lebensentwürfe und Entscheidungen in nahezu allen Lebensbereichen vervielfacht hat. Es stehen uns die vielfältigsten Optionen zur Verfügung. Bildung, Beruf, Konsum, Partnerschaft, Freizeit oder Lebensstil sind heute kaum noch durch soziale Vorgaben begrenzt, sondern erscheinen als offen gestaltbar. Diese Vielfalt eröffnet einerseits neue Freiheiten, führt andererseits aber zu wachsendem Entscheidungsdruck. Wer sich für etwas entscheidet, entscheidet sich zugleich gegen etwas anderes. Die Vielzahl an Möglichkeiten verlangt ständige Orientierung, Abwägung und Auswahl.

Mit der Digitalisierung hat sich diese Dynamik nochmals verstärkt. Optionen werden in Echtzeit zugänglich, permanent aktualisiert und algorithmisch erweitert. Barry Schwartz (2004) spricht vom *Paradox of Choice*-Effekt, als dem Paradox der Wahl. Was eigentlich ein mehr an Freiheit verspricht, kann schlussendlich Unzufriedenheit, Zweifel und Stress auslösen, denn die ständige Frage nach besseren Alternativen erschwert nicht nur Entscheidungen, sondern fördert die Angst, eine falsche Wahl zu treffen oder eine bessere Alternative zu verpassen und mindert damit nicht selten die Zufriedenheit mit dem Gewählten.

Die Digitalisierung intensiviert diese Phänomene, da sie die Zahl der Wahlmöglichkeiten weiter erhöht. In immer kürzeren Abständen müssen neue Informationen verarbeitet werden. Damit steigen die Anforderungen an Anpassungsfähigkeit und Reaktionsgeschwindigkeit. Zugleich wächst das Risiko mentaler Überforderung und das Empfinden, den eigenen Lebensumständen zunehmend entfremdet gegenüberzustehen.

Diese Wahrnehmung beschreibt Hartmut Rosa (2013) in seiner Zeitdiagnose der Beschleunigung. Moderne Gesellschaften sind nach Rosa durch eine systematische Steigerung technischer Beschleunigung, des sozialen Wandels und des Lebenstempos geprägt. Beschleunigung wird zur Voraussetzung gesellschaftlicher Norm. Sie ist nicht nur ein Nebenprodukt, sondern ein Strukturprinzip der Spätmoderne. Die Folge ist ein wachsendes Gefühl der Entfremdung,[2] die jedoch nicht primär als individuelle Überforderung zu verstehen ist, sondern als strukturelle Beziehungsstörung zwischen Subjekt und Welt. Entfremdung entsteht, wenn die Welt zwar verfügbar und erschließbar er-

[2] Rosa 2016.

scheint, aber nicht mehr als antwortend oder bedeutsam erfahren wird. Als Gegenbegriff entwickelt Rosa (2016) das Konzept der Resonanz, das eine gelingende Beziehung zur Welt beschreibt, geprägt von wechselseitiger Berührbarkeit und zeitlicher Offenheit. Beschleunigung unterminiert diese Resonanzbeziehungen und erzeugt ein Leben im Modus ständiger Erreichbarkeit, Effizienz und Reaktivität, in dem Momente der Stille und der unverzweckten Begegnung zunehmend fehlen.

Viele Menschen empfinden ihr Leben als schwer kontrollierbar und erleben eine Diskrepanz zwischen den verfügbaren Möglichkeiten und der eigenen Fähigkeit, diese in eine als sinnvoll erlebte Lebensführung zu integrieren. Beschleunigung verändert damit die Erfahrung von Zeit und Aufmerksamkeit und unterminiert die Vorstellung eines guten Lebens, das als kohärent und gestaltbar wahrgenommen wird.

Die beschriebenen Dynamiken fördern nicht nur individuelle Erschöpfung und Entfremdung, sondern prägen auch das emotionale Klima der Gegenwart. Die Beschleunigung gesellschaftlicher Prozesse, die ständige Vergleichbarkeit und die digitale Dauerkommunikation tragen zu einem Zustand kollektiver Gereiztheit bei. Bernhard Pörksen (2018) analysiert dieses Phänomen in seinem Buch *Die große Gereiztheit* als Charakteristikum einer vernetzten Öffentlichkeit, in der Erregung, Skandalisierung und Empörung zu zentralen Mechanismen kommunikativer Aufmerksamkeit werden. Digitale Plattformen fördern eine Dynamik, in der Debatten rasch eskalieren und sich eine Atmosphäre dauerhafter Nervosität entwickelt. Öffentliche Kommunikation erscheint unter diesen Bedingungen als ein Raum ständiger Aufladung, in dem die Grenze zwischen argumentativer Auseinandersetzung und affektgetriebener Empörung zunehmend unscharf wird.

In seinem Essay *Müdigkeitsgesellschaft* diagnostiziert Byung-Chul Han (2010), dass die Leitkrankheiten des 21. Jahrhunderts nicht mehr infektiöser Natur sind, sondern neuronale Störungen wie Depression oder Burnout. Diese Erkrankungen versteht er als Ausdruck einer Erschöpfung, die aus einem Zuviel des Gleichen entsteht. Gemeint sind Überproduktion, Überleistung und Überkommunikation, wie Han (2016) ausführt, die den Einzelnen einem anhaltenden Steigerungsdruck aussetzen. Die Subjekte sehen sich in hohem Maß für ihr eigenes Gelingen verantwortlich und geraten in einen Modus dauernder Selbstoptimierung und Effizienzsteigerung. In diesem gesellschaftlichen Kontext wird Leistung nicht mehr primär von außen eingefordert, sondern in das Selbstverhältnis integriert. Han beschreibt dies als Übergang von einem Gehorsamssubjekt zu einem Leistungssubjekt, das sich freiwillig überfordert und gerade darin seine Freiheit zu realisieren glaubt. Die Folge ist eine Form der Erschöpfung, die sich weniger in offenen Konflikten als in innerer Müdigkeit und Rückzug zeigt.

Diese Diagnosen zeichnen ein Bild spätmoderner Lebensverhältnisse, die von Beschleunigung, Überforderung und Gereiztheit geprägt sind. Sichtbar wird hier nicht allein eine Überlastung der Sinne, sondern ein Mangel an resonanzfähigen Räumen, der sich in einem strukturellen Defizit an Stille niederschlägt. Mit fortschreitender Beschleunigung schrumpfen die reizfreien Räume, und Stille wird unter diesen Bedingungen zu einer knappen Ressource.

Digital Detox & Co: Der Wunsch nach Unterbrechung

Der zunehmende Wunsch nach *Digital Detox* ist als Ausdruck einer wachsenden Erschöpfung zu interpretieren. Immer häufiger wird der Ruf nach einer zeitweisen Unterbrechung digitaler Präsenz laut. Dabei geht es nicht nur um eine kurzfristige Erholung, sondern um den Versuch, eine Distanz zur dauerhaften Reizexposition herzustellen.

Der Begriff *Digital Detox* beschreibt den bewussten, zeitlich begrenzten Verzicht auf digitale Geräte, das Internet oder soziale Medien. Ziel ist es, der permanenten Reizüberflutung entgegenzuwirken, um das persönliche Wohlbefinden zu steigern. Neben diesem Begriff haben sich auch andere Konzepte etabliert wie etwa Medienfasten, Tech Sabbath, Offline Days, Disconnecting, Unplugging, Screen-free Weeks oder digitaler Minimalismus. Häufig werden englischsprachige Begriffe verwendet, da sie in der globalen Diskussion etabliert sind. Alle diese Ansätze verfolgen das Ziel, der zunehmenden Medienintensität und der damit verbundenen digitalen Überforderung entgegenzuwirken. Sie umfassen bewusste Maßnahmen zur Reduktion oder zum zeitweiligen Verzicht auf digitale Technologien und spiegeln so den Wunsch nach weniger Mediennutzung wider. Sie rufen zu konkreten Praktiken auf, bei denen digitale Aktivitäten bewusst für einen definierten Zeitraum ausgesetzt werden. Dahinter steht vielfach das Bestreben, das eigene Verhalten gezielt zu steuern und damit den Medienkonsum kritisch zu reflektieren. Dieser temporäre Verzicht kann als selbstbestimmte Form der Selbstregulation verstanden werden.

Das Streben nach digitaler Unterbrechung ist inzwischen auch über den Alltag hinaus auf gesellschaftlicher Ebene sichtbar geworden. Dies zeigt sich daran, dass zeitweilige Nicht-Erreichbarkeit selbst zum Gegenstand professionell gestalteter Angebote wird. Solche Formen der Distanzierung von permanenter Online-Präsenz werden dabei als bewusste Alternative inszeniert. Digitale Unterbrechung erscheint damit nicht nur als individuelle Form der Selbstregulation, sondern auch als kulturelle Reaktion auf die Normalisierung dauerhafter Vernetzung.[3]

Diese Entwicklungen werfen grundlegende Fragen nach der Selbstbestimmung im digitalen Raum auf. Sie betreffen nicht nur individuelle Mediennutzung, sondern verweisen auf strukturelle Dynamiken, die weit über das Einzelverhalten hinausreichen. Das Streben nach digitaler Unterbrechung ist daher nicht allein als individuelle Maßnahme zu verstehen, sondern auch als kulturelles Signal in einer Zeit, in der Dauerverfügbarkeit und Reizintensität zum Normalzustand geworden sind.

Wenn vom Wunsch nach zeitlich begrenzter digitaler Abstinenz die Rede ist, deutet dies darauf hin, dass die digitale Welt nicht nur als belastend wahrgenommen wird, sondern bereits Anzeichen einer Abhängigkeit bestehen könnten. Die Begriffe *Detox* und Abstinenz implizieren bereits, dass der digitale Konsum eine gesunde Form scheinbar überschritten hat und die Nutzer bereit sind, sich einzuschränken oder sogar *entgiften* zu wollen. Die Wortwahl ist dabei aufschlussreich, da *Detox* im ursprünglichen Sinn Entgiftung bezeichnet und damit voraussetzt, dass dem eine Form der Vergiftung vorausgegangen ist. Diese metaphorische Logik ist nicht zufällig, denn ein übermäßiger Medienkonsum kann tatsächlich suchtähnliche Tendenzen begünstigen. TikTok zählt beispielsweise zu den erfolgreichsten Social-Media-Plattformen und zieht vor allem junge Nutzer in ihren Bann, die besonders anfällig für problematisches Nutzungsverhalten und dessen Folgen sind.[4] Diese Plattform hat hoch entwickelte algorithmische Sys-

---

[3] Schwarzenegger und Lohmeier 2021.

[4] Montag et al. 2021.

teme entwickelt, die im Vergleich zu anderen Social-Media-Plattformen ein sehr hohes Suchtpotenzial[5] entfalten.[6]

Dabei spielt der Neurotransmitter Dopamin eine zentrale Rolle im Belohnungssystem des Gehirns. Social-Media-Plattformen aktivieren dieses System durch positive Rückmeldungen wie Likes, die eine Dopaminausschüttung auslösen. Zusätzlich verstärken kurzformatige Videoinhalte wie Reels diese Reaktion, da ihre schnelle Abfolge und die visuelle Stimulation weitere Belohnungsimpulse setzen. Diese Prozesse fördern die Wiederholung des Nutzungsverhaltens, da das Gehirn die Nutzung als lohnend abspeichert. Die entstehenden Feedback-Schleifen ähneln jenen Mechanismen, die auch bei anderen Formen von Abhängigkeit zu beobachten sind. Durch die wiederholte Aktivierung kann sich ein verstärktes Verlangen entwickeln, regelmäßig auf die Plattformen zurückzukehren.[7]

3.2 Körper und Psyche leiden unter digitalem Druck

Die permanente Nutzung digitaler Technologien hinterlässt Spuren sowohl auf körperlicher als auch psychischer Ebene. Während der Zugang zu digitalen Inhalten und sozialen Interaktionen stetig wächst, geraten Körper und Geist in einen Zustand dauerhafter Anspannung. Diese Belastung bleibt oft unbemerkt, zeigt sich aber zunehmend in

[5] Die Europäische Kommission(2026) stellte in vorläufigen Ergebnissen fest, dass TikTok aufgrund seines Designs möglicherweise gegen den Digital Services Act verstößt. Kritisiert werden insbesondere suchtfördernde Gestaltungselemente wie Endlos-Scrollen, Autoplay, Push-Benachrichtigungen sowie algorithmisch personalisierte Empfehlungssysteme, die mit verstärkter und zunehmend schwer regulierbarer Nutzung in Verbindung gebracht werden und Risiken für das Wohlbefinden, insbesondere bei Minderjährigen, aufweisen.

[6] Qin et al. 2022.

[7] Burhan und Moradzadeh 2020.

Form von Reizbarkeit, Erschöpfung oder körperlichen Beschwerden.

Körperhaltung und Atmung

Digitale Medien werden meist in einer sitzenden, unbewegten Körperhaltung genutzt. Der Blick ist auf das Display gerichtet, der Kopf nach vorne geneigt, der Rücken rund, die Schultern nach vorne gezogen und die Atmung wird flach. Diese Haltung ist so typisch geworden, dass bereits von einer *Head-Down-Generation* gesprochen wird. Die dauerhaft nach unten gerichtete Körperhaltung kann langfristig zu Beschwerden führen, die inzwischen unter Begriffen wie *iPad-Schulter* oder *Smartphone-Nacken* bekannt sind. Besonders häufig werden muskuläre Verspannungen im Schulter-Nacken-Bereich sowie Beschwerden im Bereich der Halswirbelsäule diagnostiziert. Der Druck auf die Wirbelsäule steigt mit dem Neigungswinkel des Kopfes. Bei einer Neigung von 60 Grad erhöht sich die effektive Belastung der Halswirbelsäule auf bis zu 27 kg.[8] Eine solche chronische Beanspruchung ist auf Dauer kaum kompensierbar und äußert sich nicht nur in muskulären Überlastungssymptomen, sondern kann auch strukturelle Veränderungen an Wirbeln, Bandscheiben und Faszien bewirken.

Neben den Beschwerden im Bereich der Wirbelsäule treten zunehmend Schmerzen in Armen und Händen auf. Die statische Körperhaltung beim Gebrauch von Tablets und Smartphones kann zu einem sogenannten Impingement-Syndrom führen. Dabei werden Sehnen und Schleimbeutel im Schulterbereich eingeengt, was Schmerzen und Bewegungseinschränkungen verursachen kann.

Eine weitere orthopädische Erscheinung der digitalen Lebensweise ist der sogenannte Handy-Daumen durch

[8] Hansraj 2014.

ständiges Scrollen, Wischen oder Tippen. Dabei handelt es sich um eine Überbeanspruchung des Daumens, die durch einhändiges Bedienen von Smartphones ausgelöst wird. Die permanente Wiederholung kleiner Bewegungsabläufe im Daumengrundgelenk begünstigt entzündliche Prozesse. Der Daumen wird dabei nicht wie ursprünglich vorgesehen zum Greifen eingesetzt, sondern ist ständig mit Dehn- und Abspreizbewegungen beschäftigt. Diese unnatürliche Belastung kann chronische Schmerzen nach sich ziehen und langfristig Verschleißerscheinungen im Gelenk verstärken. Stefan Langer (2018), Leiter der plastischen, ästhetischen und speziellen Handchirurgie am Universitätsklinikum Leipzig, beschreibt dieses Phänomen als WhatsApp-Disease. Betroffen sind meist Jugendliche und junge Erwachsene zwischen 15 und 25 Jahren, die ansonsten gesund sind, deren Handfunktion jedoch durch die einseitige Nutzung zunehmend eingeschränkt ist. Solche Symptome entstehen nicht abrupt, sondern kumulieren oft über Jahre hinweg. Gerade weil die Beschwerden zunächst unspezifisch erscheinen, werden sie lange übergangen und erst dann beachtet, wenn sie zu funktionellen Einschränkungen führen.

Neben diesen mechanischen Belastungen verändert sich auch das Atemmuster. Die sitzende Haltung und die Vorneigung des Oberkörpers schränken die Zwerchfellbewegung ein, wodurch die Atmung flacher und oberflächlicher wird. Dabei gelangt weniger Sauerstoff in den Körper, was wiederum das sympathische Nervensystem aktiviert und in Alarmbereitschaft versetzt. In der Folge steigen innere Unruhe, emotionale Reizbarkeit und körperliche Erschöpfung. Die reduzierte Atmung verstärkt damit nicht nur das Gefühl von Anspannung, sondern beeinträchtigt auch die Regenerationsfähigkeit, Konzentration und emotionale Stabilität.

Die enge Wechselwirkung zwischen Körperhaltung, Atmung und emotionalem Erleben bleibt häufig unbeachtet, obwohl sie das psychophysiologische Wohlbefinden wesentlich mitbestimmt. Eine zusammengesunkene Haltung in Verbindung mit flacher Atmung kann negative Affekte verstärken und das Stressniveau erhöhen. Eine aufrechte Körperhaltung und eine bewusste, vertiefte Atmung hingegen fördern die Aktivierung des parasympathischen Nervensystems, das mit Zuständen von Ruhe und Regeneration assoziiert ist.

Die Auswirkungen betreffen somit nicht nur den Bewegungsapparat, sondern auch die psychische Verfassung, die in enger Wechselwirkung mit Körperhaltung und Atmung steht. Digitale Überlastung reicht damit weit über körperliche Beschwerden hinaus und beeinflusst damit auch emotionale und motivationale Prozesse.

Auch wenn die bisher genannten Phänomene vor allem körperlich-orthopädische Auswirkungen betreffen, zeigt sich die psychologische Dimension digitaler Überlastung in noch drastischeren Erscheinungsformen. Die Bedeutung digitaler Teilhabe reicht in manchen Fällen so weit, dass materielle und gesundheitliche Risiken in Kauf genommen werden. Ein oft zitiertes Beispiel ist der Fall eines chinesischen Schülers, der im Jahr 2011 eine Niere verkaufte, um sich ein iPhone und ein iPad leisten zu können.[9] Aufgrund schwerer Komplikationen ist er seither dauerhaft pflegebedürftig und auf Dialyse angewiesen. Dieser Fall macht deutlich, wie stark die Bindung an digitale Geräte in extreme Formen selbstschädigenden Verhaltens münden kann und wie eng psychische Bedürfnisse mit technologischer Zugehörigkeit verknüpft sind.

---

[9] BBC 2011.

Abhängigkeit, Angst und Vergleich

Die hohe Nutzungsfrequenz digitaler Medien wirkt sich nicht nur auf den Körper, sondern auch auf die psychische Gesundheit aus. Besonders das Selbstwertgefühl und die emotionale Stabilität können unter der ständigen medialen Reizflut leiden. Das Thema gewinnt zunehmend an Bedeutung, da sich die tägliche Bildschirmzeit kontinuierlich erhöht. Während die durchschnittliche tägliche Nutzungsdauer im Jahr 2018 noch etwa drei Stunden betrug, stieg sie 2019 bereits auf 3,7 h und nahm in der Zeit der pandemiebedingten Kontaktbeschränkungen weiter zu.[10] Eine aktuelle repräsentative Erhebung[11] zeigt, dass Menschen in Deutschland im Durchschnitt rund 72 h pro Woche online sind, was drei vollen Tagen entspricht. Besonders die 18- bis 39-Jährigen verbringen fast 86 h pro Woche im Netz, während auch die über 40-Jährigen mehr als 65 h online sind. Diese Zahlen verdeutlichen, dass intensive Internetnutzung längst kein Randphänomen mehr ist, sondern große Teile der Bevölkerung betrifft. Vor allem bei jungen Menschen belegen weitere Studien, wie ausgeprägt diese Entwicklung bereits ist. Eine österreichische Untersuchung[12] aus dem Jahr 2022 ergab, dass 38 % der befragten Schulkinder ihr Smartphone mehr als fünf Stunden täglich nutzen. Weitere 33 % verbringen zwischen drei und vier Stunden pro Tag mit dem Gerät. Die intensive Nutzung digitaler Inhalte wird zunehmend mit einem Anstieg psychischer Beschwerden in Verbindung gebracht,[13] besonders bei jungen Menschen.

---

[10] Sydow 2020.

[11] Postbank 2025.

[12] Felder-Puig et al. 2023.

[13] Global Mind Project 2024.

Digitale Medien können bestehende psychische Probleme verstärken. Ein zentraler Faktor ist das Alter beim erstmaligen Besitz eines eigenen Smartphones. Je früher dieser Kontakt erfolgt, desto häufiger berichten Betroffene später von psychischen Belastungen.[14] Besonders deutlich zeigt sich dieser Trend bei jungen Frauen. Von jenen, die ihr erstes Gerät mit sechs Jahren erhielten, geben 74 % psychische Schwierigkeiten an. Bei einem Erstkontakt mit 18 Jahren liegt dieser Anteil bei 46 %. Bei Männern ließen sich geringere, aber ähnliche Tendenzen (42 % bzw. 36 %) beobachten.

Angesichts solcher Befunde überrascht es nicht, dass immer häufiger Begriffe wie Social-Media-Sucht, Cybersucht, Computerspielsucht, Onlinesexsucht oder Onlineshoppingsucht diskutiert werden. In einer Metaanalyse von Pan et al. (2020) konnte eine Zunahme von Internetsucht nachgewiesen werden. Diese Beobachtungen haben bereits institutionelle Konsequenzen. Die Europäische Union hat im Rahmen des Horizon-2020-Programms eine interdisziplinäre Forschungsinitiative gestartet, die sich gezielt mit problematischem Internetverhalten befasst.[15] In den USA wurde exzessives Onlinegaming bereits vor einigen Jahren als psychisch relevantes Problem in die psychiatrische Diagnostik aufgenommen. Die Weltgesundheitsorganisation (2024) hat die sogenannte Computerspielstörung später offiziell als eigenständige psychische Störung anerkannt, die seit 2022 international gilt. Sie wird den Verhaltenssüchten zugeordnet und ist durch einen Verlust der Selbstkontrolle sowie die Fortsetzung des Spielens trotz negativer Konsequenzen gekennzeichnet.[16]

---

[14] Sapien Labs 2023.

[15] Fineberg et al. 2018

[16] Lindenberg und Holtmann 2022

Das Sich-Vergleichen mit anderen: die Facebook-Depression

„Das Vergleichen ist das Ende des Glücks und der Anfang der Unzufriedenheit.“ (Søren Kierkegaard)

Der Begriff *Facebook-Depression* beschreibt eine depressive Verstimmung, die im Zusammenhang mit der intensiven Nutzung sozialer Netzwerke entsteht. Der Begriff umfasst dabei nicht nur Facebook, sondern ebenso Plattformen wie Instagram und andere vergleichbare Dienste.[17] Eine zentrale Rolle spielen dabei soziale Vergleiche, die Nutzerinnen und Nutzer mit anderen anstellen. Diese wirken nachweislich stärker auf das emotionale Erleben als die reine Dauer der Nutzung.[18] Damit rückt nicht die Zeit vor dem Bildschirm, sondern die Art der Interaktion und die Wahrnehmung des eigenen Selbst in den Vordergrund.

Häufig setzt ein unbewusster Vergleich des eigenen Lebens mit den idealisierten Darstellungen anderer ein. Besonders kritisch sind Vergleiche mit Personen, denen ein hoher sozialer Status zugeschrieben wird und die durch ihre Beiträge ein scheinbar perfektes Leben präsentieren. Solche Aufwärtsvergleiche führen nicht selten zu einer Abwertung des eigenen Selbst und können insbesondere bei passiv konsumierenden Nutzern das Selbstwertgefühl mindern, wodurch sich eine depressive Grundstimmung entwickeln kann.[19] Die Konfrontation mit inszenierten Erfolgsgeschichten in sozialen Netzwerken kann diesen Effekt verstärken, da sie gerade beim passiven Konsum Neidgefühle begünstigt.[20] Solche emotionalen Reaktionen wir-

---

[17] Lup et al. 2015.

[18] Yoon et al. 2019.

[19] Ozimek und Bierhoff 2020.

[20] Krasnova et al. 2013.

ken als vermittelnde Faktoren zwischen der Nutzung sozialer Medien und einer verringerten Lebenszufriedenheit. In der Folge veröffentlichen viele selbst idealisierte Inhalte, um den wahrgenommenen sozialen Erwartungen zu entsprechen. So entsteht eine Dynamik, in der idealisierte Selbstdarstellungen einander verstärken, in einen subtilen Wettbewerb münden und eine Abwärtsspirale negativer Selbstwahrnehmung auslösen können. Während Aufwärtsvergleiche mit einer negativen Selbstbewertung einhergehen, haben Abwärtsvergleiche nur einen begrenzten Einfluss auf das Selbstwertgefühl.[21] Unter bestimmten Bedingungen können soziale Vergleiche jedoch auch positive Effekte haben. Werden soziale Medien vor allem zur Pflege bestehender Beziehungen genutzt und nicht zur Selbstdarstellung oder zum Wettbewerb mit Unbekannten, können sie das Selbstbild stabilisieren und depressive Symptome reduzieren.[22]

Highlight-Reels und ihre Auswirkungen auf das Selbstbild

Vergleiche mit anderen finden heute nicht mehr vorrangig über Fotos statt, sondern zunehmend über sogenannte Reels, in denen kurze, emotional inszenierte Ausschnitte aus dem eigenen Leben inszeniert werden. Das Phänomen des *Highlight Reels* beschreibt die Praxis, auf sozialen Medien vor allem besonders gelungene, glückliche oder beeindruckende Momente zu präsentieren, während alltägliche oder belastende Aspekte weitgehend ausgeblendet bleiben. Der Begriff lehnt sich an Highlight-Zusammenfassungen im Sport an, bei denen ausschließlich die spektakulärsten Szenen eines Spiels oder Wettkampfs gezeigt werden. Diese

---

[21] Vogel et al. 2014.

[22] Lup et al. 2015.

Analogie verdeutlicht, wie stark die Inhalte auf sozialen Plattformen selektiert und inszeniert sind.

Wer solche Ausschnitte konsumiert, gewinnt schnell den Eindruck, das Leben anderer sei durchgehend erfolgreicher, spannender oder erfüllter als das eigene. Die verzerrte Darstellung führt dazu, dass die eigene Lebensrealität abgewertet wird. Gerade durch die ständige Verfügbarkeit solcher Inhalte und die intensive Nutzung sozialer Medien kann dieser Vergleichsprozess negative Emotionen und depressive Verstimmungen begünstigen.[23]

Nomophobie: von der Angst, ohne mobilen Begleiter unterwegs zu sein

Auch das Gefühl ständiger Erreichbarkeit erzeugt zunehmenden psychischen Druck. Mobile Endgeräte sind heute sowohl in der Freizeit als auch im Arbeitsalltag zu ständigen Begleitern geworden. Ihre Verfügbarkeit wird vielerorts als selbstverständlich empfunden. Gleichzeitig berichten viele Menschen von Unruhe, Beklemmung oder sogar Panik, wenn sie ihr Gerät vergessen haben oder der Akku leer ist. Dieses Phänomen wird als *Nomophobie* bezeichnet, ein Begriff, der sich aus dem englischen Ausdruck *no-mobile-phone-phobia* ableitet. Gemeint ist damit die Angst, ohne funktionierendes Mobiltelefon zu sein. Eine im Jahr 2019 in England durchgeführte Studie[24] zeigt, dass besonders junge Menschen nervös oder ängstlich reagieren, wenn sie einen Tag ohne ihr Smartphone verbringen müssten. Rund 45 % der 18- bis 24-Jährigen geben an, sich unwohl zu fühlen, weil sie in einer solchen Situation nicht wüssten, was sie tun sollten. Bei den 25- bis 34-Jährigen teilt etwa ein Drittel dieses Gefühl. In der Altersgruppe über 55 Jahre trifft dies nur auf etwa zehn Prozent zu.

---

[23] Steers et al. 2014.

[24] Waldersee 2019.

Auch die ständige Erreichbarkeit spielt eine wichtige Rolle. Knapp drei Viertel der befragten 18- bis 24-jährigen Briten wären beunruhigt, wenn sie für andere nicht erreichbar wären. Bei den 25- bis 44-Jährigen liegt dieser Anteil bei etwas mehr als 60 %. Mit zunehmendem Alter nimmt die Bedeutung der Erreichbarkeit ab, doch selbst in der Gruppe der über 45-Jährigen fühlt sich noch fast die Hälfte unwohl, wenn sie nicht erreichbar ist. Demgegenüber sorgen sich viele junge Erwachsene im Alter zwischen 18 und 34 Jahren, wenn sie einen Tag lang keinen Kontakt zu Familie oder Freunden haben. Ungefähr sechs von zehn Personen in dieser Altersgruppe empfinden dies als belastend. Bei Menschen ab 55 Jahren trifft dies nur etwa auf ein Drittel der Befragten zu. Dabei lassen sich deutliche Unterschiede zwischen den Geschlechtern feststellen. Rund die Hälfte der Frauen, aber nur etwa ein Drittel der Männer fühlt sich unwohl, wenn sie selbst niemanden erreichen können oder wenn unklar bleibt, ob jemand versucht hat, Kontakt aufzunehmen.

Gleichzeitig wurden in der Studie auch positive Aspekte eines temporären Verzichts auf das Smartphone wahrgenommen. 43 % der Befragten berichten, sich ohne das Gerät besser auf ihre Tätigkeit konzentrieren zu können und knapp die Hälfte gab an, ihrer Umgebung mehr Aufmerksamkeit zu schenken. Dennoch ist das Gefühl der Erleichterung über einen tagelangen Handyverzicht vergleichsweise gering ausgeprägt.

Die dargestellten Befunde verdeutlichen, wie eng digitale Medien mit dem emotionalen Gleichgewicht, dem Selbstwert und dem sozialen Verhalten verknüpft sind. Die Spannweite der Auswirkungen reicht von Abhängigkeitstendenzen über depressive Verstimmungen bis hin zu sozialen Irritationen. Psychisch belastend ist dabei nicht allein der soziale Vergleich oder die Gefahr digitaler Gewohnheitsbildung, sondern auch die Art und Weise, wie Informationen aufgenommen, verarbeitet und in soziale Beziehungen eingebettet werden.

Doomscrolling und Negativitätsverzerrung

Während zuvor das soziale Erleben in digitalen Räumen im Mittelpunkt stand, richtet sich der Fokus nun auf die psychischen Folgen eines spezifischen Informationsverhaltens, das als *Doomscrolling* bezeichnet wird. Gemeint ist damit die wiederholte und oft unbewusste Nutzung digitaler Medien zum Konsum negativer Nachrichteninhalte. Der Begriff setzt sich aus dem englischen *doom* für drohendes Unheil und dem eingedeutschten *scrolling* für das fortlaufende Durchblättern digitaler Inhalte zusammen, wie es heute durch das *Wischen* oder *Swipen* auf dem Smartphone alltäglich geworden ist.

Doomscrolling kann unterschiedliche Motive haben. Einige möchten informiert bleiben, andere folgen einer diffusen Neugier oder geraten durch algorithmische Empfehlungen in einen endlosen Nachrichtenstrom. Nicht selten entsteht daraus eine schwer zu kontrollierende Gewohnheit. Obwohl viele davon ausgehen, durch den ständigen Nachrichtenkonsum besser vorbereitet und informierter zu sein, führt dieses Verhalten meist zu wachsender innerer Unruhe, Anspannung und mentaler Erschöpfung.

Ein zentraler psychologischer Mechanismus, der dieses Verhalten erklärt, ist die sogenannte Negativitätsverzerrung. Menschen neigen dazu, negativen Informationen mehr Aufmerksamkeit zu schenken als positiven. Dieser Negativitätsbias ist bereits bei Kleinkindern nachweisbar und wird als evolutionär verankert angesehen, da potenziell gefährliche Ereignisse frühzeitig erkannt und vermieden werden sollen.[25] Darüber hinaus führt das wiederholte Aufsuchen negativer Inhalte kurzfristig zur Aktivierung das Be-

[25] Baumeister et al. 2001

lohnungssystem, was mit einem momentanen Gefühl von Befriedigung einhergeht. Hintergrund ist das menschliche Bedürfnis, Informationen zu sammeln, um potenzielle Bedrohungen besser einschätzen und bewältigen zu können. Die wiederholte Beschäftigung mit Krisen und Katastrophen vermittelt dabei eine subjektive Vorbereitung auf zukünftige Risiken.[26]

Doomscrolling ist jedoch nicht nur ein individuelles Verhalten, sondern wird durch die Struktur sozialer Medien gezielt gefördert. Algorithmen priorisieren dramatisch oder negativ formulierte Inhalte, da diese infolge der beschriebenen Negativitätsneigung eine gesteigerte Aufmerksamkeit hervorrufen und vermehrt Interaktionen initiieren. Dieser Effekt wird durch reißerische Überschriften und emotional aufgeladene Beiträge zusätzlich verstärkt. So genannte *Clickbaits* nutzen diese Mechanismen gezielt, um die Aufmerksamkeit der Nutzer zu maximieren, ihr Rezeptionsverhalten zu beeinflussen und damit ökonomische Interessen zu bedienen. Die ständige Konfrontation mit dramatischen Schlagzeilen trägt zur medialen Überreizung bei und kann langfristig Stress und Überforderung hervorrufen.

Besonders deutlich wurde dieser Zusammenhang während der Covid-19-Pandemie, in der Nachrichteninhalte im 24-Stunden-Rhythmus produziert und konsumiert wurden. In dieser Zeit wurde der Begriff Doomscrolling in Neuseeland zum Wort des Jahres 2020 gewählt. Studien zeigen, dass der exzessive Konsum negativer Nachrichten in dieser Phase mit Angstzuständen, depressiven Symptomen und erhöhtem Stressniveau einherging.[27] Zwar sind Ausmaß und Dauer dieser Effekte noch nicht abschließend erforscht, jedoch deuten erste Befunde darauf hin, dass die wiederholte Konfrontation mit Krisenmeldungen de-

[26] Buchanan et al. 2021

[27] Garfin et al. 2020.

pressive Verstimmungen verstärken und mit erhöhten Symptomen posttraumatischer Belastung einhergehen kann.[28]

Darüber hinaus wird Doomscrolling mit einem Verlust an Selbstkontrolle in Verbindung gebracht. Besonders betroffen sind Männer, jüngere Erwachsene und politisch engagierte Personen.[29] Bereits vor der Pandemie war bekannt, dass der Konsum negativer Informationen nicht nur themenspezifische Sorgen verstärkt, sondern auch das allgemeine Belastungsniveau erhöht.[30]

Diese Zusammenhänge werden durch Befunde zum Russland-Ukraine-Krieg bestätigt. Personen, die regelmäßig eine große Anzahl von Nachrichten zu diesem Konflikt über soziale Medien konsumierten, berichteten von einer signifikanten Verschlechterung ihres psychischen Wohlbefindens.[31]

Die Folgen: Schlafstörungen und Schwächung des Immunsystems

Der Schlaf zählt zu den wichtigsten Regenerationsmechanismen des menschlichen Organismus. Digitale Medien stellen in diesem Zusammenhang eine zunehmende Herausforderung dar, da ihre Nutzung nicht nur tagsüber, sondern auch in den Abendstunden häufig sehr intensiv erfolgt. Insbesondere der Gebrauch digitaler Geräte vor dem Zubettgehen steht in Zusammenhang mit einer reduzierten Schlafqualität. Eine verlängerte Bildschirmzeit stört den Schlafrhythmus, verzögert die Einschlafzeit, verkürzt die Gesamtdauer des Schlafs und führt zu Ein- oder Durchschlafproblemen.[32]

---

[28] Price et al. 2022.

[29] Sharma et al. 2022.

[30] Johnston und Davey 1997.

[31] Scharbert et al. 2024.

[32] Dresp-Langley und Hutt 2022.

Diese Problematik betrifft bereits Kinder und Jugendliche. Sie wachsen in einem Umfeld auf, das von digitalen Medien durchdrungen ist. Frank Paulus, leitender Psychologe der Klinik für Kinder- und Jugendpsychiatrie am Universitätsklinikum des Saarlands, wies auf der 30. Jahrestagung der Österreichischen Gesellschaft für Schlafmedizin und Schlafforschung auf eine Vielzahl wissenschaftlicher Studien hin, die die negativen Auswirkungen digitaler Mediennutzung auf den Schlaf junger Menschen belegen.[33] Bereits im Vorschulalter zeigen sich erste Auffälligkeiten. Die bloße Präsenz eines digitalen Geräts im Schlafzimmer kann die Schlafqualität beeinträchtigen.[34] Empirische Studien bestätigen eine Vielzahl negativer Effekte, etwa eine verspätete Schlafenszeit, eine verkürzte Gesamtschlafdauer, eine erhöhte Tagesmüdigkeit sowie eine insgesamt schlechtere Schlafqualität.[35]

Besonders kritisch ist eine aktive Nutzung von Smartphones oder Computern. Diese Endgeräte haben deutlich ungünstigere Auswirkungen als passive Mediennutzung wie das Fernsehen oder das Hören von Musik.[36] Je näher die digitale Aktivität an den Zeitpunkt des Zubettgehens rückt, desto stärker wirkt sich dies auf das Einschlafverhalten aus.[37] Die negativen Effekte digitaler Medien auf den Schlaf lassen sich unter anderem durch eine erhöhte Aktivierung des zentralen Nervensystems erklären. Diese sogenannte Arousal-Reaktion äußert sich in einer gesteigerten Wachsamkeit, Reaktionsbereitschaft und kognitiven Anspannung. Besonders das sympathische Nervensystem, das in Stresssituationen aktiv wird, bleibt dadurch länger in einem

[33] ÖGSM 2022.

[34] Carter et al. 2016.

[35] Cain und Gradisar 2010; Hale und Guan 2015; Carter et al. 2016; Paulus et al. 2021.

[36] Exelmans und Van den Bulck 2019.

[37] Gradisar et al. 2013.

Erregungszustand. Diese physiologischen Veränderungen wirken sich negativ auf die Ein- und Durchschlafqualität aus. Studien zeigen, dass der gezielte Verzicht auf digitale Inhalte und der Ersatz durch analoge Tätigkeiten, wie das Lesen eines Buches, die Schlafqualität deutlich verbessern kann.[38]

Chronischer Stress und die Auswirkungen auf das Immunsystem

Die Digitalisierung erfordert im beruflichen wie im privaten Alltag ein hohes Maß an Anpassungsfähigkeit und technischer Kompetenz. In der Summe entsteht dadurch eine dauerhafte Belastung, die den gesamten Organismus betrifft. Es ist seit Langem belegt, dass chronischer Stress nicht nur die psychische Verfassung, sondern auch die körperliche Gesundheit beeinträchtigt. Anhaltende Stressbelastung erhöht unter anderem das Risiko für neurodegenerative Erkrankungen wie Alzheimer.[39]

Darüber hinaus wirkt chronischer Stress beschleunigend auf biologische Alterungsprozesse. Dauerhafte psychische Anspannung schwächt das Immunsystem.[40] Die Folgen sind eine erhöhte Infektanfälligkeit, ein gesteigertes Risiko für Virusinfektionen sowie eine verminderte Wirksamkeit von Impfungen.[41] Ein dauerhaft überlastetes Immunsystem verringert zudem die Fähigkeit, neuen Stress zu bewältigen, und schwächt langfristig die individuelle Resilienz.

Vor diesem Hintergrund gewinnt die Prävention an Bedeutung. Dazu gehört eine bewusste Auseinandersetzung mit dem eigenen digitalen Verhalten. Ein ausgewogenes Verhältnis im Umgang mit digitalen Technologien ist eine

---

[38] Ricci et al. 2021.

[39] Sussams et al. 2020; Wallensten et al. 2023.

[40] Klopack et al. 2022.

[41] Schubert 2013.

grundlegende Voraussetzung für psychisches Wohlbefinden und körperliche Widerstandskraft.

Die beschriebenen Belastungen verdeutlichen, wie tief die digitale Lebensweise in unsere geistige, körperliche und emotionale Verfassung eingreift. Diese Entwicklungen betreffen nicht nur das Verhalten des Einzelnen, sondern verändern auch unser Verhältnis zur Welt. Konzentration, Schlaf, emotionale Stabilität und Selbstwahrnehmung geraten zunehmend unter Druck. Zwischen ständiger Erreichbarkeit, Informationsflut und wachsendem Tempo bleibt kaum Raum für Erholung. Das folgende Kapitel analysiert das hohe Absorptionsvermögen digitaler Technologien, durch das unsere Aufmerksamkeit und Wahrnehmung in besonderem Maß gebunden werden. In der Folge verändert sich, wie wir uns selbst, andere und die Welt um uns herum erleben.

4

Bewertungswahn(sinn) und digitale Aufmerksamkeitsbindung

Die kommunikativen Rahmenbedingungen der Gegenwart, geprägt von dauerhaften Reizen, ständiger Erreichbarkeit und schnell getakteten Interaktionen verändern die Fähigkeit, Stille zu erleben. Sie wird seltener erfahrbar, da Aufmerksamkeit zunehmend durch digitale Strukturen gebunden und überlagert wird. Die im Folgenden behandelten Bereiche Aufmerksamkeit, soziale Bewertungen und Multitasking stehen daher in einem engen Zusammenhang. Digitale Technologien ziehen Aufmerksamkeit durch ständig neue Inhalte und Stimuli auf sich, bewertungsorientierte Kommunikationsformen verstärken das Bedürfnis nach Rückmeldung und sozialer Bestätigung, und das Multitasking führt zu einer zusätzlichen Fragmentierung des Denkens. Gemeinsam zeigen sie, wie Bedingungen entstehen, unter denen innere Ruhe, reflektierte Wahrnehmung und vertiefte Präsenz aus dem Blick geraten. Vor diesem Hintergrund wird verständlich, weshalb Stille zu einer

T. Herdin, *Stille - Ein Weckruf zur digitalen Selbstfürsorge*, Innovativ und kompakt – gesellschaftliche Herausforderungen der Gegenwart,
https://doi.org/10.1007/978-3-658-51341-2_4

knappen Ressource geworden ist, zugleich aber eine zentrale Voraussetzung für psychische Stabilität und gelingende Kommunikation darstellt.

4.1 Wie unsere Aufmerksamkeit mit dem Netz verwoben ist

Mobile Technologien sind heute allgegenwärtig, bilden einen festen Bestandteil des modernen Alltags und werden für die Informationssuche, persönliche Identifizierung, Mobilität, Reiseorganisation, finanzielle Transaktionen, soziale Vernetzung, Unterhaltung, gesundheitsbezogene Anwendungen und viele weitere Bereiche im Alltag genutzt. Sie greifen tief in alltägliche Routinen ein und strukturieren damit zahlreiche Lebensbereiche.

Die Allgegenwart digitaler Inhalte erzeugt eine Vielzahl externer Reize und erschwert damit Phasen geistiger Ruhe. Viele dieser Anwendungen erfüllen zwar nützliche Aufgaben, erzeugen zugleich aber auch stetige Ablenkungen. Dabei verlagert sich die Aufmerksamkeit von der physischen Umwelt auf digitale Bildschirmoberflächen, was die Wahrnehmung der eigenen Innenwelt und des gegenwärtigen Moments reduziert. Die Vielzahl externer Reize bindet so unsere Aufmerksamkeit an äußere Stimuli und beeinträchtigt die Fähigkeit, innere Empfindungen wahrzunehmen. Es entsteht ein Phänomen, das ich *digitale Aufmerksamkeitsbindung* nenne. Der Begriff bezeichnet die Eigenschaft digitaler Technologien, das Bewusstsein für den gegenwärtigen Moment zu absorbieren und die Aufmerksamkeit dauerhaft an externe Reize zu koppeln. Daran schließt der *Prozess der Wahrnehmungsabsorption mit Präsenzverlust* an, der die allmähliche Abschwächung innerer Wahrnehmung beschreibt, wenn wiederholte äußere

Abb. 4.1 Modell der Wahrnehmungsabsorption mit reduzierter Innenwahrnehmung (eigene Darstellung). (Eigene Darstellung unter Verwendung einer Grafik (Social Media Element) von myriammira / Freepik)

Reize das Erleben eigener Gegenwärtigkeit überlagern. In der Folge verringert sich der Raum für Selbstreflexion, weil kontinuierliche Reizimpulse kontemplative Prozesse unterbrechen (s. Abb. 4.1), was sich, wie in Kap. 8 näher ausgeführt, neurobiologisch erklären lässt.

Dieses Binden von Aufmerksamkeit wirkt sich nicht nur auf das individuelle Erleben, sondern auch auf zwischenmenschliche Beziehungen aus. Die ständige Zuwendung zu digitalen Inhalten führt häufig zu einer Abnahme direkter sozialer Interaktion. Selbst persönliche Begegnungen werden durch Blicke auf das Smartphone oder durch akustische Signale unterbrochen, was die Qualität an gemeinsamer Präsenz beeinträchtigt. Die Fähigkeit, anderen Menschen mit ungeteilter Aufmerksamkeit zu begegnen, wird dadurch eingeschränkt.[1]

In einem derart reizintensiven Umfeld wird es zunehmend schwieriger, Stille sowohl im äußeren als auch im inneren Sinn zu erfahren. Digitale Technologien strukturieren den Alltag auf eine Weise, die Phasen innerer Sammlung selten werden lässt. Eine bewusste Reflexion über den eigenen Umgang mit mentaler Präsenz stellt eine wesentliche Voraussetzung für Ruhe und psychische Ausgeglichenheit dar.

Digitale Absorption und emotionale Flucht

Bei der Nutzung unserer digitalen Begleiter werden wir oft aus dem gegenwärtigen Moment herausgerissen und in eine digitalisierte Welt hineingesogen. Besonders deutlich zeigt sich das hohe Absorptionsvermögen digitaler Technologien in ganz alltäglichen Wartesituationen, etwa an Haltestellen, im Restaurant vor dem Servieren der Bestellung, in Wartezimmern von Arztpraxen oder sogar bei so kurzen Momenten wie einer Fahrt in einem Aufzug. Kaum entsteht eine kurze Pause im Alltag, wird sie mit dem Griff zum Smartphone überbrückt. Mit wenigen Wischgesten taucht man in eine andere Wirklichkeit, in die vertraute digitale Bubble, ein. Damit entfällt häufig die Auseinandersetzung mit dem, was unmittelbar um uns geschieht. Die Welt jenseits des Displays wird zur Nebensache, während die digitale Realität zur sicheren, kontrollierbaren Umgebung wird. Diese Form der Absorption beeinflusst auch unsere innere Verfassung. Sie verändert den Umgang mit Informationen und deren Wirkung auf unsere Innenwelt.

Doch nicht nur Wartezeiten werden auf diese Weise überbrückt. Auch während persönlicher Begegnungen ist der Blick auf das Smartphone längst zu einer selbstverständ-

[1] WHO 2024.

lichen, alltäglichen Praxis geworden. Die Omnipräsenz sozialer Medien hat eine *Always-on-Kultur* etabliert, die kontinuierliche Aufmerksamkeit und ständige Reaktionsbereitschaft einfordert. Der rasche Wechsel zwischen digitalen Angeboten lässt kaum Raum für vertiefte kognitive Verarbeitung. Informationen werden schnell konsumiert, jedoch selten reflektiert. Diese Oberflächlichkeit kann die Fähigkeit zur kritischen Auseinandersetzung einschränken und zu kognitiver Überforderung führen. Das permanente Reizniveau, das durch Push-Nachrichten, Scrollen, kurzformatige Videoinhalte wie Reels und algorithmisch optimierter Zustellung von vermeintlich gewünschten Inhalten erzeugt wird, stellt eine Belastung für das Nervensystem dar. Gleichzeitig leidet die Qualität unserer zwischenmenschlichen Beziehungen, wenn das Gespräch immer wieder durch den Blick aufs Display unterbrochen wird. Das hohe Absorptionsvermögen digitaler Medien ist somit nicht nur eine Herausforderung für unsere kognitive Präsenz, sondern auch für unsere psychische Gesundheit.

Digitale Kommunikationsgeräte bieten zudem einen Rückzugsraum aus emotional belastenden Situationen wie bei innerer Unruhe, Einsamkeit oder Überforderung. Die digitale Welt fungiert dann als willkommener Zufluchtsort. Sie lenkt ab, beruhigt kurzfristig, bietet Bestätigung, Unterhaltung oder das Gefühl von sozialer Zugehörigkeit. Das kann entlastend wirken, führt jedoch langfristig oft zu einer Vermeidung emotionaler Auseinandersetzung. Wer psychische Spannungen regelmäßig mit digitaler Ablenkung beantwortet, reduziert die Möglichkeit, innere Zustände bewusst wahrzunehmen und zu regulieren. So wird das Smartphone zu einem Mittel des Selbstregulationsersatzes.

Diese Art der emotionalen Flucht kann ein chronisches Vermeidungsverhalten fördern, das die Entwicklung von Resilienz untergräbt. Die Fähigkeit, Emotionen wahrzunehmen, zu benennen, zu reflektieren und angemessen zu regulieren, bleibt unterentwickelt, wenn die digitale Ablenkung zum *neuen Normal* wird. Digitale Technologien verändern damit nicht nur die Qualität unserer Aufmerksamkeit und Beziehungen, sondern auch unseren Zugang zu inneren Zuständen. Die ständige Möglichkeit zur Flucht in virtuelle Räume kann auf Dauer zu einer Entfremdung von sich selbst führen. Wer nie innehält, bleibt nicht nur anderen, sondern auch sich selbst gegenüber unaufmerksam.

Absent Presence: Die Trennung von Körper und Geist
Das Phänomen, dass Menschen zwar körperlich anwesend, geistig jedoch abwesend sind, bezeichnet Gergen (2002) als *absent presence.* Moderne Kommunikationstechnologien wie das Mobiltelefon und das Internet ermöglichen zwar den Austausch über große Distanzen, schwächen jedoch zugleich die unmittelbare zwischenmenschliche Präsenz und beeinträchtigen die Fähigkeit, physische Anwesenheit mit innerer Aufmerksamkeit zu verbinden. Damit trägt die digitale Kommunikation zur Fragmentierung der Identität bei, indem sie den Wechsel zwischen unterschiedlichen Rollen verlangt, persönliche Grenzen auflöst und den Zusammenhalt sozialer Beziehungen belastet. In dieser ambivalenten Konstellation erleichtert digitale Konnektivität zwar globale Interaktion, untergräbt jedoch die Integrität unmittelbarer sozialer Bindungen und erschwert die Selbstreflexion.[2]

Damit geht eine Entkopplung von Körper und Geist einher. Sichtbar wird diese Trennung, wenn sich zwar der Mensch als physische Hülle bewegt, der Geist aber abwesend ist. Dieses Phänomen kommt im deutschen Jugendwort des Jahres 2015 *Smombie*, ein Kofferwort aus *Smartphone* und *Zombie* zum Ausdruck. Gemeint sind Men-

[2] Gergen 2002.

schen, die so stark auf ihr Mobiltelefon fixiert sind, dass sie ihre unmittelbare Umgebung kaum noch wahrnehmen. Besonders im Straßenverkehr werden diese wandelnden *Smombies* zur Gefahr. Laut dem Kuratorium für Verkehrssicherheit[3] ist etwa ein Drittel aller Verkehrsunfälle auf Ablenkung zurückzuführen. Damit stellt sie die häufigste Unfallursache dar. Das Risiko steigt beim Telefonieren ohne Freisprecheinrichtung um das Vier- bis Fünffache, beim Schreiben von Textnachrichten sogar um das Dreiundzwanzigfache. Fast 60 % der Autofahrerinnen und Autofahrer nutzen während der Fahrt ihr Handy, um zu telefonieren, Nachrichten zu lesen oder zu schreiben. Bei den unter 30-Jährigen sind es sogar 80 %.[4]

Die Problematik ist international bekannt. In mehreren Ländern werden städtebauliche Maßnahmen eingeführt, um zumindest den Gefahren für abgelenkte Fußgänger zu begegnen. Bereits 2014 wurde in der chinesischen Stadt Chongqing ein eigener Gehweg für Smartphone-Nutzer eingerichtet. Personen, die sich nicht von ihrem mobilen Gerät lösen können, erhalten dort eine gesonderte Spur. Auf dem danebenliegenden Abschnitt ist die Nutzung elektronischer Geräte ausdrücklich untersagt. Auch in europäischen Städten werden immer wieder neue Maßnahmen getestet. So werden Verkehrszeichen oder Stoppsignale in Form von Lichtsignalen oder Markierungen, gezielt so angebracht, dass sie auch von abgelenkten Fußgängerinnen und Fußgängern besser wahrgenommen werden können, ergänzt durch bodennahe Ampelsignale, farblich hervorgehobene Gefahrenzonen und deutlich sichtbare Hinweise im Blickfeld nach unten, um die Unfallgefahr zu reduzieren.

[3] KFV 2023.

[4] KFV 2024.

Das Smartphone als Teil der eigenen Identität

Für viele Menschen ist das Smartphone längst mehr als ein technisches Gerät. Es übernimmt, wie Renato Poespodihardjo (2021), leitender Psychologe am Basler Zentrum für Abhängigkeitserkrankungen, feststellt, „immer mehr Ich-Anteile". Das bedeutet, dass das Smartphone zunehmend mit dem Selbstkonzept des Nutzers verschmilzt und Teil der persönlichen Identität wird. Bereits in den 1990er-Jahren wurde dem *Handy* eine organähnliche Funktion zugeschrieben. Obwohl es damals lediglich zum Telefonieren diente und weder über Internetzugang noch über einen Touchscreen verfügte, wurde ihm bereits die Funktion eines Geräts mit organähnlicher Wirkung nachgesagt, nur eben noch nicht implantierbar.[5]

Mit der Jahrtausendwende veränderte sich das Verhältnis zum Gerät grundlegend. Seine Form und Funktion ist so gestaltet, dass es optimal in die menschliche Hand passt und sich mit einer Hand bedienen lässt, etwa zum Verfassen von Kurznachrichten.[6] Diese körperliche Nähe ist Ausdruck einer tiefer gehenden Verschmelzung. Smartphones sind zu einem integralen Bestandteil der Identitätssphäre geworden,[7] da sie für viele bereits eine Erweiterung des menschlichen Sinnessystems[8] darstellen und sind damit bereits in uns sensorisch eingeschrieben.[9]

Diese enge Beziehung lässt sich auch empirisch belegen. Erhebungen zeigen, dass das Smartphone für viele Menschen bereits unmittelbar nach dem Aufwachen präsent ist und bis in die Nacht hinein genutzt wird.[10] Das Gerät wird vorwiegend im Schlafzimmer aufbewahrt und bleibt damit

---

[5] Selle 1997, S. 115.

[6] Weber 2008, S. 306.

[7] Atteneder 2022.

[8] Genner 2017.

[9] Farman 2012.

[10] Deloitte 2024b.

auch während Ruhephasen verfügbar, wodurch digitale Reize kontinuierlich in den Alltag hineinwirken.[11] Schon vor der Pandemie war diese Bindung deutlich ausgeprägt. In einer britischen Umfrage gaben zwei Drittel der Befragten an, das Haus selten oder nie ohne ihr Smartphone zu verlassen, bei jungen Erwachsenen lag dieser Anteil bei nahezu vier Fünfteln.[12] Selbst innerhalb der eigenen Wohnung wird das Gerät häufig von Raum zu Raum mitgenommen, was auf eine permanente Verfügbarkeit hinweist. Das Smartphone hat sich damit zu einem der wichtigsten Alltagsgegenstände entwickelt, denn mehr als 95 % schlafen im selben Raum wie ihr Gerät, nahezu 80 % haben es jederzeit in unmittelbarer Reichweite und 77 % überprüfen es innerhalb der ersten Viertelstunde nach dem Aufwachen.[13] Diese Zahlen machen deutlich, dass die Smartphone-Nutzung weit über funktionale Gewohnheiten hinausgeht. Vielmehr ist das Gerät zu einem festen Bestandteil der alltäglichen Selbstwahrnehmung geworden. Die körperliche Nähe verweist damit auf eine psychische Bindung, die nicht allein durch praktische Argumente erklärbar ist.

4.2 Bewertungswahn(sinn): Ich like, daher bin ich

Digitale Plattformen fordern uns in einem bislang unbekannten Ausmaß dazu auf, Inhalte zu bewerten, Beiträge zu markieren und damit sichtbar in Kommunikationsprozesse einzugreifen. Dieses stetige Auffordern zur Rückmeldung erzeugt den Eindruck aktiver Teilhabe und vermittelt das Gefühl, mit der eigenen Stimme präsent zu sein,

---

[11] Planet Youth 2023.

[12] YouGov 2019.

[13] OnePoll zit. nach Schuster 2021.

selbst wenn sie sich in einem einzigen Symbol erschöpft. In diesem Kontext gewinnt die zugespitzte Formel *Ich like, daher bin ich* an Bedeutung. Die Formulierung knüpft bewusst an René Descartes' berühmten Satz *Cogito, ergo sum – Ich denke, daher bin ich* – an, der das rationale Subjekt der Moderne prägte. Während damals das Denken als Fundament des Selbst galt, verschiebt sich diese Grundlage heute zunehmend in den digitalen Raum, in dem das Bekunden von Zustimmung zu einer zeitgenössischen Form der Selbstvergewisserung geworden ist.

Empirische Befunde[14] verdeutlichen, dass Likes nicht nur symbolische Rückmeldungen sind, sondern wirksame Verstärker sozialer Interaktion darstellen. Eine groß angelegte Analyse von mehr als 1,7 Mio. Instagram-Posts zeigt, dass Jugendliche um 44 % sensibler auf soziale Rückmeldungen reagieren als Erwachsene. Diese Sensitivität beeinflusst nicht nur, wie oft sie posten, sondern auch, wie sich ihre Stimmung verändert, wenn erwartete Anerkennung ausbleibt. Jugendliche reagieren in solchen Situationen häufig mit Verunsicherung, gekränktem Selbstwert und dem Gefühl, weniger wertgeschätzt zu sein.

Digitale Bestätigung und Selbstwert

In der digitalisierten Gegenwart verschiebt sich das Selbstverständnis vieler Menschen zunehmend hin zu Formen öffentlicher Sichtbarkeit und sozialer Rückmeldungen. Vor allem die Zahl der erhaltenen Likes fungiert als unmittelbarer Indikator für Aufmerksamkeit, Resonanz und Zugehörigkeit. An die Stelle eines inneren Maßstabs tritt ein sozial vermitteltes Echo, das darüber entscheidet, ob Beiträge als gelungen, relevant oder überhaupt beachtenswert gelten. Dieses Wechselspiel zwischen Selbstwahrnehmung

[14] da Silva Pinho et al. 2024

und äußerer Bestätigung prägt insbesondere jene, die mit digitalen Plattformen aufgewachsen sind.

Likes auf sozialen Medien haben erheblichen Einfluss auf das psychische Wohlbefinden, besonders bei Menschen mit niedrigem Selbstwertgefühl.[15] Für sie fungieren Likes als eine Form sozialer Rückversicherung, die das Bedürfnis nach Anerkennung kurzfristig stillt. Solche Nutzer sind auf sozialen Plattformen oft besonders aktiv. Sie verbringen mehr Zeit mit dem Posten und Kommentieren, um Aufmerksamkeit zu erhalten und ihr Selbstwertgefühl zu stabilisieren. Der Erhalt von Likes führt so zu kurzfristiger Zufriedenheit. Bleibt diese digitale Bestätigung jedoch aus, kann dies einen Rückgang des Selbstwertgefühls nach sich ziehen und die Abhängigkeit von kontinuierlichem Feedback begünstigen. Hinzu kommt, dass der eigene soziale Status in digitalen Räumen häufig durch den Vergleich mit anderen bestimmt wird, was das Streben nach Anerkennung intensivieren und suchtähnliche Verhaltensweisen fördern kann.

Diese Dynamiken spiegeln sich im Verhalten und Erleben der Nutzer wider.[16] Insbesondere Jugendliche reagieren ausgesprochen sensibel auf digitale Rückmeldungen. Sinkt die Zahl der erhaltenen Likes, geht dies mit merklichen Einbußen des Wohlbefindens einher, während ein Anstieg kurzfristige Stimmungsgewinne begünstigt. Das unterstreicht, wie eng digitale Anerkennung mit emotionaler Stabilität verknüpft ist und wie stark das Bedürfnis nach Bestätigung in sozialen Medien wirkt.

Lob ist seit jeher ein Mittel zur Stärkung sozialer Bindungen. Wer andere *liked*, gibt nicht nur positives Feedback, sondern signalisiert zugleich ein Interesse an wechselseitiger Anerkennung. In digitalen Netzwerken zeigt sich

[15] Diefenbach und Anders 2022

[16] da Silva Pinho et al. 2024

dieses Prinzip besonders deutlich: Das *Liken* erzeugt eine Form der Reziprozität. Wer *geliked* wird, *liked* zurück. Soziale Rückmeldungen werden damit Teil eines Austauschs, in dem das eigene Ansehen durch die Bestätigung anderer gestützt wird. In diesem Zusammenhang kann das *Like* auch als eine Art sozialer Kredit verstanden werden, der im besten Fall in Form von Anerkennung oder positiver Sichtbarkeit zurückfließt. Die eigene Identität wird damit eng an Mechanismen sozialer Bestätigung geknüpft. *Ich like, daher bin ich* beschreibt nicht nur einen Akt des digitalen Zuspruchs, sondern verweist auf ein Beziehungsmuster, in dem Identität durch Gegenseitigkeit stabilisiert wird. Der Ausdruck von Anerkennung schafft nicht nur Verbindung, sondern stärkt auch das eigene Selbstbild im sozialen Gefüge.

Bewerten als soziale Wertung

Das Bewerten ist jedoch immer auch ein Werten. Wer etwas bewertet, trifft zugleich ein Urteil darüber, ob etwas oder jemand als gut oder schlecht einzuschätzen ist. Die Bewertung ist damit nicht nur Ausdruck von Zustimmung oder Ablehnung, sondern auch eine Form sozialer Einordnung. Schon früh lernen wir dieses Prinzip kennen. In der Schule werden Leistungen benotet, was nicht nur Rückmeldung über Inhalte gibt, sondern auch Auswirkungen auf das Selbstbild hat. Eine Note soll ein Maßstab für Wissen sein. Doch genau das ist fraglich, denn anstatt Orientierung zu geben, wird sie häufig als Urteil über die eigene Person erlebt und verstärkt das Gefühl, bewertet und verglichen zu werden.

Es überrascht daher kaum, dass dieses Muster später oftmals übernommen und auf viele andere Lebensbereiche angewandt wird. Was gefällt oder missfällt, wird sofort eingeordnet. Dabei greifen wir auf individuelle Maßstäbe zurück, die selten bewusst hinterfragt werden. Besonders im digitalen Raum ist das spontane Bewerten zu einem festen Bestandteil der Kommunikation geworden. Inhalte werden *geliked*, kurz kommentiert oder mit Symbolen versehen. Die Schwelle zur Reaktion ist niedrig. Persönliche Einschätzungen erfolgen oft schnell, emotional und ohne tiefere Auseinandersetzung. Mitunter entsteht der Eindruck, dass Reaktionen abgegeben werden, ohne den Inhalt zuvor vollständig gelesen oder verstanden zu haben. So kam es vor, dass ein Beitrag von ausgesprochen traurigem Inhalt mit einem Daumen-hoch-Symbol versehen wurde. Ob aus Unachtsamkeit, Routine oder Missverständnis, bleibt offen. Doch gerade solche Fälle verweisen auf ein grundlegendes Problem digitaler Kommunikation. Rückmeldungen entstehen nicht mehr als reflektierte Antworten, sondern häufig als reflexhafte Gesten.

Diese erhöhte Reaktivität ist nicht nur sozial erlernt, sondern lässt sich auch neurobiologisch belegen.[17] Neuroimaging-Studien weisen darauf hin, dass insbesondere die Amygdala eine wichtige Rolle bei der Verarbeitung digitaler Rückmeldungen spielt. Sie ist ein Kerngebiet des limbischen Systems und maßgeblich an der Verarbeitung von Emotionen wie Angst, Bedrohung, sozialer Bewertung und Belohnung beteiligt. Unterschiede im Volumen dieses Bereichs stehen in Zusammenhang mit der Sensitivität gegenüber Likes sowie mit sozialer Angst und problematischer Social-Media-Nutzung. Digitale Bewertungen werden damit nicht allein rational eingeordnet, sondern berühren grundlegende emotionale Prozesse, die für den Umgang mit Anerkennung und Zurückweisung zentral sind.

Das Bewerten erfüllt noch weitere Funktionen. Es dient der Orientierung in einer unübersichtlich gewordenen digitalen Welt, in der täglich unzählige Informationen auf uns einströmen. Gleichzeitig vermittelt es ein Gefühl von Kon-

[17] da Silva Pinho et al. 2024

trolle, weil wir durch unsere Rückmeldung scheinbar Einfluss nehmen können. Doch diese Form der alltäglichen Wertung hat auch ihre Schattenseiten. Sie kann den Blick auf andere Menschen verändern, Vorurteile verstärken und zwischenmenschliche Beziehungen belasten. Wer fortwährend bewertet, nimmt die Rolle des Urteilenden ein. Damit entsteht eine Dynamik, in der sich soziale Interaktion zunehmend an Zustimmung und Ablehnung orientiert.

Hinzu kommt, dass digitale Bewertungen häufig in stark vereinfachten Formen erfolgen. Ein Klick auf ein Symbol ersetzt ein Gespräch, ein Kurzkommentar ersetzt eine differenzierte Rückmeldung. Dadurch gehen Nuancen verloren. Komplexe Einschätzungen werden reduziert auf polarisierte Kategorien wie gut oder schlecht, relevant oder irrelevant. Diese Tendenz kann dazu führen, dass nicht mehr über Inhalte reflektiert, sondern lediglich reagiert wird.

Statt diese tief verankerten Bewertungshandlungen zu hinterfragen, werden sie oft unbewusst reproduziert. Wir bewerten nun ständig und überall. Dabei bleibt selten Raum für die Frage, was diese Wertungen über uns selbst aussagen und welchen Einfluss sie auf unsere Wahrnehmung und unser Miteinander haben.

Instant Experts und Meinungskultur

Die digitale Bewertungskultur entstand um die Jahrtausendwende, als Plattformen begannen, Nutzer aktiv zur Rückmeldung aufzufordern. Bewertungen sollten Vertrauen schaffen und entwickelten sich rasch zu einem festen Bestandteil digitaler Interaktion. Die technische Entwicklung vereinfachte die Abgabe von Rückmeldungen erheblich, sodass Millionen von Menschen täglich oder sogar stündlich dazu angeregt waren, ihre Meinung öffentlich zu äußern.

Mit dem Aufkommen sozialer Netzwerke begann damit die Grenze zwischen privater Meinung und öffentlicher

Stellungnahme zu verschwimmen. Inhalte und Aktivitäten von Personen wurden zunehmend kommentiert, bewertet oder *geliked*, wodurch die sozialen Medien zu Räumen des Urteilens wurden, die das Selbstverständnis ihrer Nutzer prägen.

Es lässt sich die Hypothese formulieren, dass die alltägliche Praxis des Bewertens in digitalen Kontexten langfristig das subjektive Gefühl fachlicher Kompetenz fördert. Wer kontinuierlich dazu aufgefordert wird, Urteile abzugeben, und dessen Rückmeldungen zugleich öffentlich sichtbar wird, erlebt sich zunehmend als Person, deren Urteil zählt und damit Gewicht besitzt. Die Grenze zwischen persönlicher Meinung und fachlicher Expertise wird selten reflektiert. Digitale Plattformen verstärken diese Entwicklung, indem sie systematisch dazu anregen, Einschätzungen vorzunehmen, und jede Rückmeldung sozial verwertbar machen. Aus dieser Kombination von häufiger Bewertung, öffentlicher Sichtbarkeit und unmittelbarer Resonanz entsteht mit der Zeit ein Eindruck eigener Urteilskraft, der leicht als Expertise missverstanden wird. Das subjektive Selbstbild verschiebt sich damit. Nicht vertiefte Auseinandersetzung, sondern die fortlaufende Äußerung von Meinungen und die darauffolgenden Reaktionen erzeugen das Gefühl, kompetent und urteilsfähig zu sein.

Dieses Muster ist nicht neu. Schon als Fußball im Fernsehen zum Massenereignis wurde, neigten vor allem männliche Zuschauer dazu, sich in der Rolle des Nationaltrainers zu sehen. Im digitalen Zeitalter hat sich dieses Selbstverständnis jedoch vervielfacht. Heute äußern sich Menschen selbstverständlich zu allen möglichen medizinischen, politischen oder ökonomischen Fragen. Besonders während der Corona-Pandemie wurde sichtbar, wie rasch sich selbsternannte Expertinnen und Experten herausbilden, die komplexe wissenschaftliche Fragen mit großer Gewissheit beurteilten. Die Bereitschaft, zu nahezu jedem Thema öffentliche Einschätzungen abzugeben, ist damit zu einem Merkmal der digitalen Gegenwart geworden.

Diese Bewertungspraktiken haben Auswirkungen auf das Selbstverständnis. Je stärker Plattformen auf schnelle Rückmeldung und soziale Bestätigung ausgerichtet sind, desto leichter verschwimmt die Grenze zwischen persönlicher Meinung und fundierter Expertise. Thomas Bauer (2018) beschreibt diesen Zustand als eine Form des *Instant-Expertentums*. Er berichtet, wie er selbst einmal in einer Meinungsumfrage um eine Stellungnahme gebeten wurde und dem Interviewer erklärte, dass er zum Thema der genetischen Untersuchung von Embryonen keine Meinung habe, weil er nie darüber nachgedacht habe. Darauf reagierte der Interviewer ungehalten und meinte, dass er doch wenigstens eine Meinung (!) dazu haben müsse. Gerade dieses Beispiel veranschaulicht, wie tief in vielen von uns bereits sich das selbst zugeschriebene Expertentum manifestiert. Das sei nach Bauer (2018) auch der Grund, weshalb das Misstrauen gegenüber der Wissenschaft wächst, denn wozu brauche man richtige Experten, die alles nur verkomplizieren, wenn man selbst bereits alles durchschaut hat? In einem solchen Klima verliert Expertise an Bedeutung. Wenn die eigene Einschätzung genügt, erscheinen Experten als überflüssig oder gar als störend, weil sie Komplexität einbringen, wo man nach einfachen Lösungen sucht.

4.3 Multitasking: Beschleunigung und Verlust tiefer Aufmerksamkeit

Das Projekt der Moderne mündete in eine wachstumsorientierte, kapitalistische Wirtschaftsordnung, die technologische Innovation zur treibenden Kraft gesellschaftlicher Entwicklung erklärte. In dieser Logik wurde der Fortschritt nicht nur begrüßt, sondern zunehmend idealisiert. Nach Hartmut Rosa (2013) hat sich die Hochgeschwindigkeitsgesellschaft in einem Beschleunigungszirkel verfangen. Technische Beschleunigung führt zu einem rasanten sozialen Wandel, der wiederum eine Erhöhung des Lebenstempos erzwingt, was erneut technischen Fortschritt erforderlich macht. Die Dynamik von Beschleunigung verstärkt sich dadurch selbst.

Diese Entwicklung geht mit einem kulturellen Wandel einher, in dem Leistungsorientierung zur zentralen Norm wird. Wie Byung-Chul Han (2010) betont, entsteht eine Form der Selbstausbeutung, die effizienter wirkt als jede Fremdausbeutung. Denn die Positivität des *Ich kann* beschreibt nach Byung-Chul Han eine Form inneren Zwangs, die Menschen effektiver in Erschöpfung und Burnout führt als äußere Vorgaben oder Anordnungen. In dieser Logik liegt es nahe, dass neuronale Erkrankungen wie Depression, Aufmerksamkeitsdefizit-Hyperaktivitätssyndrom (ADHS) oder Burnout-Syndrom zunehmen. Symptome dieser Überlastung werden häufig individualisiert und durch privat organisierte Rückzugsräume, etwa Wellnessaufenthalte, kompensiert. Damit soll vermieden werden, dass äußere Zeichen von Schwäche sichtbar werden.

Multitasking als kulturelles Symptom

Vor diesem Hintergrund erscheint Multitasking als vermeintliche Lösung zur Bewältigung steigender Anforderungen. Die gleichzeitige Erledigung mehrerer Aufgaben verspricht Effizienz und Zeitgewinn. Multitasking wirkt attraktiv, weil es suggeriert, dass man mehr in kürzerer Zeit erledigen kann. In einer Zeit, in der Beschleunigung zur Normalität geworden ist, gilt die Fähigkeit zum parallelen Arbeiten als Ausdruck von Anpassungsfähigkeit und als Kennzeichen moderner Effizienz. Sie wird vielfach als persönliche Stärke interpretiert.

In der Arbeitswelt hat sich diese Vorstellung tief verankert. Ein Übermaß an Bereitschaft, Effizienz und Flexibilität wird heute als selbstverständlich vorausgesetzt. Schon Anfang der 2000er-Jahre gaben über 80 % der deutschen Bevölkerung an, dass sich ihr Alltag deutlich beschleunigt habe und die zur Verfügung stehende Zeit als unzureichend empfunden werde. Das wirkt bis in das Privatleben hinein.[18] Die Verdichtung von Arbeit zeigt sich auch in jüngeren Befragungen.[19] So berichteten 2018 rund 81 % der befragten Betriebs- und Personalräte, dass die Beschäftigten mehr Aufgaben als noch zwei Jahre zuvor zu bewältigen hätten. 74 % beobachtete zudem eine Zunahme paralleler Arbeitsprozesse, was auf eine wachsende Bedeutung von Multitasking hinweist.

Multitasking ist jedoch nicht auf berufliche Kontexte beschränkt. Auch im privaten Bereich hat sich ein Verhalten etabliert, das Tätigkeiten überlagert, um Pausen zu füllen oder monotone Abläufe zu kompensieren. Wird eine Aktivität als uninteressant oder nicht fordernd erlebt, wird häufig eine zweite gestartet. Das kann offen oder verdeckt geschehen. Bei Telefonaten oder Videokonferenzen lassen sich parallele Aktivitäten etwa an Mausklicks, Tastaturanschlägen oder unruhigen Blickbewegungen erkennen. In Besprechungen wird oft im Schutz der Laptopabdeckung gearbeitet. Für die Vortragenden bleibt dies oft unsichtbar, für umliegende Personen ist es jedoch meist deutlich wahrnehmbar. Manche nutzen bereits Bildschirme mit seitlichem Sichtschutz, ursprünglich für den Schutz der Privatsphäre in öffentlichen Räumen gedacht. Diese Technik erleichtert das unbemerkte parallele Arbeiten.

Ein weiterer Grund für Multitasking liegt möglicherweise in einer sinkenden Aufmerksamkeitsspanne. Vor-

[18] Schöneck 2004.

[19] Nier 2020.

träge, die sich gerade im universitären Kontext über längere Zeiträume erstrecken, erfordern ein konzentriertes Zuhören, das offenbar zunehmend schwerfällt. Viele Studierende driften ab und widmen sich parallel anderen Inhalten. Eine Ursache dafür könnte auch in der medialen Sozialisation liegen. Professionell produzierte YouTube-Videos, kurzformatige Clips wie Reels und andere audiovisuelle Formate setzen visuelle, sprachliche und rhythmische Standards, die klassische Vorlesungen nur schwer erfüllen können. Die Folgen sind nicht nur eine geringere Konzentration, sondern auch der reflexhafte Griff zu etwas Aktivierenderem, wenn das aktuelle Geschehen innerlich als ermüdend empfunden wird.

Diese kritische Anmerkung betrifft jedoch nicht nur Studierende. Ich erinnere mich an eine große, internationale kommunikationswissenschaftliche Konferenz, bei der ich während der Eröffnungsreden den Saal beobachtete. Mehr als ein Viertel der Anwesenden richtete den Blick auf Laptop oder Smartphone. Gerade in einem Kontext, in dem Kommunikation Gegenstand der Auseinandersetzung ist, ließe sich zumindest vermuten, dass aktives Zuhören einen besonderen Stellenwert hat. Erst als einer der Vortragenden eine humorvolle Bemerkung machte, wurde sichtbar, welche Folgen die Zuwendung zu digitalen Medien hatte. Während ein Teil des Publikums lachte, blickten jene, die auf ihre Bildschirme konzentriert waren, irritiert auf und erkundigten sich flüsternd bei ihren Nachbarn nach dem Gesagten, um mitlachen zu können. In diesem Moment zeigte sich, dass gleichzeitige Aufmerksamkeit weniger eine verlässliche Fähigkeit als vielmehr eine optimistische Annahme ist. Vielleicht sollte man daher, bevor man über die Unaufmerksamkeit anderer urteilt, gelegentlich bei sich selbst beginnen.

Multitasking, ein zivilisatorischer Rückschritt

Gerade die allgegenwärtige Verfügbarkeit digitaler Medien verführt dazu, mehrere Tätigkeiten gleichzeitig auszuführen. Jedoch werden wir nicht nur von außen dazu gedrängt, sondern trainieren uns selbst darin, langsame, vertiefte Prozesse zu meiden. Stattdessen richten wir unsere Wahrnehmung auf ständig wechselnde Inhalte, reagieren auf neue Stimuli und jonglieren mit parallelen Anforderungen. Obwohl Multitasking in der heutigen Arbeitswelt oft als Zeichen von Flexibilität und Belastbarkeit gilt, sieht der Philosoph und Kulturtheoretiker Byung-Chul Han (2010) darin keinen Fortschritt, sondern vielmehr einen kulturellen Rückschritt. Multitasking sei kein Ausdruck höherer Zivilisationsstufe, sondern erinnere an Verhaltensweisen aus der Tierwelt. Tiere sind in freier Wildbahn gezwungen, gleichzeitig verschiedenen Aufgaben nachzugehen, um ihr Überleben zu sichern. Während sie fressen, müssen sie ihre Umgebung beobachten, ihre Beute verteidigen, Feinden ausweichen und ihren Nachwuchs im Blick behalten. Daher gibt es für Tiere nicht wie für den Menschen die Möglichkeit der kontemplativen Versenkung, „weder beim Fressen noch beim Kopulieren".[20]

Demgegenüber ist der Mensch zu kontemplativer Aufmerksamkeit fähig. Diese Fähigkeit zur geistigen Versenkung in eine Sache stellt für Han eine kulturelle Leistung dar, die zunehmend gefährdet ist. In seiner Analyse weist er darauf hin, dass wir heute veränderte gesellschaftliche Rahmenbedingungen vorfinden. Technische Errungenschaften haben zu einem Wandel der Aufmerksamkeit geführt. Die vorherrschende Form ist, wie Han (2010, S. 27) es nennt, eine „breite, aber flache Aufmerksamkeit", die von einem ständigen Wechsel zwischen Reizen geprägt ist,

[20] Han 2010, S. 27.

weshalb sich „die menschliche Gesellschaft immer mehr der freien Wildbahn“ annähert.

In diesem Sinne ist Multitasking nicht nur eine Reaktion auf äußere Anforderungen, sondern ein struktureller Wandel im Denken und Wahrnehmen. Was scheinbar verloren geht, ist die Fähigkeit, sich über längere Zeit hinweg mit einer Sache zu beschäftigen, in sie einzutauchen und ihr mit innerer Ruhe zu begegnen. Dies hat weitreichende Konsequenzen, nicht nur für individuelle Konzentrationsfähigkeit, sondern auch für Bildung, Kreativität und gesellschaftliche Kommunikation.

Multitasking ist neurobiologisch unmöglich

Aus wissenschaftlicher Sicht wird Multitasking äußerst kritisch beurteilt. Zahlreiche neurowissenschaftliche Studien zeigen, dass die gleichzeitige Bearbeitung mehrerer Aufgaben nicht nur ineffizient ist, sondern auch zu einem deutlichen Abfall von Konzentration und Aufmerksamkeit führt. Multitasking[21] ist neurobiologisch unmöglich, da das Gehirn sich nicht parallel auf zwei anspruchsvolle Tätigkeiten konzentrieren kann, sondern stets nur eine Aufgabe zu einer Zeit bearbeitet.[22] Zudem hat unser Bewusstsein zu jedem Zeitpunkt auch nur immer einen Inhalt.[23] Was als Multitasking wahrgenommen wird, ist in Wirklichkeit ein rascher Wechsel zwischen verschiedenen Tätigkeiten, dem sogenannte *Task-Switching*. Dieser ständige Wechsel kostet jedoch kognitive Energie und beeinträchtigt die Leistungsfähigkeit.

---

[21] An dieser Stelle sei noch hingewiesen, dass zwischen *multitasking* und *dual-tasking* unterschieden wird (MacPherson 2018), was aber für diese Ausführungen nicht von Bedeutung ist, da beide Techniken Aufmerksamkeit absorbieren und Stress verursachen können.

[22] Charron und Koechlin 2010.

[23] Pöppel 2010.

Besonders aufschlussreich sind Studien, denen zufolge Personen, die sich selbst als besonders multitaskingfähig einschätzen, bei Tests tendenziell schlechter abschneiden als Personen, die seltener zwischen Aufgaben wechseln. So fiel es geübten Multitaskern schwerer, relevante von irrelevanten Informationen zu unterscheiden.[24] Dies legt nahe, dass häufiges Multitasking langfristig sogar die Fähigkeit zur fokussierten Informationsverarbeitung beeinträchtigen kann.

Diese Ergebnisse beziehen sich nur auf Tätigkeiten, die eine erhöhte kognitive Beanspruchung erfordern. In Situationen, in denen eine der Aktivitäten stark automatisiert ist – wie etwa beim Autofahren und gleichzeitigen Musikhören – treten in der Regel keine negativen Effekte auf. In solchen Fällen kann Multitasking sogar als bereichernd erlebt werden, etwa wenn alltägliche Aufgaben wie Kochen oder Aufräumen mit dem Hören von Podcasts kombiniert werden. Entscheidend ist also, ob beide Tätigkeiten gleichzeitig bewusste Aufmerksamkeit erfordern oder ob eine davon weitgehend routiniert abläuft.

Eine häufig diskutierte Frage ist, ob Frauen besser im Multitasking sind als Männer. Das weit verbreitete Stereotyp, Frauen seien multitaskingfähiger, konnte durch empirische Forschung nicht bestätigt werden, weder in Situationen mit sequenziellem Aufgabenwechsel noch bei gleichzeitig zu bewältigenden Doppelaufgaben.[25] Auch nach Kontrolle relevanter kognitiver Variablen wie Arbeitsgedächtnis, Verarbeitungsgeschwindigkeit, räumlicher Vorstellungskraft und fluider Intelligenz ergaben sich keine bedeutsamen Leistungsunterschiede.

Insgesamt deuten die vorliegenden Befunde darauf hin, dass Multitasking in anspruchsvollen Kontexten nicht nur ineffektiv ist, sondern auch mit kognitiven Nachteilen ein-

---

[24] Ophir et al. 2009.

[25] Hirsch et al. 2019.

hergeht und das unabhängig vom Geschlecht. Die Vorstellung, durch gleichzeitige Bearbeitung mehrerer Aufgaben mit erhöhter kognitiven Beanspruchung Zeit zu gewinnen, erweist sich damit als Illusion. Effizienz entsteht nicht durch paralleles Tun, sondern durch fokussierte, sequenzielle Aufmerksamkeit.

Medien-Multitasking und digitale Gedächtniskultur

Aus kommunikationswissenschaftlicher Sicht ist besonders das Phänomen des Medien-Multitasking von Interesse. Darunter versteht man die gleichzeitige Ausführung zweier oder mehrerer Tätigkeiten, wobei mindestens eine davon medienbezogen ist.[26] Dies kann etwa eine Kombination aus einer nicht-medialen und einer medialen Handlung sein, wie Autofahren und das Schreiben einer Nachricht, oder das parallele Ausführen zweier medialer Aktivitäten, etwa Telefonieren und gleichzeitig das Verfassen einer E-Mail.

Auch hier weisen zahlreiche Studien darauf hin, dass Medien-Multitasking mit einer geringeren Aufmerksamkeit und einer reduzierten Gedächtnisleistung einhergeht. So zeigte sich, dass intensives Medien-Multitasking mit einem schlechteren Erinnerungsvermögen korreliert.[27] Auch andere Forschungsergebnisse sprechen für nachteilige Effekte, etwa bei Kindern im Alter von acht bis zwölf Jahren. Bei ihnen wurden unter anderem eine schlechtere psychische Gesundheit, verminderte Schlafqualität, geringeres Durchhaltevermögen sowie negative Bewertungen von Verhalten und Aufmerksamkeit durch Eltern und Lehrpersonen festgestellt.[28]

Trotz dieser kritischen Befunde bleibt das Feld komplex und verlangt nach differenzierter Betrachtung. Anschaulich

---

[26] Wang et al. 2015.

[27] Madore et al. 2020.

[28] Cardoso-Leite et al. 2021.

wird dies am sogenannten Google-Effekt.[29] Menschen erinnern sich in vielen Fällen nicht mehr an die konkreten Inhalte, wenn sie wissen, dass diese online leicht zugänglich sind. Stattdessen behalten sie eher im Gedächtnis, wo sie die Informationen finden können. Suchmaschinen übernehmen damit zunehmend die Funktion eines externen Speichers, auf den sich viele verlassen, anstatt Informationen selbst abzuspeichern. Dadurch verändern sich die Strukturen des Erinnerns: Die Inhalte selbst treten in den Hintergrund, während das Wissen über deren Auffindbarkeit in den Vordergrund rückt.

Diese Entwicklung wird durch den rasanten Fortschritt der Künstlichen Intelligenz noch verstärkt. Mit dem Aufkommen leistungsstarker Systeme wie großer Sprachmodelle verändern sich die Anforderungen an menschliches Erinnern, Denken und Entscheiden grundlegend. Die Auseinandersetzung mit diesen Technologien ist deshalb nicht nur eine Frage der technischen Anpassung, sondern berührt auch grundlegende menschliche Fähigkeiten und Werte. In einer zunehmend digitalisierten Welt muss das Verhältnis zwischen Mensch und Technologie neu gedacht werden.[30]

Die Ausführungen dieses Kapitels zeigen, dass digitale Technologien nicht lediglich neue Kommunikationsformen hervorbringen, sondern tief in grundlegende Prozesse unserer Aufmerksamkeit, unserer Bewertungsmechanismen und unserer kognitiven Organisation eingreifen. Aufmerksamkeit wird in kurze Sequenzen aufgeteilt, permanente soziale Rückmeldungen prägen zunehmend sowohl Selbst- als auch Fremdwahrnehmung und multitaskingorientierte Praktiken führen zu einer Fragmentierung, die nachhaltige Konzentration und vertiefte Verarbeitung erschwert. Diese Entwicklungen verändern die Voraussetzungen, unter

[29] Sparrow et al. 2011.

[30] Dempere et al. 2023.

denen Reflexion, innere Sammlung und dialogische Präsenz entstehen können. Vor diesem Befund erhält Stille eine besondere Bedeutung. Sie schafft einen Erfahrungsraum, in dem Wahrnehmung sich stabilisieren, Gedanken sich ordnen und zwischenmenschliche Begegnungen an Tiefe gewinnen können. Der zweite Teil des Buches untersucht daher, unter welchen Bedingungen Stille wieder erfahrbar wird und welche Wege geeignet sind, ihre Präsenz im Alltag zu stärken.

Teil II

DER WEG ZUR STILLE

Stille lässt sich nicht verordnen. Sie entsteht, wenn Menschen ihre Muster der Beschleunigung und Ablenkung erkennen und durchbrechen. Der zweite Teil des Buches beschreibt einen Prozess, der mit der bewussten Wahrnehmung von Lärm beginnt und bei der Gestaltung von Pausen ansetzt. Er zeigt, wie automatische Antwortreflexe, Bewertungsimpulse und Gewohnheitsmuster der ständigen Reaktion unterbrochen werden können, sodass ein neuer Handlungsspielraum entsteht. Stille wird nicht idealisiert, sondern als Praxis verstanden, die Widerstand, Unbehagen und Unsicherheit einschließt. Gerade dieses Unbehagen eröffnet jene Einsichten, die zuvor durch Ablenkung überlagert waren. Schrittweise wird nachvollziehbar, wie die Übung der Stille Ambiguitätstoleranz stärkt und Lernprozesse auf der Ebene von Körper, Emotion und Kognition ermöglicht.

Stille beginnt dort, wo der automatische Reflex endet und bewusste Wahrnehmung möglich wird.

5

Wahrnehmung des Lärms im Innen und Außen

Der Lärm der äußeren Welt ist unmittelbar erfahrbar. Wir nehmen ihn leicht wahr, indem wir einfach hinhören: Verkehr, Gespräche, Musik oder städtische Geräuschkulissen dringen ohne Anstrengung in unser Bewusstsein, sobald wir die Aufmerksamkeit darauf lenken. Wir können unerwünschten äußeren Lärm aktiv begrenzen, indem wir uns räumlich zurückziehen, Fenster und Türen schließen oder uns in ruhigere Umgebungen begeben. Äußere Stille lässt sich durch derartige Maßnahmen relativ leicht herstellen.

Der schwer greifbare Lärm im Inneren

Anders verhält es sich mit dem inneren Lärm. Dieses Phänomen entzieht sich leichter der Wahrnehmung, da in unserer Kultur kein allgemein etabliertes Konzept existiert, das beschreibt, wie wir mit der fortwährenden Aktivität unseres Geistes umgehen. Ohne ein solches Bezugssystem fehlt uns die Orientierung, auf die wir im Umgang damit zurückgreifen könnten. Unsere Gedanken sind nahezu ununterbrochen in Bewegung, schweifen ab, springen von einem Thema zum nächsten und kreisen um immer wiederkehrende Inhalte. Sie bilden eine Art permanentes Hintergrundrauschen des inneren Erlebens. Dieser innere Lärm

T. Herdin, *Stille - Ein Weckruf zur digitalen Selbstfürsorge*, Innovativ und kompakt – gesellschaftliche Herausforderungen der Gegenwart, https://doi.org/10.1007/978-3-658-51341-2_5

gehört zu unserer alltäglichen Erfahrung, dennoch schenken wir ihm kaum bewusste Aufmerksamkeit.

Wird es im Außen jedoch ruhig, macht sich der innere Lärm deutlicher bemerkbar. Die Stille der Umgebung führt dazu, dass der oftmals unruhige Fluss der Gedanken stärker ins Bewusstsein tritt. Wo keine äußeren Geräusche ablenken, werden die Bewegungen des eigenen Geistes präsenter und können schwerer ignoriert werden. Damit kommt es zu einer paradoxen Herausforderung: Wir können den äußeren Lärm zwar reduzieren, doch der innere Lärm bleibt bestehen und wird mitunter sogar noch schwieriger zu regulieren. Gerade in solchen Momenten zeigt sich, dass Stille im Inneren eine größere Herausforderung darstellt als Stille im Außen.

Dass Lärm weit mehr ist als ein akustisches Phänomen, haben Philosophen und Schriftstellerinnen hervorgehoben. Theodor Lessing beschrieb bereits Anfang des 20. Jahrhunderts in seiner *Kampfschrift gegen die Geräusche*, dass „der Lärm das tiefste Charakteristikum des Menschen schlechthin zu sein“[1] scheint. Auch Aldous Huxley wies darauf hin, dass Lärm natürlich viel tiefer eindringt „als bloß bis zum Trommelfell. Er dringt in den Geist, füllt ihn mit verwirrenden Ablenkungen.“[2] Beide Beobachtungen[3] verdeutlichen, dass äußerer Lärm nicht an der Sinneswahrnehmung endet, sondern in ein geistiges Erleben hineinwirkt und damit die Fähigkeit zur inneren Ruhe und Konzentration beeinträchtigt.

Um zu verstehen, wie dieser innere Lärm entsteht und warum er unser Wohlbefinden beeinflusst, lohnt ein Blick

---

[1] Lessing 1908, S. 15.

[2] Huxley 1949, S. 297.

[3] Die beiden hier aufgeführten Zitate sind Guido Zursteiges Buch *Taktiken der Vernetzung* (2019, S. 215 ff.) entnommen, in dem sich zudem zahlreiche weitere Fundstellen finden, etwa von Homer, Seneca, Henry David Thoreau sowie zeitgenössischen Künstlerinnen und Musikern.

auf die Funktionsweise unseres Geistes. Eine zentrale Quelle dieses inneren Lärms ist das gedankliche Abschweifen.

Gedankliches Abschweifen und seine Auswirkung auf das Wohlbefinden

Häufig richten sich unsere Gedanken auf Vergangenes, das bereits abgeschlossen ist, oder auf Zukünftiges, das noch nicht eingetreten ist. Der Geist verharrt selten in Ruhe oder in der Gegenwart. Er bewegt sich zwischen unterschiedlichen Zeitebenen, wechselt von Erinnerungen zu Erwartungen und entzieht sich damit dem unmittelbaren Erleben des Augenblicks. Die Fähigkeit, mögliche Szenarien jenseits der aktuellen Situation zu entwerfen, ist eine zentrale Errungenschaft des menschlichen Bewusstseins. Sie erlaubt uns, aus vergangenen Erfahrungen zu lernen, zukünftige Handlungen zu planen und abstrakte Probleme zu lösen. Zugleich ist sie jedoch mit einer charakteristischen Unruhe verbunden. Der Geist schweift ab, anstatt bei dem zu bleiben, was gerade geschieht, und erzeugt damit ein stetiges inneres Rauschen.

Wir Menschen verbringen einen erheblichen Teil unserer Zeit damit, über Ereignisse nachzudenken, die sich nicht im gegenwärtigen Moment abspielen. Dieses Phänomen wird im Englischen als *mind wandering* bezeichnet. Der Begriff lässt sich mit *gedankliches Abschweifen* oder *gedankliches Umherschweifen* übersetzen und beschreibt den ungerichteten, meist unwillkürlichen Wechsel von Gedanken. In experimentellen Studien spricht man häufiger von *task unrelated thought*, womit jene Gedanken gemeint sind, die keinen Bezug zur aktuellen Tätigkeit haben. Schätzungen gehen davon aus, dass rund ein Drittel bis etwa die Hälfte unserer wachen Zeit von derartigen, aufgabenfremden Gedanken ausgefüllt ist.[4]

[4] Franklin et al. 2013.

Vor diesem Hintergrund stellt sich die Frage, ob ein solcher *wandernder Geist* ein glücklicher oder unglücklicher Geist ist. Nach vielen philosophischen und religiösen Lehren gründet ein gelingendes Leben darin, weder im Vergangenen zu verharren noch sich im Zukünftigen zu verlieren, sondern im Augenblick zu verweilen. Dies zeigt sich etwa in stoischen Überlegungen zur Konzentration auf den präsent verfügbaren Handlungsspielraum, in buddhistischen Auffassungen zur Bedeutung achtsamer Gegenwärtigkeit oder in christlichen Kontemplationstraditionen, die das Innehalten im Jetzt als Voraussetzung innerer Klarheit verstehen. All diese Traditionen betonen, dass Stille im Sinne geistiger Präsenz eine Voraussetzung für geistige Orientierung und Wohlbefinden ist.

Matthew Killingsworth und Daniel Gilbert (2010) gingen der Frage nach, ob die in vielen philosophischen und religiösen Traditionen vertretene Annahme zutrifft, dass ein wandernder Geist mit einem geringeren Wohlbefinden verbunden ist. In ihrer viel zitierten Publikation mit dem Titel *A Wandering Mind is an Unhappy Mind*, die auf der Analyse einer großen Menge an Echtzeitdaten basiert, stellten sie fest, dass Menschen unabhängig von ihrer aktuellen Tätigkeit sehr oft gedanklich abschweifen. Interessanterweise war dieses Umherschweifen häufig mit einem Rückgang des Glücksempfindens verbunden. Besonders bemerkenswert war, dass nicht nur unangenehme oder neutrale Gedanken das Wohlbefinden minderten. Selbst angenehme Gedanken führten zu einer geringeren Zufriedenheit als die volle Konzentration auf die gerade ausgeübte Tätigkeit. Diese Ergebnisse legen nahe, dass gedankliches Abschweifen oft mit einer Verschlechterung des emotionalen Zustands einhergeht. Im Vergleich dazu trug das bewusste Erleben des gegenwärtigen Moments zu mehr Zufriedenheit bei. Das Wohlbefinden hing dabei weniger von der Art der

Tätigkeit ab als davon, ob die Gedanken abschweiften und welche emotionale Färbung sie hatten. Die Fähigkeit, über das nachzudenken, was nicht gerade geschieht, ist zwar eine kognitive Errungenschaft, zieht jedoch häufig emotionale Kosten nach sich.[5]

Diese Befunde zeichnen jedoch noch kein vollständiges Bild, denn die Wirkung gedanklichen Abschweifens hängt stark vom Inhalt und der Art des inneren Fokus ab. Untersuchungen zeigen, dass *mind wandering* dann weniger belastend ist, wenn die Gedanken als persönlich bedeutsam erlebt werden. In solchen Momenten kann das Abschweifen sogar mit einer positiveren Stimmung einhergehen als die Konzentration auf die aktuelle Tätigkeit, während neutrale oder wenig sinnvolle Gedanken diesen Effekt nicht hervorrufen.[6]

Auch die Frage, ob Gedanken absichtsvoll oder unwillkürlich abschweifen, spielt eine wichtige Rolle. Unabsichtliches Tagträumen ist häufiger mit Stress, Angst oder depressiven Symptomen verbunden, da die Gedanken hier gegen den eigenen Willen von der Aufgabe wegdriften. Absichtsvolles Tagträumen dagegen, also das bewusste Hinwenden zu inneren Inhalten, kann als regulierende Form innerer Aufmerksamkeit wirken.[7] Die Art der mentalen Steuerung beeinflusst somit maßgeblich, ob gedankliches Abschweifen als Belastung oder als Ressource erlebt wird.

Diese Unterscheidung macht einen differenzierten Blick auf das geistige Abschweifen erforderlich. Trotz möglicher Nachteile hat dieses Abschweifen adaptive Funktionen. Es begünstigt kreative Einfälle, unterstützt die Ausarbeitung langfristiger Ziele und erweist sich in Phasen geringerer äußerer Anforderungen als nützlich. Interessengeleitete und

---

[5] Killingsworth und Gilbert 2010.

[6] Franklin et al. 2013.

[7] Seli et al. 2019.

absichtliche Tagträumerei kann Belastung mindern und positive Stimmung fördern, während unwillkürliches und schwer kontrollierbares Abschweifen eher mit Anspannung und negativer Stimmung verbunden ist. Die Wirkung hängt dabei vom Inhalt und vom Kontext der Gedanken ab. Vergangenheitsbezogene, negativ gefärbte Inhalte stehen eher mit geringerem Wohlbefinden in Verbindung, während zukunftsgerichtete Gedanken die Zielverfolgung erleichtern können.[8] Damit entsteht ein differenziertes Bild, das sowohl Risiken als auch Ressourcen sichtbar macht.

Gedankliches Abschweifen ist ein ambivalentes Phänomen. Es fördert Kreativität und Planung, kann zugleich jedoch innere Unruhe und mentale Belastung verstärken. Besonders belastend wirkt jenes Abschweifen, das sich dem eigenen Einfluss entzieht, während kontrolliertes und thematisch relevantes inneres Denken stabilisierend wirken kann. Diese innere Unruhe äußert sich häufig in Form eines inneren Dialogs.

Innerer Dialog als Form der Selbstkommunikation

Der zuvor beschriebene innere Lärm entsteht nicht allein durch das ungerichtete Abschweifen des Geistes. Er zeigt sich ebenso in der Art und Weise, wie wir mit uns selbst sprechen. Der innere Dialog bildet die Struktur, in der mentales Umherschweifen stattfindet, und verleiht ihm damit eine sprachliche Form. Es ist somit sowohl Ausdruck innerer Unruhe als auch ein möglicher Zugang zu mehr Bewusstheit. Während viele gedankliche Bewegungen unbemerkt bleiben, wird im inneren Dialog das Selbstgespräch deutlicher wahrnehmbar. Er stellt eine Schnittstelle dar, an der sich entscheidet, ob innere Aktivität als belastend oder als regulierend erlebt wird.

[8] Smallwood und Andrews-Hanna 2013.

Wenn Menschen über ihre eigene innere Erfahrung nachdenken, berichten sie häufig, dass diese einen verbalen Charakter hat.[9] Diese Form der Selbstkommunikation wird als verbales Denken, Selbstgespräch oder innerer Monolog bzw. Dialog beschrieben. Es handelt sich um ein lautloses Gespräch, das wir mit uns selbst führen. Die innere Sprache übernimmt dabei eine zentrale Funktion für Selbstreflexion, Problemlösung und Planung. Sie strukturiert Gedanken, ordnet Ideen und unterstützt die Verarbeitung von Emotionen. Der innere Dialog kann bewusst gesteuert oder unbewusst ablaufen und steht in einem engen Zusammenhang mit dem jeweiligen emotionalen Zustand.

Die Fähigkeit zum inneren Dialog ist nicht angeboren, sondern entwickelt sich im Laufe der Kindheit aus sozialen Interaktionen. Dieser Entwicklungsaspekt verdeutlicht, dass der innere Dialog eine verinnerlichte Form äußerer Kommunikation ist. Zunächst finden Selbstgespräche bei Kindern äußerlich, daher hörbar statt, später werden sie zunehmend lautlos. Sie dienen der Regulation des eigenen Verhaltens und sind ein zentrales Element der Internalisierung kognitiver Fähigkeiten.[10] Das dialogische Denken unterstützt die Selbstregulation, die flexible Perspektivübernahme und sowohl kreative als auch alltägliche Problemlösungen.[11]

Gleichzeitig zeigt sich, dass dieser innere Dialog störanfällig ist. Wenn die Fähigkeit zur inneren Selbstkommunikation beeinträchtigt ist, wirkt sich dies auf die Regulation von Verhalten aus. In solchen Fällen kann eine Dysfunktion der inneren Sprache zu Schwierigkeiten in der Selbststeuerung und zu Belastungen im emotionalen Erleben führen. Bestimmte psychiatrische Erkrankungen oder

---

[9] Baars 2003.

[10] Winsler et al. 2009.

[11] Fernyhough 2009.

Entwicklungsstörungen sind mit einer verminderten Fähigkeit verbunden, den inneren Dialog regulierend einzusetzen.[12]

Monkey Mind und Gedankenlärm

Wenn der innere Dialog an Intensität gewinnt und kaum noch zur Ruhe kommt, entsteht das, was als *Monkey Mind* beschrieben wird. Dieser Begriff verweist auf die ruhelose und sprunghafte Natur unseres Geistes. Der Ausdruck *Monkey Mind* bezeichnet die Tendenz des Geistes, unablässig von einem Gedanken zum nächsten zu springen, ähnlich wie ein Affe von Ast zu Ast hüpft. In dieser Metapher wird der Geist als schwer kontrollierbar dargestellt, anfällig für Ablenkungen, Sorgen und gedankliche Schleifen, die die Wahrnehmung des gegenwärtigen Moments überlagern. Wo der Geist derart unruhig ist, wird Stille als Zustand innerer Sammlung kaum noch erfahrbar.

Die Metapher des Affengeistes stammt aus dem Zen-Buddhismus und wurde im westlichen Diskurs vor allem durch Shunryu Suzuki (1970) verbreitet, einen einflussreichen Zen-Lehrer, der diese Philosophie außerhalb Asiens bekannt machte. In seinem Buch *Zen Mind, Beginner's Mind* beschreibt er die ruhelose Natur des menschlichen Geistes und betont, dass das stetige innere Rauschen eine zentrale Herausforderung auf dem Weg zu innerer Klarheit ist. Ist der Geist aber zerstreut und ruhelos, entzieht dieser Gedankenlärm dem Körper Energie und führt langfristig zu geistiger und körperlicher Erschöpfung. Wer dauerhaft in solchen gedanklichen Kaskaden gefangen ist erlebt häufig eine verminderte Präsenz und eine schwächere Verbindung zum eigenen Körper.[13]

[12] Alderson-Day und Fernyhough 2015.

[13] Bai 2015, mit Bezug auf Appelbaum 1995.

Wie stark dieses gedankliche Rauschen ist, lässt sich auch anhand neurobiologischer Untersuchungen erkennen. Tseng und Poppenk (2020) analysierten mittels funktioneller Bildgebung sogenannte *meta-state transitions*, also Wechsel zwischen unterschiedlichen Musterzuständen neuronaler Aktivität. Diese Übergänge werden als Indikatoren für Veränderungen im Inhalt des Denkens interpretiert. Die Forschenden ermittelten eine durchschnittliche Frequenz solcher Zustandswechsel, aus der sich eine grobe Schätzung der täglichen Menge an Gedanken ableiten lässt. Auf dieser Grundlage ergibt sich ein Näherungswert von mehr als sechstausend gedanklichen Episoden pro Tag bei einem gesunden Erwachsenen. Auch wenn diese Zahl kein exaktes Maß darstellt, verdeutlicht sie die hohe Geschwindigkeit und Dichte innerer Vorgänge, die unser mentales Erleben prägen.

Allerdings ist der *Monkey Mind* nicht ausschließlich mit negativen Auswirkungen verbunden. Wie schon beim Gedankenwandern lässt sich auch hier ein ambivalentes Bild erkennen, das sowohl belastende als auch förderliche Effekte umfasst. Ständiges Grübeln beeinträchtigt die psychische Gesundheit, wenn es nicht bewusst reguliert wird.[14] Achtsamkeitsbasierte Verfahren können die negativen Auswirkungen selbstgenerierter Gedanken verringern und den Fokus auf konstruktive Inhalte lenken. Zugleich birgt eine intensive gedankliche Auseinandersetzung auch schöpferisches Potenzial. Wer komplexe Probleme aus verschiedenen Perspektiven betrachtet und sie gedanklich vertieft, kann kreative Prozesse fördern und Bedingungen schaffen, unter denen innovative Lösungen entstehen. Auf diese Weise lassen sich kreative Potenziale bewahren, während zugleich das psychische Wohlbefinden geschützt bleibt.

[14] Perkins et al. 2015.

Trotz vielfältiger Strategien fällt es vielen Menschen schwer, den unruhigen Geist zur Ruhe zu bringen. Der Versuch, gedankliche Unruhe zu besänftigen, führt häufig dazu, die Aufmerksamkeit nach außen zu verlagern. Viele Menschen entwickeln daher Muster der Ablenkung, die darauf abzielen, die innere Rastlosigkeit zumindest kurzfristig zu überdecken.

Medien als Verstärker des inneren Lärms

Eine zentrale Form der Bewältigung inneren Lärms ist der Medienkonsum. Digitale Umgebungen bieten eine sofort verfügbare Möglichkeit, die Aufmerksamkeit umzulenken. Sie wirken entlastend, indem sie Reize bereitstellen, die das Nachinnenhören unterbrechen. Gleichzeitig verstärken sie damit jedoch wieder den inneren Lärm, da sie den Geist in ständiger Aktivität halten. Das Eintauchen in soziale Netzwerke, Informationsangebote oder Spiele kann die eigenen Gedanken zwar vorübergehend dämpfen, führt jedoch langfristig zu einer erhöhten mentalen Unruhe. Nachgewiesen wurde ein Zusammenhang zwischen intensivem Social-Media-Konsum, problematischer Internetnutzung und einem erhöhten Ausmaß an *mind wandering*.[15] Damit überlagern Medien nicht nur die Wahrnehmung innerer Prozesse, sondern auch den Zugang zu Stille.

Der Medienkonsum stellt somit lediglich eine vorübergehende Ablenkung vom inneren Dialog dar. Sobald die äußeren Reize nachlassen, tritt der innere Lärm häufig umso deutlicher hervor. Die durch Medien vermittelte scheinbare Beruhigung erweist sich in der Folge als trügerisch, da die zugrunde liegende mentale Unruhe nicht aufgelöst wird. Dieses Fortbestehen innerer Unruhe kann dazu führen, dass erneut auf mediale Inhalte zurückgegriffen wird, um den unangenehmen Zustand zu kompensieren.

[15] Hollis und Was 2016; Wiradhany et al. 2020.

Auf diese Weise entsteht eine selbstverstärkende Spirale, in der der kurzfristige Konsum von Medien den Eindruck momentaner Entlastung vermittelt, langfristig jedoch eine stärkere Bindung an weitere Ablenkungsreize begünstigt.

Die vorangegangenen Überlegungen zu gedanklichem Abschweifen, innerem Dialog und Monkey Mind verdeutlichen, dass Lärm nicht nur von außen auf uns einwirkt, sondern auch aus uns selbst hervorgeht. Während der äußere Lärm über die Sinne wahrnehmbar ist, verlangt der innere Lärm nach einer bewussten Hinwendung zur eigenen Wahrnehmung. Er ist subtiler, weniger greifbar, eng mit unseren Denkprozessen verwoben und entzieht sich einfachen Strategien. Stille kann als bewusster Gegenpol nicht nur zu äußerem, sondern auch zu innerem Lärm verstanden werden, da sie mehr ist als die bloße Abwesenheit von Geräuschen. Sie bezeichnet eine Qualität der Wahrnehmung, die es ermöglicht, den Gedankenstrom zu unterbrechen und die Aufmerksamkeit auf den gegenwärtigen Moment zu richten. Zugleich eröffnet Stille einen inneren Raum, in dem sich Gedanken neu ordnen und auch konstruktive Formen des Tagträumens entfalten können, die nicht von Grübeln oder affektiver Überladung geprägt sind. Auf diese Weise kann Stille belastende mentale Prozesse abschwächen und zugleich den Zugang zu inneren Bildern und zu Räumen für kreatives inneres Erleben öffnen. Diese Form der Stille entsteht jedoch nicht von selbst, sondern erfordert aktives Innehalten und eine Schulung der Wahrnehmung.

6

Stille ermöglichen: Antwortreflexe unterbrechen

Die digitalen Kommunikationsformen eröffnen eine Vielzahl an Möglichkeiten. Sie erleichtern den Zugang zu Information, fördern Teilhabe und Meinungsvielfalt und erlauben es, unabhängig von Ort und Zeit miteinander in Verbindung zu treten. Diese Entwicklungen tragen zu einer neuen Form gesellschaftlicher Vernetzung bei, die Wissensaustausch und solidarisches Handeln ermöglicht. Zugleich zeigt sich jedoch, dass die ständige Verfügbarkeit digitaler Kanäle nicht nur Chancen, sondern auch Risiken birgt. Denn dieselben Mechanismen, die Kommunikation erleichtern, können auch Prozesse verstärken, die zu Polarisierung, Beschleunigung und oberflächlicher Interaktion führen. Es ist daher notwendig, diese Ambivalenz differenziert zu betrachten und insbesondere jene Dynamiken zu beleuchten, die automatisierte Reaktionsmuster und impulsive Kommunikationsformen begünstigen.

T. Herdin, *Stille - Ein Weckruf zur digitalen Selbstfürsorge*, Innovativ und kompakt – gesellschaftliche Herausforderungen der Gegenwart, https://doi.org/10.1007/978-3-658-51341-2_6

Vom Bewertungswahn zu Antwortreflexen

Der ständige Drang zu bewerten prägt unser Kommunikationsverhalten (Abschn. 4.2). Dies führt unmittelbar zu einem weiteren Phänomen der digitalen Gegenwart, das vor allem in Online-Interaktionen sichtbar wird. Weil Kommunikation in digitalen Räumen häufig auf unmittelbare Rückmeldung angelegt ist, entsteht das Bedürfnis, möglichst schnell zu reagieren. Die Möglichkeit, jederzeit kommunizieren zu können, verstärkt dadurch den reflexartigen Impuls, sofort zu antworten.

In der analogen, zwischenmenschlichen Kommunikation besitzt dieser schnelle Antwortreflex eine soziale Funktion. Er ermöglicht es, direkt auf Reize zu reagieren und sich aktiv in eine Interaktion einzubringen. In der digitalen Kommunikation hingegen ist dieser Reflex nicht mehr an physische Präsenz gebunden. Die permanente Erreichbarkeit und die Vielzahl an Kommunikationskanälen fördern das Gefühl, jederzeit reagieren zu müssen. Soziale Netzwerke verstärken dieses Verhalten, indem sie durch Benachrichtigungen sowie akustischen und visuellen Signalen zu unmittelbarer Reaktion anregen. Mit der Zeit etabliert sich dadurch ein Kommunikationsmuster, das von unmittelbarer Rückmeldung und spontaner Meinungsäußerung geprägt ist.

Das Bedürfnis, ohne Verzögerung zu antworten, verändert nicht nur den äußeren Kommunikationsstil, sondern auch das innere Erleben. Es entsteht der Impuls, die eigene Meinung unmittelbar mitzuteilen, sei es durch ein Like, ein Symbol, eine kurze Antwort oder einen Kommentar. Diese Form der sofortigen Reaktion verdrängt häufig jene kognitiven Prozesse, die mehr Zeit und Energie erfordern, um Perspektiven abzuwägen und Zusammenhänge zu reflektieren. Dadurch verschiebt sich der Austausch zunehmend von einer differenzierten Auseinandersetzung hin zu impulsiven Äußerungen. Digitale Debatten eskalieren in Folge schneller, weil jeder Beitrag unmittelbare Zustimmung oder Ablehnung hervorruft und der Raum für Stille oder bedachtes Nachdenken schwindet.

Ein anschauliches Beispiel für diese Dynamik findet sich in den Kommentarspalten von Online-Zeitungen. Sobald ein Artikel veröffentlicht wird, steht er einer breiten Leserschaft zur sofortigen Bewertung und Kommentierung offen. Nicht selten beginnt der Austausch konstruktiv, doch im Verlauf verändert sich der Tonfall. Einzelne Nutzer, die ihre Sichtweisen vehement vertreten, reagieren spontan und emotional, wodurch sich die Diskussion rasch polarisiert. Diese Form der Eskalation ist in digitalen Kommunikationsräumen mittlerweile ein alltägliches und häufig zu beobachtendes Muster. Statt sich auf den Inhalt des Artikels zu beziehen, richtet sich die Aufmerksamkeit vielfach auf persönliche Bewertungen und Angriffe.

Dies lässt sich nicht nur bei gesellschaftlich oder politisch aufgeladenen Themen beobachten, sondern selbst bei scheinbar unproblematischen Inhalten, etwa naturbezogenen Beiträgen, die in der Regel ein auf Ruhe und Naturerleben ausgerichtetes Publikum ansprechen. In der Tageszeitung *Der Standard* (2022) wurde in einem Beitrag nach den schönsten Wanderungen in Österreich gefragt und welche Touren besonders empfohlen werden können. Zunächst teilten die Leserinnen und Leser ihre Erfahrungen in einem freundlichen Ton. Schnell entwickelte sich jedoch ein zunehmend aggressiver Austausch. Ein Nutzer schlug vor, abseits der bekannten Routen zu wandern, um den Massen zu entgehen. Ein anderer erwiderte, dass nur lange und anspruchsvolle Touren wirkliche Abgeschiedenheit bieten. Weitere Nutzer widersprachen und argumentierten, dass durch Instagram alle sogenannten Geheimtipps längst überlaufen seien. Kurz darauf folgten bereits persönliche Angriffe. Ein Nutzer wurde als „ahnungsloser Städter" bezeichnet, begleitet von dem spöttischen Kommentar „Herrlich die Ahnungslosigkeit der Städter, die glauben, die Berge zu kennen, weil sie mit Seilbahn auf ein paar Bergen waren." Ein anderer erhielt die abwertende Bemerkung „Was bist denn du für ein Weichei!! 10h geh ich vor dem Frühstück." Selbst ältere Nutzer blieben nicht verschont. Kommentare wie „So, aber jetzt musst ins Bett. Der Pfleger macht gleich das Licht aus." oder „Wie verkalkt bist du??" wurden gepostet.[1] Die Diskussion driftete zunehmend ins Persönliche ab und der sachliche Austausch ging vollständig verloren.

Dieses Beispiel verdeutlicht, wie die Möglichkeit, zu jeder Tages- und Nachtzeit und oft unter Bedingungen relativer Anonymität zu reagieren, die Hemmschwelle für unbedachte Äußerungen herabsetzt. Spontane Reaktionen erfolgen häufig ungefiltert und erhöhen damit das Risiko von Missverständnissen und Konflikten. In angespannten Situationen kann sich daraus ein Prozess gegenseitiger emotionaler Verstärkung entwickeln, der die Eskalation begünstigt. So tritt der sachliche Austausch in den Hintergrund und Kommunikationsverläufe münden in Beleidigungen und Abwertungen. Antwortreflexe tragen mitunter zu Beschleunigung, Oberflächlichkeit und mitunter auch zu Polarisierung bei.

Die Frage, weshalb solche Reflexe so rasch entstehen und sich besonders in digitalen Räumen verstärken, lässt sich durch einen Blick auf die Denkmechanismen erklären, die unser Wahrnehmen und Reagieren steuern. Die Weise, in der wir Widersprüche verarbeiten, prägt dabei wesentlich, wie wir kommunizieren und auf andere Positionen antworten.

Vom Reflex zur Reflexion: kulturelle Denklogiken

Die Dynamik des reflexhaften Antwortens lässt sich besser verstehen, wenn man ein Prinzip betrachtet, das bereits in

[1] Der Standard 2022.

der Antike als Grundlage fairer Kommunikation galt. Das Zitat *Audiatur et altera pars* stammt aus dem römischen Recht und bedeutet *Man höre auch die andere Seite*. Es diente dazu, sicherzustellen, dass in einem Rechtsstreit beide Parteien gehört werden, bevor eine Entscheidung getroffen wird. Dieses Prinzip steht für den zentralen Grundsatz, der auch in der heutigen Kommunikation von Bedeutung ist. Es erinnert daran, innezuhalten und die Perspektive des Gegenübers bewusst wahrzunehmen. Auf diese Weise können differenzierte Einschätzungen ermöglicht und vorschnelle Urteile vermieden werden.

Das Prinzip des Zuhörens und Innehaltens steht im Gegensatz zu einer Denklogik, die auf Eindeutigkeit und rasche Beurteilung zielt. Echte Urteilskraft entsteht erst durch das Abwägen unterschiedlicher Sichtweisen. In digitalen Kommunikationsformen wird diese Form der Verzögerung jedoch seltener praktiziert, da spontane Reaktionen und klare Stellungnahmen bevorzugt werden. Die ständige Verfügbarkeit von Kommunikationskanälen fördert ungefilterte Antworten, die wenig Raum für eine reflektierte Auseinandersetzung mit der Position des Gegenübers lassen. Der Antwortreflex führt dazu, dass Diskussionsteilnehmer sich vorschnell äußern. Die Beiträge sind oftmals emotional aufgeladen und verstärken die Tendenz zur Polarisierung. Der wertvolle Raum für einen fairen, ausgewogenen Austausch wird zugunsten impulsiver Reaktionen aufgegeben. Die Anonymität, die in vielen digitalen Räumen herrscht, trägt zusätzlich zur Enthemmung bei. Wer keine direkten Konsequenzen für sein Verhalten fürchten muss, reagiert häufiger ungefiltert und weniger bedacht. Auf diese Weise entsteht ein negatives Kommunikationsklima, in dem sich destruktive Muster verfestigen.

Um solche Mechanismen zu durchbrechen, lohnt ein Blick auf jene Denkgrundlagen, die viele unserer Reaktionen prägen. In der westlichen Tradition ist das Denken stark von der aristotelischen Entweder-oder-Logik des Abendlandes geprägt. Nach Aristoteles[2] gelten Eindeutigkeit und Widerspruchsfreiheit als Grundprinzipien des richtigen Denkens. Widersprüche sind innerhalb dieser Logik aufzulösen und zu eliminieren. Eine solche Sichtweise ist bis heute tief im westlichen Diskurs verankert. Konflikte erscheinen in diesem Rahmen meist als Fragen des Richtig-Falsch-Typus. Mehrdeutigkeit ruft folglich Irritation hervor, da sie die Erwartung klarer Zuordnungen herausfordert. In den öffentlichen Diskussionen während der Corona-Pandemie wurde sichtbar, wie stark dieser Wunsch nach Eindeutigkeit zu gesellschaftlichen Spannungen führte.

Dennoch existieren innerhalb der westlichen Denktradition auch Ansätze, die einen konstruktiveren Umgang mit Gegensätzen ermöglichen. Die Dialektik verdrängt Widersprüche nicht, sondern nimmt sie auf, indem sie These und Antithese in eine Synthese überführt. In einem dialektischen Prozess werden die gegensätzlichen Seiten ausgelotet, bevor sie schließlich in einer Synthese aufgehoben werden. Der Widerspruch bleibt dabei als „Einheit einander ausschließender Teile“[3] bestehen, wird jedoch in einem höheren Zusammenhang neu interpretiert.[4]

Während also auch innerhalb westlicher Denktraditionen Ansätze existieren, die Widersprüche integrieren, finden sich in anderen Kulturen Formen des Denkens, die den Umgang mit Gegensätzen auf eigene Weise gestalten. Ein Blick über den vertrauten kulturellen Rahmen hinaus eröffnet Perspektiven, in denen Gegensätze nicht eliminiert oder aufgelöst werden, sondern in ihrer Koexistenz anerkannt und sogar geschätzt werden. Solche Sichtweisen kön-

---

[2] Pietschmann 1996, 2002.

[3] Köhne 1981, S. 41.

[4] Pietschmann 2002, S. 220.

nen Anregungen bieten, wie sich kommunikative Spannungen offener und weniger konfrontativ bewältigen lassen.

Von anderen Kulturen lernen: ein Perspektivenwechsel

Das Sowohl-als-auch-Denken begreift Widersprüche nicht als Störung, die beseitigt werden muss, sondern als notwendige Gegensätze, die einander bedingen, ergänzen und zusammen ein größeres Ganzes formen. In diesem Rahmen werden scheinbar gegensätzliche Phänomene in einen gemeinsamen Betrachtungsrahmen gesetzt, um sie ganzheitlich zu untersuchen. Hegel (1812) definiert Polarität als eine „Bestimmung von einem Unterschiede, in welchem die Unterschiedenen untrennbar verbunden sind". Gegensätze werden damit nicht mehr als absolut verstanden, sondern als Teil eines offenen Prozesses, der in Bewegung bleibt.[5]

Besonders anschaulich kommt dieser Ansatz in der taoistischen Philosophie zum Ausdruck, die das Prinzip der polaren Gegensätze im Yin-Yang-Symbol veranschaulicht. Dieses Symbol stellt zwei gegenüberliegende, aber gleichzeitig ineinander verwobene Elemente dar, die sich gegenseitig durchdringen und transformieren.[6] Während im westlichen Denken der Widerspruch als Antrieb für Entwicklung gilt und entweder durch logische Elimination oder durch dialektische Synthese zu überwinden ist,[7] nimmt er im asiatischen Denken eine andere Rolle ein. Dort gilt er als Bestandteil einer harmonischen Koexistenz.[8]

Interkulturelle Studien von Peng und Nisbett (1999) zeigen, dass es kulturelle Präferenzen gibt, wie mit Widersprüchen umgegangen wird. Menschen aus westlich ge-

---

[5] Weinfeld 1992, S. 284.

[6] Chen 2009, S. 405.

[7] Pietschmann 1996, S. 175.

[8] Weggel 1997.

prägten Gesellschaften tendieren eher dazu, bei widersprüchlichen Argumenten einen klaren Standpunkt zu beziehen. In vielen asiatischen Ländern ist dieses Verhalten weniger ausgeprägt. Dort beruht das Denken häufig auf einem zyklischen Weltverständnis, das auf einem Sowohl-als-auch-Prinzip basiert[9] und in der Yin-Yang-Philosophie zum Ausdruck kommt.[10]

Auch in westlichen Diskursen wird das dualistische Entweder-oder-Denken zunehmend in Frage gestellt. Das Sowohl-als-auch-Prinzip gilt dabei als Ansatz, der helfen kann, komplexe globale Herausforderungen differenzierter zu verstehen und eventuell besser zu bewältigen. Es kann etwa dabei helfen, die Balance zwischen Abschottung und Annäherung oder zwischen Entgrenzung und Begrenzung auszutarieren.[11] Ein Blick in andere Kulturen kann zu einer solchen Öffnung beitragen. Er führt nicht nur zu Selbsterkenntnis, sondern erweitert auch die bisherigen Strategien und Sichtweisen. Für diese Form des Denkens ist jedoch Ambiguitätstoleranz notwendig. Nur sie ermöglicht es, Menschen mit anderen Meinungen nicht auszugrenzen oder abzuwerten.

Dies verdeutlicht, dass Reflexion Zeit benötigt und der Impuls zu sofortiger Reaktion bewusst unterbrochen werden muss. Wer sich eine Pause gönnt, schafft Raum für emotionale Regulation und kann die Position des Gegenübers besser berücksichtigen. Auf diese Weise lassen sich vorschnelle Polarisierungen und Eskalationen vermeiden.

Um den Automatismus des Antwortreflexes zu unterbrechen, ist es notwendig, Bewusstsein für die eigenen Reaktionen zu entwickeln. Digitale Kommunikation schafft

---

[9] Chen 2002.

[10] Wang 2009; Lu und Gilmour 2006.

[11] Beck 2005, S. 4.

durch ihre ständige Verfügbarkeit ein Umfeld, in dem spontane und ungefilterte Antworten gefördert werden. Wer jedoch bewusst Pausen einlegt, kann Raum für Reflexion schaffen und dadurch eine Eskalation vermeiden. Diese Unterbrechung der unmittelbaren Reaktion eröffnet die Möglichkeit, emotionale Impulse zu regulieren und das Gegenüber differenzierter wahrzunehmen. Sie trägt dazu bei, den Dialog auf eine Ebene zu heben, die von Respekt und Verständnis geprägt ist.

Ein Perspektivwechsel ist dabei hilfreich, das eigene Kommunikationsverhalten zu hinterfragen. Ulrich Beck und Edgar Grande (2010) formulieren diesen Ansatz mit dem Begriff der *Deprovinzialisierung*, der die Fähigkeit beschreibt, mit den Augen der Anderen sehen zu lernen, um das Eigene besser zu verstehen. Das Fremde fungiert in diesem Prozess als Spiegel, der eigene blinde Flecken sichtbar macht.

Wichtig dabei ist, das Fremde weder abzuwerten noch unkritisch zu idealisieren. Beide Haltungen führen zu einer verzerrten Wahrnehmung. Die Xenophobie, also die Angst vor oder Ablehnung gegenüber dem Fremden, kann in Aggression und Hass münden. Ihr gegenüber steht der Exotismus, der das Fremde unreflektiert verherrlicht und es über das Eigene stellt. Beide Positionen sind daher kulturelle Vermeidungsstrategien. In der Fremdenfeindlichkeit wird das Fremde abgewehrt, damit das Eigene nicht in Frage gestellt werden muss. Im Exotismus richtet sich die Sehnsucht auf das Andere, sodass die eigene Kultur innerlich abgewertet wird. Das als unzureichend oder konflikthaft Erlebte wird nicht als veränderbar gedacht, sondern mit dem Hinweis relativiert, anderswo sei alles besser. Auf diese Weise wird eine ernsthafte Auseinandersetzung mit den Widersprüchen und Veränderungsbedarfen der eigenen

Lebenswelt vermieden und notwendige Entwicklungsprozesse werden blockiert.[12]

Ein typisches Beispiel für eine exotistische Verklärung ist Tibet. Kaum ein anderes Land wurde so mystifiziert und von Trugbildern überlagert wie dieses Gebiet in Zentralasien. In vielen Reiseberichten wird Tibet als unberührtes, reines Land beschrieben, das eine besondere spirituelle Aura besitzt. Diese idealisierte Wahrnehmung blendet jedoch aus, dass dort bis in die Neuzeit ein theokratisches Feudalsystem existierte, in dem die herrschende Klasse Gewalt gegenüber der eigenen Bevölkerung ausübte.[13] Besonders abstrus waren auch die Versuche der Nationalsozialisten, in Tibet eine Form *arischer Reinheit* zu entdecken. Es wurde angenommen, dass sich in der Himalaya-Region Überlebende des untergegangenen Atlantis gerettet hätten und dort eine Art ur-arisches Rasseelement erhalten geblieben sei. Diese Vorstellung wurde unter anderem mit der formalen Ähnlichkeit des Hakenkreuzes zur Swastika begründet, einem Jahrtausende alten Symbol des asiatischen Kulturraums, das für Glück und Fruchtbarkeit steht.[14]

Solche Projektionen zeigen, wie leicht sich Menschen ein verzerrtes Bild des Fremden erschaffen, wenn sie ihre eigene Perspektive nicht reflektieren. Wer andere Kulturen und Denkweisen als Ergänzung begreift, kann eigene Kommunikationsmuster hinterfragen und neue Wege für den Umgang mit Widersprüchen finden.

Diese Offenheit gegenüber anderen Perspektiven lässt sich auch auf die digitale Kommunikation übertragen. Gerade dort, wo schnelle Reaktionen dominieren und Polarisierungen entstehen, schaffen bewusste Pausen die notwendige Distanz zum eigenen Impuls. Sie unterbrechen

[12] Erdheim 1988, S. 260; Herdin 2018, S. 168.

[13] Luger 2004, S. 174.

[14] Mierau 2006.

den unmittelbaren Drang zu antworten und eröffnen einen Moment, in dem Emotionen geordnet und Einschätzungen neu gewichtet werden können. Auf diese Weise lassen sich Konflikte entschärfen, bevor sie eskalieren. Die Stille, die in solchen Pausen entsteht, wirkt damit als Mittel der emotionalen Regulation und unterstützt einen Dialog, der auf Verständnis und Beziehungsgestaltung ausgerichtet ist.

7 Stille ertragen lernen: Ambiguitätstoleranz als Schlüsselkompeten

Stille wird häufig als eine beruhigende oder zumindest neutrale Erfahrung verstanden. Zugleich lässt sich beobachten, dass sie oftmals Irritationen und inneren Widerstand auslöst, denn sie unterbricht gewohnte Abläufe und entzieht dem Moment jene Orientierungssignale, die zur Strukturierung sozialer Situationen beitragen. Dadurch entsteht ein Zustand, in dem Mehrdeutigkeit deutlicher wahrgenommen wird. Stille macht innere und äußere Unsicherheiten sichtbar, die im Alltag eher durch etablierte Kommunikationsroutinen überdeckt werden. Genau deshalb ist der Umgang mit Stille eng mit der Fähigkeit verbunden, Ambiguität auszuhalten.

Das folgende Kapitel erläutert, warum die durch Stille ausgelöste Irritation und die damit verbundene verstärkte Wahrnehmung von Ambiguität für ein vertieftes Verständnis des Selbst und sozialer Zusammenhänge zentral sind. Der erste Abschn. 7.1 beschreibt, wie *Stille Unbehagen auslöst und warum diese Erfahrung als Unterbrechung des Gewohnten* irritiert. Das daran anschließende Abschn. 7.2 widmet sich der Ambiguitätstoleranz als notwendige Kompetenz, um mit den Unsicherheiten und Widersprüchen einer komplexen Welt konstruktiv umzugehen. Der letzte Abschn. 7.3 zeigt schließlich, dass persönliches Wachstum

T. Herdin, *Stille - Ein Weckruf zur digitalen Selbstfürsorge*, Innovativ und kompakt – gesellschaftliche Herausforderungen der Gegenwart,
https://doi.org/10.1007/978-3-658-51341-2_7

häufig dort beginnt, wo Unbehagen zugelassen wird, weil es Lernprozesse ermöglicht und innere Flexibilität stärkt.

Diese drei Perspektiven lassen erkennen, dass Stille nicht nur einen passiven Rückzugsmoment darstellt, sondern einen aktiven Erfahrungsraum eröffnet, der Unsicherheit sichtbar macht und einen bewussten Umgang mit dieser Unsicherheit einfordert. Stille braucht Ambiguitätstoleranz und trägt damit zur persönlichen Entwicklung bei. So wird Stille zu einem zentralen Bestandteil der Fähigkeit, innere und äußere Spannungen konstruktiv zu bewältigen.

7.1 Stille erzeugt Unbehagen

John Cage komponierte 1952 das bekannte und kontrovers diskutierte Musikstück *4'33"*. Es besteht aus drei Sätzen, während derer die Musiker ihre Instrumente nicht spielen. Die Aufführung dauert exakt vier Minuten und 33 s. Cage ging es dabei nicht nur um die Stille als absolute Abwesenheit von Klang, sondern auch um die Umgebungsgeräusche, die während der Aufführung im Raum hörbar wurden. Er verdeutlichte damit, dass Stille nicht als vollständige Leere zu verstehen ist, sondern aus den oft überhörten Geräuschen der Umgebung besteht. Dieses Konzept macht die Unmöglichkeit absoluter Stille bewusst. Der Komponist wollte damit anregen, die bisherige Definition von Musik zu hinterfragen, indem der Fokus von bewusst erzeugten Klängen auf das unbeabsichtigte akustische Umfeld verlagert wurde.

Für viele Zuhörer war diese Erfahrung irritierend. Die Abwesenheit konventioneller musikalischer Elemente führte zunächst zu Verwirrung oder Frustration. Erst im Laufe der Zeit wurde das Werk für seinen innovativen Ansatz gewürdigt, weil Stille selbst zum zentralen Ausdrucksmittel wurde, was möglicherweise Cages Auseinandersetzung mit dem Zen-Buddhismus und östlichen Vorstellungen von Präsenz und Leere widerspiegelt.

Die Irritation, die Cages Werk auslöste, verweist darauf, dass Stille grundlegende Erwartungen an Struktur und Bedeutungszuweisung unterbricht und damit einen Raum schafft, in dem Unsicherheit unmittelbar erfahrbar wird. So wie Cage die Hörenden mit der unerwarteten Abwesenheit von Klang konfrontierte, unterbricht Stille auch in der Kommunikation gewohnte Muster des Austauschs und der gewohnten inneren Reaktion. Sie verschiebt die Aufmerksamkeit von der inhaltlichen Botschaft auf die Prozesse des Wahrnehmens und Sich-Einlassens und macht sichtbar, wie Menschen sowohl in der Selbstreflexion als auch im Miteinander mit Unsicherheit, Erwartung und Bedeutung umgehen.

Stille als Unterbrechung des Gewohnten

Wenn Stille in einer sozialen Situation entsteht, verändert sich der gewohnte Ablauf des Gesprächs. Die automatisch ablaufende Folge aus Rede und Gegenrede wird unterbrochen, und damit geraten jene impliziten Erwartungen in den Blick, die kommunikative Routinen normalerweise stabilisieren. Durch das Ausbleiben einer unmittelbaren Reaktion entsteht ein Moment, in dem die Orientierung an vertrauten Reaktionsabfolgen kurzzeitig aussetzt. Diese Unterbrechung macht Prozesse sichtbar, die sonst im Hintergrund bleiben. Stille legt offen, wie stark Kommunikation durch eingespielte Interaktionsformen und unausgesprochene Signale gesteuert wird. Sie eröffnet die Möglichkeit, eigene Impulse und Bewertungen bewusst wahrzunehmen, bevor sie in Sprache oder Handlung umgesetzt werden.

Stille schafft damit einen Raum, in dem die Dynamik eines Gesprächs neu justiert werden kann. Sie lässt das zuvor Gesagte nachwirken und ermöglicht eine bewusste Entscheidung darüber, ob man fortsetzen, nachfragen oder neu ansetzen möchte. Auf diese Weise fungiert Stille nicht als Abbruch, sondern als Übergang, als Moment, in dem sich kommunikative Aufmerksamkeit neu ausrichten kann.

Stille entfaltet eine ambivalente Wirkung. Einerseits entsteht ein Gefühl von Unsicherheit, weil die gewohnte Abfolge von Rede und Gegenrede ausbleibt. Andererseits schafft sie Raum für Reflexion und gibt allen Beteiligten Zeit, ihre Gedanken zu ordnen. Stille erfüllt in der Kommunikation eine besondere Funktion, indem sie beispielsweise Spannung erzeugt, Nachdenklichkeit signalisiert oder Raum für emotionale Resonanz schafft. Auf diese Weise fördert Stille echtes Zuhören und begünstigt Empathie. Wer erlebt, dass in einem Moment der Stille ungeteilte Aufmerksamkeit entgegengebracht wird, erfährt eine Form der Präsenz, die über den Austausch von Worten hinausgeht. Sie verlangt, Spannungen auszuhalten, anstatt sie zu unterdrücken. Wer lernt, Stille bewusst zuzulassen, schafft damit die Grundlage, oder zumindest eine Möglichkeit, für eine vertiefte Kommunikation.

Stille trägt somit nicht nur zur Klärung und zum Tiefgang in Gesprächen bei, sondern ermöglicht auch, dass Beziehungen sich auf einer tieferen Ebene entfalten. Die Fähigkeit, Stille auszuhalten, ist daher ein wesentlicher Schritt zu einem echten Dialog und zu einer respektvollen, wertschätzenden Interaktion.

Widersprüche erzeugen Unsicherheit

Widersprüchlichkeit wird im Alltag häufig als etwas Negatives wahrgenommen. Kulturell wird erwartet, dass Gesprächspartner eine klare Haltung einnehmen und logische

Aussagen treffen. Diese Orientierung an Klarheit soll Verlässlichkeit herstellen und damit kommunikative Sicherheit erzeugen. Widersprüche werden hingegen oft als Zeichen fehlender Kohärenz interpretiert und lösen Irritationen aus. In der tatsächlichen Komplexität menschlicher Erfahrung lässt sich eine solche Logik jedoch nicht dauerhaft aufrechterhalten.

Unser Leben lässt sich nicht in ein starres Schema im Sinne einer entweder-oder-Kategorie einordnen. Dualismen wie wahr oder falsch, gut oder böse können zwar vorübergehend Orientierung und Sicherheit bieten, bleiben jedoch vereinfachte Kategorien, die der Komplexität menschlicher Existenz nicht gerecht werden. Sie führen eher zur Verhärtung von Standpunkten, die anschließend mit Nachdruck verteidigt werden (müssen). In solchen Situationen rückt häufig die Sache selbst in den Hintergrund, während das Bedürfnis überwiegt, die eigene Position zu behaupten. In Momenten der Stille treten innere Widersprüche deutlicher hervor, weil die gewohnten kommunikativen Ablenkungen fehlen, die Mehrdeutigkeit sonst verdecken.

Im digitalen Zeitalter verstärken sich diese Dynamiken. Das Internet bietet nahezu unbegrenzte Möglichkeiten, Informationsquellen auszuwählen, die die eigene Perspektive bestätigen. In Foren und sozialen Netzwerken entstehen Echokammern, in denen Gleichgesinnte sich gegenseitig bestärken. Widersprechende Informationen werden ausgeblendet oder dazu benutzt, sich von anderen Menschen und ihren Meinungen abzugrenzen. Je stärker sich Menschen in ihrer eigenen Wirklichkeit verfangen, desto enger und eventuell auch radikaler kann ihre Weltsicht werden.

Kommunikation spielt in diesem Prozess eine entscheidende Rolle, denn sie ist nicht vollständig kontrollierbar, flüchtig, vielschichtig und von Unsicherheiten geprägt.[1] Der Umgang mit dieser Unvorhersehbarkeit erfordert Ambiguitätstoleranz, daher die Fähigkeit, Mehrdeutigkeit und Unschärfen in der Kommunikation auszuhalten.[2] Dazu gehört auch, mit Widersprüchen und Ungewissheiten umzugehen, die nicht nur beim anderen, sondern auch bei sich selbst auftreten können.[3] Gerade diese persönliche Dimension ist bedeutsam, weil eigene Widersprüche nicht nur einzelne Einschätzungen betreffen, sondern unser Selbstbild als Ganzes berühren. Werden Spannungen zwischen Selbstanspruch und tatsächlichem Erleben wahrnehmbar, entstehen häufig Gefühle von Verunsicherung und innerer Spannung.[4] Solche Diskrepanzen werden von vielen Menschen als belastend erlebt, weshalb oft der Versuch unternommen wird, sie zu reduzieren oder durch vereinfachende Deutungen aufzulösen.[5] Nicht selten zeigt sich dabei auch eine Vermeidung dieser Konfliktlagen, indem unangenehme Gedanken und Gefühle vermieden oder unterdrückt werden. Dieses Muster wird als *experiential avoidance* bezeichnet[6] und beschreibt die Tendenz, unangenehme innere Erfahrungen zu vermeiden. Dieses Ausweichen löst die zugrunde liegenden Konflikte jedoch nicht auf, sondern erschwert deren bewusste Verarbeitung und Integration.

Wird diese Konfrontation mit solchen Spannungszuständen nicht zugelassen oder vorschnell abgewehrt, entstehen häufig Gefühle von Unsicherheit und Stress, die zugleich die zuvor beschriebene Tendenz zur Vereinfachung verstärken. Eine starre Eindeutigkeit dient nicht nur der Stabilisierung der eigenen Sichtweise, sondern verändert

[1] Wood 2004.

[2] Weyel 2013, S. 310.

[3] Saehrendt und Kittl 2016; zit. nach Bauer 2018.

[4] Higgins 1987.

[5] Festinger 1957.

[6] Hayes et al. 1996.

auch die Art, wie Menschen Informationen verarbeiten. Im Verlauf entwickelt sich mitunter eine zunehmende Fixierung auf das eigene Deutungsschema. In extremen Fällen entsteht eine Form der inneren Erstarrung, die als *Einzementierung des Ichs* bezeichnet werden kann.[7] Gemeint ist damit die eingeschränkte Fähigkeit, neue Erfahrungen einzuordnen oder widersprüchliche Hinweise in das eigene Selbst- und Weltverständnis zu integrieren. Dieses Phänomen beschreibt einen Prozess der mentalen Verhärtung, bei dem bestehende Überzeugungen durch selektive Wahrnehmung bestätigt werden. Ähnlich wie in der von Eli Pariser (2011) beschriebenen *Filter Bubble* wird das Individuum in einer selbstreferenziellen Erfahrungswelt bestärkt, in der abweichende Sichtweisen kaum noch Zugang finden. Dadurch verliert Kommunikation ihre dialogische Offenheit und reduziert sich auf die Bestätigung des bereits Bekannten.

In solchen verengten Wahrnehmungsdimensionen stellt Stille eine kontrastierende Erfahrung dar, da sie nicht der Absicherung bestehender Überzeugungen dient, sondern Wahrnehmung weitet und innere Differenzen sichtbarer macht. Sie unterbricht jene Routinen der Deutung und Reaktion, in denen Eindrücke vorschnell bestätigt oder abgewehrt werden. Dadurch entsteht ein Abstand zum eigenen Deutungsschema, der es ermöglicht, Irritationen oder gar Widersprüche nicht unmittelbar aufzulösen. Gerade in dieser Unterbrechung werden auch jene Aspekte zugänglich, die im Modus fortlaufender selbstvergewisserung meist ausgeblendet bleiben. Stille eröffnet damit einen Erfahrungsraum, in dem Uneindeutigkeit nicht reduziert, sondern zunächst ausgehalten werden kann. Auf diese Weise trägt sie dazu bei, verfestigte Deutungsmuster zu relativieren und die Fähigkeit zur Ambiguitätstoleranz zu stärken.

---

[7] Herdin 2015, S. 182 f.

Der Verlust von Vielfalt und die Vereindeutigung der Welt

Thomas Bauer beschreibt in seinem 2018 erschienen Essay *Die Vereindeutigung der Welt* einen schleichenden Verlust von Mehrdeutigkeit und Vielfalt. Seine zentrale These lautet, dass die Welt nicht bunter und vielfältiger, sondern im Gegenteil homogener wird. Menschen streben zunehmend danach, Ungewissheit zu eliminieren. Bedeutungsvielfalt wird verdrängt oder reduziert, obwohl sie auf den ersten Blick allgegenwärtig zu sein scheint.

Die scheinbare Vielfalt bezieht Bauer (2018) vor allem auf Konsum- und Medienangebote, in denen unzählige Varianten von Produkten, Fernsehsendungen oder Identitätsangeboten erscheinen. Diese Fülle sei jedoch ein *mehr vom Gleichen* und enthalte wenig echte Diversität. Der Befund lässt sich jedoch auch auf andere gesellschaftliche Bereiche übertragen. Je genauer man hinsieht, desto deutlicher wird, dass sich die tatsächliche Vielfalt in vielen Bereichen verringert, etwa in der Landwirtschaft, wo von einst über 30.000 Maissorten nur noch wenige Dutzend in größerem Umfang angebaut werden, während gentechnisch veränderte Pflanzen den Weltmarkt dominieren. Auch in der Tierhaltung und Pflanzenwelt zeigt sich diese Reduktion. Ähnliche Tendenzen finden sich auch im kulturellen Bereich. Die Zahl der gesprochenen Sprachen geht kontinuierlich zurück und religiöse Homogenisierungsprozesse sind weit verbreitet. So entstand im Zuge der Christianisierung in Europa eine religiöse Geschlossenheit, wie sie in dieser Form auf keinem anderen Kontinent existierte. Europa war in der Vormoderne weder religiös noch kulturell so vielfältig, wie es heute oft angenommen wird.

Diese Tendenzen weisen auf eine strukturelle Neigung der Moderne hin, Vielfalt zu verdrängen. Es kommt zu einer „modernen Disposition zur Vernichtung von Vielfalt“

(Bauer 2018, S. 12), die durch Verstädterung, Mobilität, Globalisierung, die Industrialisierung der Landwirtschaft und kapitalistische Wirtschaftsweisen begünstigt wird. Trotz dieser Vereinheitlichung bleibt die Welt in ihrem Kern jedoch uneindeutig. Menschen sind ständig Eindrücken ausgesetzt, die unterschiedliche Interpretationen zulassen, unklar erscheinen oder keinen eindeutigen Sinn ergeben. Sie lösen widersprüchliche Gefühle aus und können zu unterschiedlichen, teils entgegengesetzten Reaktionen führen. „Die Welt ist voll von Ambiguität",[8] womit alle Phänomene von Mehrdeutigkeit, Unentscheidbarkeit und Vagheit gemeint sind, mit denen Menschen fortwährend konfrontiert werden.

Gerade weil die Welt uneindeutig bleibt, suchen Menschen nach Wegen, diese Mehrdeutigkeit zu reduzieren. Die sogenannten Strategien der *Entambiguisierung* zielen darauf ab, Vieldeutigkeit zu verringern. Wenn keine Aussicht besteht, Eindeutigkeit herzustellen, bleibt als zweitbeste Lösung, die Welt in klar abgrenzbare Kategorien zu ordnen, innerhalb derer dann größtmögliche Eindeutigkeit herrschen soll. Diese *Kästchenbildung*[9] wirkt jedoch nicht integrierend, sondern abschottend und trennend. Sie führt kaum zu echter Akzeptanz, sondern bestenfalls zu Toleranz. Ein tolerantes Verhalten bedeutet jedoch lediglich, die Existenz des Gegenübers zu dulden, ohne dessen Wesen oder Haltung wirklich anzuerkennen. Wahre Offenheit kann erst dann entstehen, wenn das Vage und das Widersprüchliche als Normalfall menschlicher Existenz akzeptiert oder sogar wertgeschätzt wird.

Ein Beispiel liefert Bauer anhand der Sexualität.[10] Die Einführung der binären Kategorien homosexuell und

---

[8] Bauer 2018, S. 12.

[9] Bauer 2018, S. 79.

[10] Bauer 2018, S. 79–81.

heterosexuell hat das Spektrum menschlicher Sexualität nicht befreit, sondern neue normative Kästchen geschaffen. Auch die später hinzugefügten Kategorien wie LGBTQIA+[11] erweitern zwar das Raster, lösen aber nicht den Grundkonflikt auf. In einem kritischen Diskurs betonen Çetin und Voß (2016), dass es eigentlich um geschlechtliche und sexuelle Selbstbestimmung gehen müsse und dass starre Kategorisierungen und Einordnungszwänge diesen Prozess behindern. Bauer (2018, S. 81) folgert: „Der Versuch, Eindeutigkeit in einer uneindeutigen Welt dadurch herzustellen, dass man die Vielfalt in der Welt möglichst präzise in Kästchen einsortiert, innerhalb derer größtmögliche Eindeutigkeit herrscht, eignet sich eher dazu, Vielfalt zu verdrängen als sie zu fördern".

Diese Ambiguitätsaversion hat weitreichende Folgen für das soziale Gefüge, denn sie ist für das Zusammenleben höchst problematisch, führt insbesondere in Krisenzeiten schnell zu Konflikten (Ziegler 2010) und verstärkt Polarisierung. Menschen sind, wie es die Psychologie beschreibt, tendenziell *ambiguitätsintolerant,*[12] weil das Gehirn nach Eindeutigkeit strebt, um Umweltreize besser verarbeiten zu können. Wir neigen dazu, einen Zustand der Klarheit herzustellen, anstatt Vielfalt auf Dauer auszuhalten.

Vor diesem Hintergrund ist Stille als Ressource zu verstehen, die der Tendenz zur Vereindeutigung entgegenwirkt, weil sie die Wahrnehmung des Uneindeutigen fördert und damit einen Raum für Differenz und Vielfalt öffnet.

[11] Das Akronym LGBTQIA+ steht für Lesbisch, Gay (Schwul), Bisexuell, Transgender, Queer/Questioning (fragend), Intergeschlechtlich, Agender/Asexuell/Aromantisch und allen, sich selbst der queeren Community zugehörig fühlenden Menschen (ETH Zürich).

[12] Bauer 2018, S. 15.

7.2 Ambiguitätstoleranz als Schlüsselkompetenz für Gesellschaft und Individuum

Gerade in der heutigen Zeit braucht es ein höheres Maß an der Fähigkeit, mit Unsicherheit und Unklarheit konstruktiv umzugehen. Es wird immer wichtiger, verschiedene Meinungen und Widersprüche nicht reflexartig abzuwehren, sondern in einen Dialog zu integrieren. Nach Reckwitz (2019, S. 18) leben wir in der Spätmoderne in einer „widersprüchlichen, konflikthaften Gesellschaftsformation“. Vorteile haben diejenigen, die in der Lage sind, Ambivalenzen zu ertragen und produktiv mit ihnen umzugehen. Dazu bedarf es einer Selbstreflexion, denn Ambiguitätstoleranz bedeutet, widerstreitende Perspektiven annehmen zu können und das Uneindeutige nicht nur auszuhalten, sondern es als wertvoll zu begreifen. Stille unterstützt diesen Prozess, indem sie die vorschnelle Auflösung von Ambivalenzen unterbricht und damit eine reflektierte Integration widersprüchlicher Eindrücke ermöglicht.

Die Fähigkeit zur Ambiguitätstoleranz, die durch Momente der Stille gestärkt werden kann, darf nicht mit einer gleichgültigen oder standpunktlosen Haltung verwechselt werden. Vielmehr zeugt es von Souveränität, die eigenen Gedanken und Gefühle nicht vorschnell in vermeintlich feststehende Koordinatensysteme einzuordnen.[13] Menschen mit einem höheren Maß an Ambiguitätstoleranz können ruhig und handlungsfähig bleiben, auch wenn sie mit unverständlichen Informationen, unerwarteten Handlungen des Gegenübers oder widersprüchlichen Kommunikationssituationen konfrontiert werden. Wer diese Fähigkeit nur in geringem Ausmaß besitzt, empfindet

[13] Weyel 2013, S. 310.

Abweichungen von vertrauten Normen und Einstellungen hingegen als bedrohlich.[14] Dies erhöht die Wahrscheinlichkeit, sich gegen das Unverständliche zu wehren, um das Eigene zu schützen.

Interkulturelle und gesellschaftliche Bedeutung

Besonders deutlich wird die Bedeutung von Ambiguitätstoleranz im Kontext der Globalisierung, wo sie seit Langem als zentraler Indikator für den Erwerb interkultureller Kompetenz gilt.[15] In einer vernetzten Welt nehmen Kontakte zwischen menschen mit unterschiedlichen kulturellen Normen und Wertvorstellungen zu, weshalb es künftig immer wichtiger sein wird, mit kultureller Vielfalt, verschiedenen Lebensweisen, Einstellungen und Glaubenssystemen konstruktiv umgehen zu können.[16]

Aus heutiger Perspektive lässt sich beobachten, dass die Aneignung interkultureller Kompetenz bis zur Mitte der 2010er-Jahre vorrangig auf das *Fremde von außen* gerichtet war, während sich die gesellschaftliche Wahrnehmung in den vergangenen zwei Jahrzehnten grundlegend verschoben hat. Das Fremde, das einst überwiegend in geografischer Ferne und in anderen Kulturen verortet wurde, ist zunehmend Teil der eigenen sozialen Realität geworden. Fremdheit zeigt sich nicht mehr nur in kulturellen oder ethnischen Unterschieden, sondern verstärkt in divergierenden Wertvorstellungen, Überzeugungen und Lebensentwürfen innerhalb ein und derselben Gesellschaft.

Diese Verschiebung lässt sich an einschneidenden gesellschaftlichen Ereignissen veranschaulichen. Die Terroranschläge in den USA vom 11. September 2001 machten zunächst die bis dahin vorherrschende Vorstellung sichtbar,

[14] Hatzer und Layes 2010.

[15] Deardorff 2006.

[16] Bertelsmann Stiftung 2006.

dass Bedrohung und Fremdheit vor allem von außen an die Gesellschaft hineingetragen werden. Ähnlich wirkten die Anschläge in europäischen Städten, etwa die koordinierten Terroranschläge in Paris am 13. November 2015, die das Gefühl einer kollektiven Verletzlichkeit verstärkten und zugleich innerhalb der westlichen Gesellschaften zu einer Geschlossenheit führten. In dieser Wahrnehmung wurde das Fremde weiterhin als etwas betrachtet, das außerhalb der Gesellschaft existiert und auf sie einwirkt.

Mit der sogenannten Flüchtlingskrise 2015 änderte sich dieses Muster grundlegend. Menschen auf der Flucht wurden nicht mehr nur als ferne Gruppe wahrgenommen, sondern rückten in das unmittelbare gesellschaftliche Bewusstsein. Diese neue Nähe löste sehr unterschiedliche Reaktionen aus. Während die einen Hilfsbereitschaft zeigten und die von Bundeskanzlerin Angela Merkel 2015 geprägte Haltung *Wir schaffen das*[17] unterstützten, reagierten die anderen mit Skepsis, Ablehnung und dem Ruf nach Abschottung. Das Fremde war nun nicht mehr nur das von außen Kommende, sondern spiegelte sich in der Polarisierung der eigenen Bevölkerung wider. Der Konflikt, der in früheren Krisenmomenten noch ein Gefühl von Einheit hervorrief, begann nun die Gesellschaft zu spalten.

Diese Dynamik setzte sich in den Folgejahren fort. Während die Corona-Pandemie 2020 zunächst den Eindruck vermittelte, gesellschaftliche Solidarität fördern zu können, schien sie später die bestehenden gesellschaftlichen Gräben zu vertiefen, auch wenn letztlich wir selbst (und nicht die Pandemie) diese Entwicklung vorantrieben. Auseinandersetzungen zwischen Befürwortern und Gegnern von Schutzmaßnahmen führten zu neuen Formen sozialer Polarisierung. Ähnliche gesellschaftliche Entwicklungen lassen sich in den Vereinigten Staaten beobachten, wo sich die

[17] zit. nach Detjen 2020.

politischen Lager von Demokraten und Republikanern zunehmend voneinander entfernen und gemeinsame Verständigungsräume weiter verloren gehen.[18] Die ideologische Distanz zwischen beiden Lagern hat sich über zwei Jahrzehnte hinweg stetig vergrößert und erreichte um 2014, als empirische Erhebungen erstmals eine besonders geringe ideologische Überschneidung zwischen Demokraten und Republikanern auswiesen, einen bis dahin markanten Höhepunkt. Aktuelle politische Entwicklungen deuten darauf hin, dass sich diese Tendenz in den vergangenen Jahren weiter verschärft hat. Die politische Kommunikation ist zunehmend von Polarisierung, gegenseitiger Delegitimierung und einem weiteren Verlust gemeinsamer Verständigungsräume geprägt, was auf eine anhaltende und teilweise vertiefte Distanz zwischen den politischen Lagern schließen lässt.

Fremdheit scheint nicht mehr vorrangig zwischen Kulturen zu bestehen, sondern zeigt sich innerhalb einer Gesellschaft, wo sich Gruppen mit unterschiedlichen Überzeugungen und Lebenswelten zunehmend unversöhnlich gegenüberstehen. Gerade in solchen gesellschaftlichen Spannungsfeldern wird die ethische Bedeutung von Ambiguitätstoleranz deutlich. Sie bildet eine Voraussetzung dafür, Brüche in der Bevölkerung zu überbrücken, die sich nicht nur zwischen sozialen Gruppen und politischen Lagern, sondern bis in Städte, Dörfer, Nachbarschaften und sogar Familien hinein erstrecken, wie es in der Corona Pandemie der Fall war.

Ambiguitätstoleranz ist eine Fähigkeit von hoher gesellschaftlicher Relevanz, da sie das destruktive Potenzial der Verdrängung von Fremdheit und Differenz mindern und den konstruktiven Umgang mit Andersdenkenden

[18] PEW Research Center 2014, 2017.

fördern kann.[19] Sie ermöglicht, mit Menschen in Beziehung zu treten, deren Überzeugungen von den eigenen abweichen, ohne in Abwertung oder Abgrenzung zu verfallen. Dies ist von besonderer Bedeutung, da Ambiguität nie vollständig aufgelöst werden kann. Wird sie an einer Stelle zurückgedrängt, tritt sie an anderer Stelle erneut hervor.[20] Die Fähigkeit, Unsicherheit auszuhalten und Mehrdeutigkeit zu akzeptieren, ist daher eine wesentliche Voraussetzung gesellschaftlicher Handlungsfähigkeit. Wo Ambiguität nicht zugelassen wird, entstehen Dynamiken der Polarisierung, der Ausgrenzung und letztlich der gesellschaftlichen Spaltung.

Damit verschiebt sich auch die Bedeutung interkultureller Kompetenz. Sie richtet sich nicht länger allein auf den Umgang mit Menschen anderer Herkunft, sondern zunehmend auf die Fähigkeit, innere gesellschaftliche Differenzen wahrzunehmen, unterschiedliche Perspektiven zu verstehen und Ambiguitätstoleranz gegenüber dem Fremden, auch im Eigenen, zu entwickeln.

Ambiguitätstoleranz in der Kommunikationspraxis

In der heutigen Debattenkultur mit ihrer klaren Freund-Feind-Logik hat es die psychologische Fähigkeit der Ambiguitätstoleranz schwer, wie Reckwitz (2019) feststellt. Die Deutungshoheit wird häufig mit großer Vehemenz eingefordert und in hochmoralischen, emotionalisierten Diskursen ausgetragen. Moderne kommunikative Phänomene wie *Shitstorms*, *Cancel Culture* und die Figur des *Social Justice Warrior* sind Ausdruck dieser Erregungsdynamiken.

Einerseits kann dadurch Diskriminierung, etwa in Bezug auf Rassismus, Homophobie oder Sexismus, sichtbarer gemacht und kritisiert werden. Andererseits erfahren Men-

[19] Sautermeister 2021, S. 131.

[20] Bauer 2018, S. 15.

schen, die sich gegen soziale Ungerechtigkeiten einsetzen, oft eine Flut an Hasspostings und Bedrohungen. Gleichzeitig können harmlose oder unbedachte Äußerungen Einzelner eine derart massive mediale Wucht entfalten, dass sie bis hin zum sozialen Rückzug oder gar zum Suizid führen.[21] In Anlehnung an ein Kapitel in Thomas Manns *Zauberberg* fasst Pörksen (2018) diesen Zustand als *Große Gereiztheit* und deutet ihn als Ausdruck eines grundlegenden Wandels öffentlicher Kommunikation, der von einer Ökonomie der Aufmerksamkeit und von beschleunigten Empörungsdynamiken geprägt ist, in denen Einordnung und Kontextualisierung häufig unter Druck geraten.

Wie aber können wir diese zunehmende Polarisierung im Alltag überwinden? Die weitere Spaltung der Gesellschaft lässt sich nur begrenzen, wenn wir uns ein höheres Maß an Ambiguitätstoleranz aneignen. Akzeptieren wir nach Bauer (2018, S. 85) die Diskrepanz zwischen den eigenen Überzeugungen und den unterschiedlichen Perspektiven sowie Bedürfnissen anderer nicht, „wird sich die Spaltung nicht nur nicht überwinden lassen, sondern sich sogar weiter vertiefen".

Unsicherheiten und Widersprüche dürfen daher nicht als Bedrohung wahrgenommen werden, sondern sind als Normalität zu verstehen. Diese Haltung erleichtert es, Abweichungen zu akzeptieren und vorerst neutral zu bewerten. Nur so lassen sich Kommunikation und Beziehungen auch bei Meinungsverschiedenheiten aufrechterhalten. Krisen entstehen dann, wenn der Dialog nach einer Eskalation abbricht und damit etwaige noch vorhandene Berührungspunkte verlorengehen. Erst die Fähigkeit, Unsicherheit zuzulassen, die eigene Meinung zu reflektieren und sich zumindest versuchsweise auf andere Perspektiven einzulassen, kann solche Berührungspunkte wieder sichtbar machen.

[21] Pörksen 2018.

Sie erweitert den Blick und eröffnet neue Möglichkeiten für einen Dialog.

Ambiguitätstoleranz zeigt sich daher nicht nur darin, Widersprüche auszuhalten, sondern auch in der Art, wie wir in Konfliktsituationen kommunizieren. Sie bedeutet, immer wieder an einer Verständigung scheitern zu können, ohne das Gegenüber angreifen oder abwerten zu müssen. Sie erfordert die Bereitschaft, auch dann im Gespräch zu bleiben, wenn sich nicht sofort ein Konsens erzielen lässt. In einer pluralisierten Gesellschaft ist daher ein Dialog über mögliche gemeinsame Wege wichtiger denn je. Dazu gehört, Andersartigkeit[22] zunächst unvoreingenommen wahrzunehmen, und sie in einem ersten Schritt zu akzeptieren, ohne andere vorschnell zu kategorisieren. Um handlungsfähig zu bleiben, müssen Mehrdeutigkeiten und mitunter auch Widersprüche nicht nur toleriert, sondern als eine grundlegende Gegebenheit sozialen Handelns anerkannt werden.

In diesem Zusammenhang lässt sich aus dem Werk des österreichischen Psychiaters und Neurologen Reinhard Haller ein bedeutsamer Gedanke ableiten. In seinem 2015 erschienen Buch *Die Macht der Kränkung* beschreibt er Kränkungen als unvermeidlichen Bestandteil menschlicher Kommunikation. Sie seien „ein zwischenmenschliches Problem und dennoch sind sie ein unvermeidlicher Bestandteil unseres Kommunizierens. […] Jeder kränkt und wird gekränkt".[23] Haller knüpft damit an Paul Watzlawicks Axiom an, dass man nicht nicht kommunizieren könne, und überträgt es auf die emotionale Ebene des Zusammenlebens,

---

[22] Die Anerkennung von Andersartigkeit impliziert keine grenzenlose Toleranz. Sie setzt voraus, dass individuelle Überzeugungen und Lebensformen im Einklang mit den Grundwerten einer demokratischen Gesellschaft stehen und die Menschenrechte sowie geltendes Recht respektieren.

[23] Haller 2015, S. 10 f.

wenn er formuliert: „Man kann nicht nicht kränken.“[24] Diese Einsicht verdeutlicht, dass jede Form des Austauschs potenziell verletzende Anteile enthalten kann, auch wenn keine bewusste Absicht dahintersteht. Ein konstruktiver Umgang mit Kränkungen erfordert daher ein Bewusstsein für ihre Wirkung und die Bereitschaft, emotionale Verletzungen zu erkennen und zu reflektieren. Haller versteht dieses Kränkungsbewusstsein als eine Haltung, die Empathie, Selbstkenntnis und Dialogfähigkeit fördert. Sie trägt dazu bei, Kommunikationsabbrüche zu vermeiden und trotz unterschiedlicher Standpunkte im Gespräch zu bleiben. So wird Kränkungsbewusstsein zu einer Voraussetzung für Ambiguitätstoleranz und damit für eine gelingende, respektvolle Kommunikation in einer pluralen Gesellschaft.

Wir alle kennen sicherlich Situationen, in denen wir im Nachhinein einsehen mussten, dass wir falsch lagen und uns geirrt haben. Um solche Irrwege zu vermeiden, ist es hilfreich, auch bei einer gefestigten Haltung selbstreflexiv zu bleiben und die eigene Perspektive immer wieder kritisch zu hinterfragen. Diese Offenheit ermöglicht es, neue Gedankenwelten kennenzulernen und sich in bisher unbekannten Kontexten weiterzuentwickeln. Ambiguitätstoleranz ist in diesem Sinn nicht nur eine persönliche, sondern eine gesellschaftlich relevante Fähigkeit. Sie befähigt dazu, Unterschiede wahrzunehmen, ohne sie sofort zu bewerten oder bekämpfen zu müssen. Auf diese Weise entsteht Raum für Dialog und gegenseitiges Verständnis. In pluralen Gesellschaften wird sie damit zu einer Schlüsselkompetenz, die Beziehungen auch angesichts von Differenzen bewahrt und eine respektvolle Kommunikationskultur stärkt.

In diesem Zusammenhang wird Stille zu einem verzeitlichten Raum, in dem dialogische Offenheit neu erprobt

---

[24] Haller 2015, S. 10 f.

wird, weil sie die Geschwindigkeit kommunikativer Reaktionen reduziert und damit den Blick für unterschiedliche Perspektiven erweitern hilft.

7.3 Persönliches Wachstum durch das Aushalten von Unbehagen

In der heutigen, digital vernetzten Welt lassen sich Unsicherheiten leicht vermeiden. Technologien, wie sie etwa in Diensten wie Google Maps zum Einsatz kommen, ermöglichen es, jeden Schritt im Voraus zu planen, sodass Orientierungslosigkeit kaum noch vorkommt. Auch Entscheidungen wie Restaurantbesuche, Einkäufe, Urlaubsplanungen oder die Wahl von Transportmitteln beruhen zunehmend auf algorithmischen Empfehlungen und Nutzerbewertungen, die individuell auf persönliche Präferenzen abgestimmt sind. Zunehmend kommen dabei KI-gestützte Systeme zum Einsatz, die große Datenmengen auswerten, Muster erkennen und Entscheidungsoptionen vorschlagen. Grundlage dieser Systeme sind unsere digitalen Spuren, die aus vergangenen Handlungen abgeleitet, analysiert und zur Prognose zukünftigen Verhaltens genutzt werden.

Der gelenkte Schritt: Wer nicht vom Weg abkommt, bleibt auf der Strecke.

Diese Entwicklung führt zu einem Phänomen, das ich den *gelenkten Schritt*[25] nenne. Während früher der Weg selbst Teil der Erfahrung war, wird er heute zunehmend von digitalen Navigationssystemen bestimmt. Der Schritt folgt nicht mehr dem Zufall, sondern einem algorithmischen Pfad, der Effizienz über Entdeckung stellt. Dies erleichtert zwar die Orientierung und reduziert das Risiko, sich zu ver-

[25] Herdin 2015

irren, nimmt der Bewegung jedoch einen Teil ihrer Lebendigkeit. Damit geht auch ein Verlust jener Momente einher, in denen sich neue Perspektiven eröffnen und möglicherweise kreative Impulse entstehen. In diesem Zusammenhang gewinnt eines meiner Lieblingszitate besondere Bedeutung, das die Ambivalenz moderner Orientierung treffend beschreibt: *Wer nicht vom Weg abkommt, bleibt auf der Strecke.* Die doppelte Lesart verdeutlicht, dass übermäßige Kontrolle und ständige Navigation zwar Sicherheit und Effizienz schaffen, zugleich aber Erfahrungsräume einengen. Wer stets der optimalen Route folgt, begegnet weniger Zufälligem, weniger Ungeplantem. Der *gelenkte Schritt* steht damit sinnbildlich für eine Lebensweise, in der Sicherheit, Planbarkeit und Kontrolle Vorrang vor Ungewissheit, Irrtum und Überraschung erhalten.

Serendipität und der Wert des Zufalls

Das Verlassen von sicheren Strukturen kann darüber hinaus zu unerwarteten Entdeckungen führen. Dieser Effekt wird *Serendipität* genannt. Das Prinzip bezeichnet das Phänomen, dass bedeutende Entdeckungen häufig durch Zufall gemacht werden, gerade in Situationen, in denen man gar nicht gezielt danach gesucht hat. Der Begriff geht auf Horace Walpole, einen britischen Schriftsteller, Politiker und Künstler aus dem 18. Jahrhundert zurück, der sich auf ein persisches Märchen bezog, in dem drei junge Prinzen aus dem Königreich Serendip (dem historischen Namen für Sri Lanka) auf Reisen unerwartete Erkenntnisse gewannen.[26] Beispiele für Serendipität finden sich in der Wissenschaft ebenso wie im Alltag, etwa in der zufälligen Entdeckung des Penicillins durch Alexander Fleming, der Entwicklung von Viagra als Nebenprodukt einer Herzmedikamentenforschung oder der Entstehung des Post-it-Haftklebers, der

[26] Andel 1994.

aus einem fehlgeschlagenen Experiment mit besonders starkem Klebstoff hervorging. Auch die Erkenntnis, die zur Entwicklung des Mikrowellenherds beitrug, gilt als klassisches Beispiel für Serendipität, nachdem Percy Spencer beim Test eines Radargeräts bemerkte, dass eine Schokoladentafel in seiner Tasche zu schmelzen begann.

Auch in digitalen Räumen kann Serendipität zu neuen Erkenntnissen führen. Beim Surfen im Internet stößt man mitunter auf wertvolle Informationen, die ursprünglich nicht gesucht wurden. Um solche Zufallsfunde zu ermöglichen, müssen die Begrenzungen von Filterblasen und Echokammern überwunden werden. Denn derartige Mechanismen, die zunehmend durch KI-gestützte Empfehlungs- und Personalisierungssysteme geprägt sind, steuern, welche Inhalte uns präsentiert werden, und tendenziell das widerspiegeln, was wir ohnehin schon denken oder suchen.

Serendipität hilft, aus diesen engen Strukturen auszubrechen und neue Perspektiven zu entdecken. Sie eröffnet damit einen Gegenentwurf zu einer digitalen Kultur, die auf Vorhersagbarkeit und Kontrolle ausgerichtet ist. Dieser Gedanke lässt sich mit dem von Hartmut Rosa entwickelten Konzept der Unverfügbarkeit präzisieren. Rosa (2018) weist darauf hin, dass sich wesentliche Erfahrungen nicht beliebig planen lassen, sondern sich oft gerade dort ereignen, wo sie nicht unmittelbar verfügbar sind. Serendipität verdeutlicht in diesem Sinne die produktive Seite des Nichtplanbaren. Sie markiert eine Form von Offenheit gegenüber dem Unerwarteten, die in digitalen Umgebungen, die stark auf Personalisierung und Kontrolle ausgerichtet sind, strukturell eingeschränkt werden kann. Ungeplante Begegnungen und Zufallsfunde fördern Kreativität, erweitern den eigenen Horizont und bieten eine Alternative zu der begrenzten Sichtweise, die Algorithmen oft vorgeben. Das Überraschende und Unerwartete kann dadurch seine

Wirkung entfalten und zu persönlichem Wachstum beitragen.

Damit wird eine Situation mit verminderter Reizintensität geschaffen, in der kognitive Flexibilität und die Wahrnehmung neuer Zusammenhänge begünstigt werden. Kreativität entsteht besonders dort, wo Offenheit, Stille und Neugier zusammentreffen. Sie beginnt im Schweigen, in Momenten, in denen keine Reize ablenken, keine Geräte fordern und die Aufmerksamkeit sich nach innen richtet. In dieser Stille zeigen sich Gedanken, die sonst im Lärm der Ablenkung überhört werden.

Eine weitere Möglichkeit besteht darin, den Einfluss der Technologie bewusst zu verringern. Wenn digitale Geräte einmal ruhen, kann Wahrnehmung wieder unmittelbarer werden, frei von der Filterung durch Algorithmen. Schließlich lässt sich auch die digitale Welt selbst als Raum der Entdeckung verstehen, wenn man ihr mit einer offenen Haltung begegnet. Nicht das Suchen nach Bestätigung steht dann im Vordergrund, sondern das aufmerksame Erkunden des Fremden. Wer Inhalte liest, hört oder betrachtet, die dem eigenen Denken widersprechen, und dabei nicht sofort urteilt, sondern prüft, was daran nachvollziehbar ist, übt Offenheit. Auf diese Weise wird Stille nicht nur zu einem Moment des Rückzugs, sondern auch zu einer Voraussetzung für Begegnung mit dem Unerwarteten und somit schlussendlich mit sich selbst.

Unbehagen als Motiv für Entwicklung

Es ist gerade das Unbehagen, das Potenzial für persönliches Wachstum birgt. Um sich weiterzuentwickeln, ist es notwendig, die vielzitierte *Komfortzone* zu verlassen. In einer durchgeplanten und algorithmisch berechneten Welt sind jedoch immer weniger Gelegenheiten vorhanden, die einen spontanen Perspektivwechsel erzwingen. Unbehagen benötigt dafür Momente der inneren Unterbrechung, in denen das Erlebte wahrgenommen und eingeordnet werden kann.

Wissenschaftlich lässt sich bestätigen, dass das bewusste Aufsuchen von Unbehagen die persönliche Entwicklung fördern kann.[27] Anstatt Unbehagen zu vermeiden, kann es als ein Signal verstanden werden, dass man sich auf einem Weg der Veränderung und des Lernens befindet. Unbehagen wirkt hier als unmittelbares Feedback, das Fortschritt anzeigt, auch wenn das Endziel noch nicht erreicht ist. Mithilfe der kognitiven Neubewertung (Reappraisal) wird das Erleben von Unbehagen positiv umgedeutet. Diese Technik mindert emotionalen Druck und unterstützt die Verfolgung langfristiger Ziele. Besonders in Bereichen wie der Stärkung des Selbstbewusstseins, dem Umgang mit schwierigen Emotionen oder der Auseinandersetzung mit gegensätzlichen Meinungen zeigt sich, dass das bewusste Suchen nach Unbehagen Motivation und das Gefühl von Fortschritt steigert.

Persönliches Wachstum entsteht nicht in der Abwesenheit von Schwierigkeiten, sondern im bewussten Umgang mit ihnen. Entscheidend ist nach Adam Grant (2024) weniger die angeborene Fähigkeit als die Haltung, Unvollkommenheit und Rückschläge als Teil des Lernens anzunehmen. Fortschritt bedeutet, auch in Momenten des Zweifels weiterzugehen und Unbehagen nicht als Hindernis, sondern als Signal von Entwicklung zu verstehen. Er unterscheidet dabei zwei Formen von Mut, die für Lernprozesse wesentlich sind. Die erste besteht darin, Unbehagen auszuhalten und gewohnte Denk- oder Lernmuster in Frage zu stellen. Die zweite bezieht sich darauf, Wissen bereits anzuwenden, während man es noch erwirbt, und Fehler als Teil des Fortschritts zu begreifen. Lernen bedeutet in

[27] Woolley und Fishbach 2022.

diesem Sinne, sich auf Unsicherheit einzulassen und das Unvollkommene zu akzeptieren. Dadurch entsteht die Fähigkeit, Neues zu integrieren, bevor es vollständig beherrscht wird. Diese Haltung erfordert Offenheit und Vertrauen in den eigenen Prozess.

Diese Überlegungen lassen sich auch auf Lernprozesse in formalen Bildungssettings übertragen, wo das bewusste Aushalten von Unbehagen ebenfalls eine zentrale Rolle spielt. Der Begriff des *Uncomfortable Learning*[28] verdeutlicht, dass Lernen nicht auf Belohnung beruht, sondern auf der aktiven Auseinandersetzung mit unangenehmen emotionalen Erfahrungen, die als Katalysator für vertiefte Erkenntnis wirken können. Ziel ist eine persönliche, soziale und intellektuelle Weiterentwicklung, die nur durch die Konfrontation mit Unbehagen erreicht werden kann. Das Konzept betont daher, dass produktives Lernen häufig erst durch das bewusste Erleben von Irritation und Unsicherheit ermöglicht wird. Damit dieses Erleben wirksam werden kann, braucht es Lernräume, in denen Irritation nicht sofort aufgelöst oder abgewehrt wird, sondern zunächst bestehen bleiben darf. Harris (2018) argumentiert, dass Lernräume, die ausschließlich auf Sicherheit ausgerichtet sind, sogenannte *Safe Spaces*, oft nicht ausreichen, um tiefgreifende Lernprozesse anzustoßen. Sie schlägt stattdessen vor, Unbehagen als notwendigen Bestandteil des Lernens zu begreifen. Vor diesem Hintergrund stellt sich die Frage, wie Lernumgebungen gestaltet sein müssen, um sowohl Sicherheit als auch produktives Unbehagen zu ermöglichen, ohne dass eines das andere ausschließt.

Safe Spaces werden häufig als notwendige Schutzräume verstanden, können jedoch kritisch betrachtet werden, weil sie Lernprozesse zwar emotional entlasten, zugleich aber zentrale Irritationsmomente vermeiden. Als Antwort auf

---

[28] Gaudino 1974; Harris 2018.

diese Begrenzungen wurde das Konzept der *Brave Spaces*[29] entwickelt, das Unbehagen nicht reduziert, sondern als wesentlichen Bestandteil von Lernen begreift. Ein *Brave Space* bezeichnet einen Raum, in dem Offenheit, Ehrlichkeit und Mut höher gewichtet werden als das Bedürfnis nach vollständiger Sicherheit, da erst die Auseinandersetzung mit unterschiedlichen Perspektiven – auch wenn sie Irritation oder Widerstand auslösen – vertieftes Lernen ermöglicht. Teilnehmende werden ermutigt, sich aktiv mit schwierigen oder kontroversen Themen auseinanderzusetzen und dabei auch die eigene Verletzlichkeit wahrzunehmen und zu reflektieren. Auf diese Weise entsteht Lernen im Umgang mit Differenz und Konflikt. *Brave Spaces* setzen voraus, dass nicht jede Irritation unmittelbar kommentiert oder aufgelöst wird. Sie benötigen kommunikative Pausen, in denen Unsicherheit ausgehalten und unterschiedliche Perspektiven zunächst wahrgenommen werden können, bevor eine Reaktion erfolgt. In diesem Sinne ist Stille keine Abwesenheit von Kommunikation, sondern eine Bedingung dafür, dass mutige und reflektierte Auseinandersetzung überhaupt erst möglich wird.

Die Diskussion über den Umgang mit Unbehagen, das sowohl ausgehalten als auch in einem offenen und mutigen Dialog bearbeitet werden kann, beschränkt sich nicht nur auf Bildungskontexte. Auch in breiteren gesellschaftlichen Debatten wird die Frage verhandelt, welche Folgen ein übermäßiger Schutz vor irritierenden Erfahrungen haben kann. Lukianoff und Haidt (2015, 2018) kritisieren in diesem Zusammenhang, dass der zunehmende Schutz von Studierenden vor unangenehmen oder herausfordernden Ideen möglicherweise zu emotionaler Fragilität führt. Übermäßige Schutzmechanismen wie Warnhinweise oder eine übersteigerte Sensibilität gegenüber Mikroaggressionen

[29] Arao und Clemens 2013.

schränkten nicht nur die Redefreiheit ein, sondern untergraben auch die Fähigkeit zum kritischen Denken. Solche Maßnahmen verstärken kognitive Verzerrungen, fördern Angst und Depressionen und bereiten Studierende unzureichend auf das Berufsleben vor, in dem sie unweigerlich mit gegensätzlichen Meinungen konfrontiert werden. Damit geht zugleich die Fähigkeit verloren, innere Spannungen ohne sofortige Abwehr auszuhalten, was die Entwicklung von Selbstregulation und reflektierter Urteilsbildung erschwert. Die Autoren fordern daher eine Rückkehr zu offeneren Diskussionen und weniger Schutz, um geistige Widerstandskraft zu fördern. In einer Kultur, die Sicherheit und Zustimmung über alles stellt, erinnert diese Perspektive daran, dass Lernen nur dort entsteht, wo Offenheit und Unsicherheit zusammenkommen.

Diese Überlegungen spiegeln sich auch in kulturellen Trends wider, die das bewusste Aufsuchen von Unbehagen als Entwicklungsimpuls betonen. Ein besonderes Beispiel für diese Haltung liefert *Yes Theory* (www.yestheory.com) mit dem Motto *Seek Discomfort.* Die Initiatoren dieser Gemeinschaft plädieren dafür, Unbehagen und Ungewissheit bewusst auszuhalten und sich in herausfordernde Situationen zu begeben, um persönliches Wachstum zu ermöglichen. Entscheidend ist jedoch, dass dieses bewusste Aufsuchen von Unbehagen durch Phasen der Reflexion und inneren Sammlung ergänzt wird, um Überforderung zu vermeiden. Diese Idee spricht besonders junge Erwachsene an, die sich nach echten und unvorhersehbaren Erfahrungen sehnen, welche in einer digital strukturierten und stark kontrollierten Alltagswelt zunehmend seltener werden. Der Ansatz von *Seek Discomfort* bietet damit eine Alternative zu einer Kultur der Überbehütung, indem er unmittelbare Erfahrungen ermöglicht und das Gefühl von Selbstwirksamkeit stärkt, auch wenn dieser ursprünglich erfahrungsorientierte Ansatz in seiner weiteren Entwicklung teilweise kommerziell aufgegriffen wurde.

In einer Gegenwart, die von Beschleunigung, Reizüberflutung und dem Bedürfnis nach Eindeutigkeit geprägt ist, gewinnt Stille eine besondere kulturelle Relevanz. Sie stellt nicht nur einen individuellen Rückzugsraum dar, sondern eröffnet eine eigenständige Form der Erkenntnis, in der das Uneindeutige sichtbar und damit auf neue Weise reflektierbar wird. Stille fungiert damit als eine Ressource sowohl in der Selbst- als auch Weltwahrnehmung, die in einer komplexen, von einer Spaltung bedrohten Gesellschaft zunehmend an Bedeutung gewinnen soll. Wer Stille ertragen lernt, entwickelt die Fähigkeit, Unsicherheit nicht als Defizit, sondern als Grundbedingung menschlichen Zusammenlebens zu begreifen. Diese Haltung bildet eine wesentliche Voraussetzung dafür, innere Klarheit zu entwickeln und zugleich offen für die Vielfalt sozialer Wirklichkeiten zu bleiben.

Teil III

DIE KRAFT DER STILLE

Stille ist nicht lediglich die Abwesenheit von Lärm, sondern eine eigenständige Form des Erlebens, die kommunikative, psychische und neuronale Prozesse tiefgreifend beeinflusst. Dieser dritte Teil widmet sich den Wirkungen, die Stille entfaltet, wenn sie im Alltag verankert wird. Im Zentrum stehen die Rolle des Gehirns in Ruhephasen, die Regulation des autonomen Nervensystems durch Atmung und die Veränderungen in Selbstwahrnehmung und in zwischenmenschlicher Kommunikation, wenn Pausen bewusst zugelassen werden. Stille tritt hier als Ressource hervor, die kognitive Integration, emotionale Selbstregulation und Resonanzfähigkeit fördert. Sie schafft Distanz zu digitalen Reizmustern und ermöglicht Entscheidungen, die weniger vom Impuls als von Reflexion getragen sind. So wird Stille zu einem zentralen Element digitaler Selbstfürsorge und zu einer Voraussetzung verantwortungsvoller Kommunikation.

Stille legt frei, was der Lärm verdeckt, und stärkt jene Klarheit, die für Orientierung und Beziehung notwendig ist.

8 Gehirn und Stille: neuronale Grundlagen innerer Regulation

Was passiert im Gehirn, wenn wir still werden? Um zu verstehen, warum Stille eine so tiefgreifende Wirkung auf unser Erleben hat, lohnt sich ein genauer Blick in die neurowissenschaftliche Forschung. Sie zeigt, dass das Gehirn in der Ruhe keineswegs inaktiv ist, sondern in eine spezielle Form der Aktivität übergeht.

Diese Frage ist bedeutsamer, als es auf den ersten Blick scheint. In der wissenschaftlichen Auseinandersetzung lag der Fokus über viele Jahrzehnte fast ausschließlich auf der Reaktion des Gehirns auf äußere Reize und Aufgaben. Ruhe galt hingegen als energetisch sparsamer Zustand, in dem das Gehirn vornehmlich grundlegende Körperfunktionen aufrechterhält und sich gewissermaßen in einem *Stand-by-Modus* befindet. In diesem Kontext wurde nicht untersucht, was in jenen Momenten geschieht, in denen keine Aufgabe ansteht.

T. Herdin, *Stille - Ein Weckruf zur digitalen Selbstfürsorge*, Innovativ und kompakt – gesellschaftliche Herausforderungen der Gegenwart, https://doi.org/10.1007/978-3-658-51341-2_8

Dies änderte sich erst durch einen unerwarteten Befund. In frühen Studien mit funktioneller Magnetresonanztomografie (fMRT) – einem Verfahren, das die Aktivität des Gehirns während bestimmter Zustände sichtbar macht – zeigten sich in den Wartezeiten zwischen zwei Aufgaben Aktivitätsmuster, die zunächst als störende Hintergrundsignale interpretiert wurden. Da die Forschung damals auf die Reizverarbeitung gerichtet war, blieben diese Muster lange unbeachtet. Erst ihre wiederholte Beobachtung machte deutlich, dass es sich nicht um zufällige Artefakte handelte, sondern um ein konsistentes und bislang übersehenes Aktivitätsmuster des Gehirns in Ruhephasen. Damit rückte erstmals die Frage ins Zentrum, was das Gehirn eigentlich tut, wenn es nichts Bestimmtes tun soll.

Gerade diese unscheinbaren Momente sind bedeutsam, um Stille und Kommunikation besser zu verstehen. Ruhe ist nicht das bloße Fehlen äußerer Reize, sondern ein Zustand, in dem das Gehirn seine Aktivität nach innen richtet. In solchen Phasen ordnet es Gedanken, verarbeitet Emotionen, verknüpft Erfahrungen und reflektiert über Bedeutungen. Diese inneren Prozesse bilden die Grundlage zentraler kommunikativer Fähigkeiten wie Perspektivenübernahme, Selbstwahrnehmung, Empathie und emotionaler Regulation.

Stille ist daher nicht der Gegenpol zur Kommunikation, sondern eine ihrer wesentlichen Voraussetzungen. Sie schafft jene innere Ordnung, die notwendig ist, um aufmerksam wahrzunehmen, zuzuhören, zu verstehen und in Beziehung zu treten. Die Frage, was im Gehirn geschieht, wenn äußere Reize zurücktreten, ist damit sowohl neurowissenschaftlich als auch kommunikationswissenschaftlich von grundlegender Bedeutung.

Was Stille im Gehirn auslöst: das Ruhezustandsnetzwerk

Erst die systematische Auswertung dieser Daten durch Marcus Raichle und seinem Team[1] zu Beginn des 21. Jahrhunderts zeigte, dass die beobachteten Aktivitätsmuster keine zufälligen Störsignale waren, sondern ein konsistentes Netzwerk erkennen ließen, das eine eigenständige funktionelle Bedeutung besitzt. Die Befunde verdeutlichten, dass das Gehirn nicht einfach zwischen Aktivität und Inaktivität wechselt, sondern unterschiedliche Formen neuronaler Dynamik entfaltet. In Phasen äußerer Reizarmut weist das Gehirn ein eigenständiges Muster innerer Aktivität auf. In diesem Zustand verarbeitet das Gehirn selbstbezogene Gedanken, reflektiert über innere Erfahrungen, nimmt den eigenen Zustand bewusst wahr, ruft autobiografische Erinnerungen ab und entwirft Vorstellungen zukünftiger Ereignisse.

Dieses Netzwerk bezeichneten sie als Default Mode Network (DMN), im Deutschen als Ruhezustandsnetzwerk übersetzt. Es umfasst mehrere Hirnregionen, die in Phasen von Ruhe besonders aktiv sind und mit Prozessen wie Selbstreflexion verbunden werden. Die Entdeckung veränderte das Verständnis von Ruhe grundlegend. Sie machte sichtbar, dass das Gehirn in Ruhe in ein eigenes Muster innerer Organisation übergeht.

Diese Erkenntnis hatte weitreichende Folgen für die Neurowissenschaft. Sie unterstrich, dass Ruhephasen keine Phasen verminderter geistiger Aktivität sind, sondern Zeiten, in denen das Gehirn charakteristische Muster innerer Verarbeitung entfaltet. Die Erforschung des Ruhezustandsnetzwerks ist zu einem zentralen Schwerpunkt der Neurowissenschaft geworden.[2] Die anhaltende Bedeutung dieser Entdeckung zeigt sich auch daran, dass die grundlegende

[1] Raichle et al. 2001.

[2] Buckner 2012.

Studie von Raichle et al. (2001) laut aktuellen Google-Scholar-Angaben über 16.000 Zitationen aufweist (Stand März 2026). Das Ruhezustandsnetzwerk gilt seither als wesentlicher Ansatzpunkt, um die neuronalen Grundlagen von Selbstwahrnehmung und innerer Organisation des Geistes zu verstehen.

Stille ist nicht passiv, sondern bedeutet Selbstwahrnehmung

Das Ruhezustandsnetzwerk ist kein klar abgegrenztes Netzwerk im Gehirn, wie zu Beginn seiner Erforschung angenommen wurde. Untersuchungen der vergangenen Jahre verdeutlichen, dass es aus mehreren funktional spezialisierten Bereichen besteht, die je nach Art des Denkens in unterschiedlichem Maß aktiv sind.[3] Wenn Menschen beispielsweise über ihre Gefühle oder ihren aktuellen mentalen Zustand nachdenken, wird ein anderer Teil des Netzwerks aktiviert als beim gedanklichen Vorstellen zukünftiger Ereignisse oder beim Erinnern vergangener Erlebnisse. Besonders bedeutsam ist ein zentraler Kernbereich des Ruhezustandsnetzwerks, der immer dann aktiv wird, wenn Gedanken eine persönliche Bedeutung haben, unabhängig davon, ob sie sich auf Vergangenes, Gegenwärtiges oder Zukünftiges beziehen. Dieser Bereich spielt eine Schlüsselrolle bei der Selbstwahrnehmung. Er ist beteiligt an der Erinnerung an persönliche Erfahrungen, an der inneren Verarbeitung von Sprache und Bedeutung sowie am Nachdenken über uns selbst und andere. In stillen Momenten erzeugt das Ruhezustandsnetzwerk eine Art innere Erzählung. Man kann sie sich als ein fortlaufendes Narrativ vorstellen, das unsere Gedanken, Gefühle, Erinnerungen und Werte miteinander verknüpft. Dieses Narrativ hilft uns, ein Selbstbild zu entwickeln und die eigene Identität über die

[3] Menon 2023; Andrews-Hanna et al. 2010.

Zeit hinweg als stabil zu erleben. Stille unterstützt diesen Prozess, weil sie den Raum schafft, in dem sich diese innere Geschichte entfalten kann. Da das Ruhezustandsnetzwerk kein starres System ist, sondern vielfältige innere Prozesse koordiniert, steht es in einem kontinuierlichen Austausch mit Netzwerken, die für Aufmerksamkeit, Reizverarbeitung und zielorientiertes Handeln zuständig sind. Dieser Austausch verdeutlicht, wie eng innere Selbstprozesse und aufgabenbezogene Anforderungen sowie Verarbeitung von Wahrnehmung miteinander verschränkt sind. Das Ruhezustandsnetzwerk trägt dazu bei, indem es innere Erfahrungen strukturiert und zugleich Informationen aus der Umgebung im Licht vorhandener Bedeutungen und Erwartungen einordnet und ist damit zentral für unser inneres Erleben. Seine Aktivität erklärt, warum Stille und Innehalten so bedeutsam für das Verständnis des Selbst ist. Wenn äußere Reize zurücktreten, eröffnet sich ein Zugang zu den Prozessen, die unser Selbstbewusstsein und unsere Identität ausmachen.

Diese Forschungsergebnisse verdeutlichen, dass Stille keinesfalls ein passiver Zustand ist. Im Alltag wird sie oft mit Inaktivität oder bloßer Erholung gleichgesetzt. Doch Stille bedeutet nicht das Abschalten des Geistes, sondern eröffnet einen inneren Raum, in dem sich unser Denken, Fühlen und Erinnern entfalten kann. In der heutigen Lebenswelt wird dieser innere Raum jedoch immer seltener betreten. Ein wesentlicher Grund dafür liegt in der Art und Weise, wie digitale Medien unsere Aufmerksamkeit beanspruchen. Sie ziehen den mentalen Fokus nach außen (vgl. Kap. 4 und insbesondere Abschn. 4.1. zur Aufmerksamkeitsabsorption) und verdrängen Momente der inneren Sammlung. Wie genau diese Prozesse im Detail wirken und weshalb sie unseren inneren Dialog so tiefgreifend verändern, wird im anschließenden Abschnitt ausgeführt.

Digitale Medien als Störung des inneren Dialogs

Die zunehmende Nutzung digitaler Medien verändert nicht nur unser Kommunikationsverhalten, sondern wirkt auch tiefgreifend auf die Funktionsweise des Gehirns. Technologien wie soziale Netzwerke, Messaging-Dienste oder Nachrichtenportale erzeugen eine digitale Umgebung mit hoher Reizdichte, die ein außerordentlich hohes Absorptionsvermögen begünstigt. Sie sind so gestaltet, dass sie unsere Aufmerksamkeit einfordern und kontinuierlich lenken. Dadurch geraten wir in einen Zustand permanenter äußerer Reizverarbeitung und finden immer seltener Gelegenheit, zu innerer Reflexion zurückzukehren.

Die Form digitaler Aufmerksamkeitsbindung hat jedoch nicht nur kommunikative, sondern auch neurowissenschaftliche Implikationen. Aus dieser Perspektive zeigt sich eine grundlegende Inkompatibilität zwischen digitaler Reizbindung und den Funktionsbedingungen des Ruhezustandsnetzwerks. Dieses Netzwerk entfaltet seine Aktivität in Phasen äußerer Reizarmut, die Raum für Selbstbezug, innere Verarbeitung und gedankliche Integration eröffnen. Die digitale Dauerpräsenz entzieht dem Gehirn jedoch genau diese Bedingungen, da sie die Aufmerksamkeit fortwährend auf äußere Stimuli richtet und das mentale System in einen Zustand kontinuierlicher Reizaufnahme versetzt. Die Nutzung medialer Inhalte fungiert damit als konkurrierender Mechanismus, der die Aktivierung des Ruhezustandsnetzwerks erschwert oder sogar verhindert. Je häufiger die Aufmerksamkeit durch digitale Angebote absorbiert wird, desto seltener kann das Gehirn in den Modus der inneren Selbstreflexion umschalten. Und je länger diese äußere Ablenkung dominiert, desto weniger Raum bleibt für Prozesse wie Selbstwahrnehmung, emotionale Integration von Erlebnissen oder Perspektivübernahme.

Die Fähigkeit, mit sich selbst in einen inneren Dialog zu treten, bildet eine wesentliche Grundlage für Selbsterkenntnis. Wird dieser innere Dialog jedoch regelmäßig unterbrochen, bleibt das nicht ohne Folgen. Sobald Momente der Stille fehlen, verlieren wir den Zugang zu unserem eigenen Erleben. Wer nicht mehr mit sich selbst in Kontakt tritt, kann das eigene Verhalten schlechter reflektieren, Emotionen weniger regulieren und Gedanken nur noch schwer in größere Zusammenhänge einordnen. Die geistige Präsenz wird geschwächt, weil Gelegenheiten, sich mit sich selbst zu beschäftigen, immer knapper werden. Selbst kurze Wartezeiten des Alltags – etwa an der Supermarktkassa, vor der roten Ampel, in Aufzügen oder sogar in Sanitärräumen – werden heute überwiegend durch den Griff zum Smartphone gefüllt. Die permanente digitale Präsenz führt nicht nur zu einer fortwährenden Belastung durch äußere Reize, sondern auch zu einer Verarmung des inneren Bewusstseins. Diese permanente Reizbindung bleibt nicht ohne Konsequenzen. Je häufiger und intensiver unsere Aufmerksamkeit durch digitale Inhalte absorbiert wird, desto fragmentierter kann das innere Erleben werden.[4]

Ein geschwächtes Maß an Selbstregulation, insbesondere die Fähigkeit zur Emotionskontrolle, steht in engem Zusammenhang mit einer problematischen Nutzung sozialer Medien.[5] Impulsives Verhalten, geringe Selbstkontrolle und maladaptive Emotionsstrategien wie Vermeidung, Grübeln oder das Unterdrücken negativer Gefühle erhöhen das Risiko, soziale Medien exzessiv und dysfunktional zu nutzen. Defizite in der Selbstregulation korrelieren mit einer verstärkten problematischen Nutzung, was darauf hindeutet, dass Schwierigkeiten bei der Emotions- und Impulskontrolle die Anfälligkeit für übermäßigen Medienkonsum erhöhen können. Es fehlen in diesen Fällen Strategien zur Verarbeitung belastender Emotionen wie Stress oder

[4] Haidt 2024.

[5] Gioia et al. 2021; San Martín Iñiguez et al. 2024.

Traurigkeit. Die Nutzung sozialer Medien kann zwar kurzfristig entlastend wirken, langfristig jedoch verschlechtert sie die mentale Gesundheit und verstärkt bestehende Probleme.

Dies verdeutlicht, dass digitale Selbstfürsorge über punktuelle Maßnahmen wie einen sogenannten *Digital Detox* hinausgehen muss. Sie setzt dort an, wo Menschen beginnen, ihre inneren Zustände wahrzunehmen, zu verstehen und gezielt zu regulieren. Erst diese Form innerer Klarheit ermöglicht einen gesunden und selbstbestimmten Umgang mit digitalen Kommunikationsräumen.

Stille als bewusste Praxis der Selbstbegegnung
Da äußere Reize unsere Aufmerksamkeit zunehmend binden und von inneren Prozessen abziehen, gewinnt die bewusste Praxis der Stille an Bedeutung. Sie ist keine Flucht, sondern eine aktive Form der Selbstbegegnung. In einer Gesellschaft, in der Reizintensität zur Norm geworden ist und Aufmerksamkeit als ökonomisches Gut gehandelt wird, erhält Stille eine neue, tiefgreifende Bedeutung. Sie ist keine bloße Abwesenheit von Geräuschen, sondern eine bewusste Entscheidung gegen die permanente Außenorientierung. Auf diese Weise entsteht ein innerer Raum, der im heutigen Alltag bedroht ist.

In der Stille richtet sich die Aufmerksamkeit auf eigene Gedanken und Emotionen, auf innere Spannungen und offene Fragen, die im Lärm alltäglicher Anforderungen häufig überlagert werden. Diese Hinwendung nach innen bedeutet keine Abkehr von der Welt, sondern schafft die Voraussetzung für eine bewusste und präsente Beziehung zur äußeren Wirklichkeit. Aus dieser Form innerer Klarheit heraus wird eine reflektierte Teilnahme an sozialen und kommunikativen Prozessen erst möglich.

In der heutigen Zeit ist Stille keine selbstverständliche Erfahrung mehr. Sie entsteht nicht beiläufig, sondern setzt eine bewusste innere Haltung voraus. Dazu gehört die Bereitschaft, Ungewissheit auszuhalten und nicht unmittelbar auf jedes aufkommende Ablenkungsbedürfnis zu reagieren. An die Stelle reflexhafter Ablenkung tritt in Momenten der Stille die Hinwendung zu jenen inneren Inhalten, die im Alltag leicht übersehen oder verdrängt werden. Diese Form der Selbstwahrnehmung ist nicht immer bequem, weil sie uns mit Aspekten konfrontiert, die bislang unbemerkt geblieben sind oder als belastend erlebt werden.

Wer regelmäßig die Stille aufsucht, aktiviert das Ruhezustandsnetzwerk und kultiviert nicht nur Achtsamkeit, sondern stärkt auch die Fähigkeit zur Selbsterkenntnis. In diesem Prozess kann ein differenzierteres Bewusstsein für die Wechselwirkungen zwischen Gedanken und Emotionen entstehen. Stille wird so zu einer Ressource, die nicht nur das Selbstverständnis vertieft, sondern auch die emotionale Regulation unterstützt.

Bewusste Medienpausen greifen in diesem Zusammenhang jedoch zu kurz, wenn sie lediglich als Mittel zur Regeneration verstanden werden. Es geht nicht nur um eine temporäre Erholung von permanenten digitalen Reizen, sondern um die Wiederherstellung eines inneren Raums, in dem das eigene Denken, Fühlen und Wahrnehmen wieder in den Vordergrund treten kann. Die Übung der Stille ist damit weder Rückzug noch Askese. Sie ist eine Haltung, die Aufmerksamkeit gezielt nach innen lenkt und damit eine Grundlage für einen bewussten Umgang mit der Welt schafft.

Über die Selbsterkenntnis hinaus: die tieferliegende Form der Stille

Stille erschöpft sich nicht in der Selbstreflexion. Sie kann noch weiter führen, und zwar bis zu einer Ebene, in der selbst der innere Dialog zur Ruhe kommt. Man kann daher von zwei Ebenen der Stille sprechen.

Die erste Ebene wurde bereits beschrieben. Sie entsteht, wenn äußere Reize minimiert werden und sich die Aktivität des Gehirns nach innen richtet. In dieser Phase wird das Ruhezustandsnetzwerk aktiviert. Es ermöglicht Zugang zu autobiografischen Erinnerungen, zum inneren Erleben und zu Prozessen der Selbstreflexion. Wenn die Außenorientierung zurücktritt, eröffnet sich das Potenzial für Innenschau, für die Verknüpfung von Gedanken und Emotionen und für ein bewussteres Verständnis des eigenen Selbst.

Die zweite, tieferliegende Ebene der Stille setzt dort an, wo die Aktivität des Ruhezustandsnetzwerks selbst reduziert wird. Dieser Zustand wird vor allem durch langjährige, intensive Meditationspraktiken erreicht.[6] Bei dieser Form der Stille wird das Ruhezustandsnetzwerk, das eng mit selbstbezogenem Denken und dem inneren Monolog verbunden ist, in seiner Aktivität heruntergefahren. Dadurch verringern sich automatisierte emotionale Bewertungen. Innere Erfahrungen werden nicht mehr unmittelbar beurteilt, sondern in einer nicht-reaktiven, achtsamen Haltung beobachtet. Selbstreflexion bleibt auf dieser Ebene erhalten, erfolgt jedoch mit größerer Präsenz, Klarheit und mehr innerer Distanz. Untersuchungen zeigen, dass erfahrene Meditierende nicht nur während der Meditation eine verminderte Aktivität des Ruhezustandsnetzwerks aufweisen, sondern auch in ihrem Alltag. Das legt nahe, dass Meditation langfristige Veränderungen im Gehirn bewirken, die mit einer geringeren Neigung zu selbstbezogenem Denken und Grübeln einhergehen.[7]

---

[6] Taylor et al. 2013.

[7] Brewer et al. 2011.

Ergänzend sei erwähnt, dass auch die Einnahme von Psychedelika wie Psilocybin, LSD oder Ayahuasca gezielt das Ruhezustandsnetzwerk beeinflusst.[8] Die genaue Rolle des Ruhezustandsnetzwerks für therapeutische Effekte, etwa bei der Behandlung von Depressionen oder Angststörungen, wird derzeit intensiv untersucht. Neuere neurowissenschaftliche Arbeiten zu sogenannten *mind-blanking*-Zuständen (Gedankenleere) erweitern dieses Verständnis. *Mind blanking* bezeichnet Momente, in denen keine bewusst erfassbaren Gedanken oder inneren Inhalte auftreten. Auch sie gehen mit einer verminderten Aktivität des Ruhezustandsnetzwerks einher.[9] Solche Phasen können spontan entstehen, etwa durch Monotonie oder Müdigkeit, unterscheiden sich jedoch von der bewusst kultivierten Gedankenleere in der Meditation. Dort bleibt die Wachheit erhalten, automatische Bewertungen treten zurück, und es entsteht eine Präsenz, die mit innerer Klarheit verbunden ist.[10] *Mind blanking* zeigt, dass das Gehirn tatsächlich Zustände ohne mentalen Inhalt hervorbringen kann, die jedoch unterschiedliche Qualitäten besitzen, vom unfreiwilligen gedanklichen Stillstand bis hin zur bewusst erzeugten, achtsamen Stille.

Für das hier behandelte Verständnis von Stille ist insbesondere die erste Ebene relevant, in der sich die Aufmerksamkeit von der äußeren Reizwelt löst und nach innen richtet. Es geht dabei nicht um die Auflösung des Selbst oder das Erreichen außergewöhnlicher Bewusstseinszustände durch intensive Meditationspraktiken, sondern um die bewusste Rückkehr zu innerer Wahrnehmung und Präsenz. Bereits kurze Momente der Stille können dazu beitragen, Gedanken und Emotionen klarer zu erfassen, innere Ausge-

---

[8] Gattuso et al. 2023.

[9] Andrillon et al. 2025.

[10] Brewer et al. 2011; Taylor et al. 2013.

glichenheit zu fördern und eine stabilere geistige Haltung zu entwickeln. In diesem Sinne lässt sich Stille als eine Form alltäglicher Praxis begreifen, die nicht auf Rückzug zielt, sondern auf eine bewusstere und achtsamere Beziehung zur Welt.

9 Atmung und Stille: Regulation des Nervensystems für bewusste Kommunikation

In den vorangegangenen Kapiteln wurde Stille vor allem aus individueller, gesellschaftlicher und kommunikativer Perspektive betrachtet. Dabei wurde sichtbar, wie digitale Reizüberflutung, permanente Erreichbarkeit sowie intensivierte und beschleunigte Kommunikationsprozesse die Fähigkeit beeinträchtigen, Pausen zuzulassen und innere Klarheit zu entwickeln. Ergänzend dazu rückte die psychische und neuronale Ebene stärker in den Fokus, insbesondere der Zusammenhang zwischen innerem Lärm, gedanklicher Beschleunigung und Selbstwahrnehmung.

Dieses Kapitel erweitert diese Perspektive um eine leiblich-physiologische Dimension und zeigt, dass Stille nicht nur ein kommunikatives oder psychologisches Phänomen ist, sondern in der verkörperten Regulation des Atems und des autonomen Nervensystems ankert. In einer Umgebung, in der digitale Reize die physiologische Stressreaktion nahezu dauerhaft erhöhen, wird deutlich, dass Stille eine notwendige Voraussetzung für Selbstregulation

T. Herdin, *Stille - Ein Weckruf zur digitalen Selbstfürsorge*, Innovativ und kompakt – gesellschaftliche Herausforderungen der Gegenwart, https://doi.org/10.1007/978-3-658-51341-2_9

darstellt. Sie schafft jene Bedingungen, unter denen der Atem bewusster wahrgenommen und gezielt eingesetzt werden kann, um Erregung zu senken und innere Balance wiederherzustellen.

Atmung und Stille werden in diesem Zusammenhang als Grundlage jener inneren Zustände beschrieben, die eine gelingende Kommunikation ermöglichen. Nur ein Nervensystem, das zwischen Anspannung und Entlastung flexibel wechseln kann, ermöglicht eine Form der Kommunikation, die nicht von unmittelbaren Reiz-Reaktions-Mustern bestimmt ist, sondern auf bewusster Regulation und innerer Stabilität beruht. Dieses Kapitel erläutert, wie digitale Überreizung das Nervensystem belastet, wie das autonome Nervensystem und Atemmuster miteinander verbunden sind und weshalb gezieltes Atmen in Verbindung mit stillen Momenten eine grundlegende Voraussetzung für bewusste und verantwortliche Kommunikation bildet.

Im Folgenden wird dieser Zusammenhang in drei Schritten entfaltet. Zunächst wird beschrieben, wie digitale Reizüberflutung das Nervensystem belastet und Erholungsphasen verkürzt. Darauf aufbauend werden die Funktionsweise des autonomen Nervensystems und die Rolle der Atmung für die Regulation von Stressreaktionen erläutert. Abschließend wird gezeigt, wie Atemregulation und stille Momente als Grundlage für emotionale Selbstregulation dienen und damit die Qualität von Kommunikation in einer medialisierten Lebenswelt positiv beeinflussen.

9.1 Digitale Reizüberflutung und die Belastung des Nervensystems

Die ständige Verfügbarkeit digitaler Technologien und die allgegenwärtige Präsenz von Social Media, Reels, Mitteilungen, Nachrichten und E-Mails wirken in der heutigen

Gesellschaft als dauerhafte Belastung für das Nervensystem. Stille fungiert in diesem Kontext als Gegenreiz, weil sie die sensorische Dichte reduziert und die Wahrnehmung körperlicher Prozesse erleichtert. Dadurch wird eine erste Voraussetzung für Selbstregulation geschaffen. Wie bereits erläutert, verstärkt die medialisierte Lebenswelt bestehende psychosoziale Herausforderungen (Kap. 2) und schafft eine Umgebung, in der Reize nahezu ununterbrochen auf uns einwirken (Kap. 3).

Erholungsphasen, die für die Regeneration des Nervensystems notwendig wären, werden zunehmend verkürzt. Digitale Plattformen konkurrieren kontinuierlich um Aufmerksamkeit und erschweren damit den Übergang zu einem Zustand innerer Ruhe. In Momenten des Alleinseins erfolgt häufig ein automatisierter Griff zum Smartphone, der den Organismus in einem Zustand subtiler kognitiver Aktivierung hält. Diese anhaltende Wachheit aktiviert das sympathische Nervensystem,[1] da digitale Inhalte Reize erzeugen, auf die der Körper mit erhöhter Bereitschaft reagiert. In der Folge fällt es schwerer, Anspannung zu reduzieren und zu einem ruhigen Atemrhythmus zurückzufinden.

Verstärkend wirken die Strukturen digitaler Plattformen, die durch Likes, Mitteilungen und andere Formen unmittelbarer Rückmeldung gezielt jene neuronalen Systeme ansprechen, die für Belohnung und Motivation verantwortlich sind und die Ausschüttung von Dopamin anregen.[2] Dadurch entsteht ein Kreislauf kurzfristiger Belohnung und wachsender Abhängigkeit, der die emotionale

---

[1] Das autonome Nervensystem umfasst mehrere funktionelle Komponenten, deren Zusammenspiel für die Regulation von Erregung, Entspannung und Anpassungsfähigkeit zentral ist. Auf die zentralen Elemente des autonomen Nervensystems sowie das dynamische Wechselspiel von Sympathikus und Parasympathikus wird in Abschn. 9.2 ausführlich eingegangen.

[2] Sherman et al. 2018; Nasser et al. 2020.

Belastung weiter verstärkt und die Fähigkeit zur inneren Regulation schwächt. Kurze Phasen absichtsvoller Stille unterbrechen diese Schleifen und öffnen ein Zeitfenster, in dem sich der Atemrhythmus spontan verlangsamen kann. Bereits kurze Atemphasen von wenigen Minuten können als Mikrointervention verstanden werden, die die Aktivität des Parasympathikus unterstützt. Studien zeigen, dass langsames und bewusstes Atmen die Herzratenvariabilität erhöht und die physiologische Erholung fördert.[3] Diese Belastungen betreffen nicht nur Aufmerksamkeit und emotionale Regulation, sondern wirken sich auch auf körperliche Prozesse aus wie Atmung, Muskelspannung und die Steuerung von Herzfrequenz und innerer Aktivierung.

Der Mensch, die Krone der Erschöpfung

Besonders anschaulich werden die Folgen digitaler Dauerreize auf der Ebene des autonomen Nervensystems. Die permanente Reizüberflutung führt häufig zu einem unterschwelligen Stress, der das autonome Nervensystem in einen Zustand latenter Anspannung versetzt. Diese anhaltende Alarmbereitschaft begünstigt eine beschleunigte und flachere Atmung, die oft unbewusst erfolgt. Da die Atmung eng mit dem Nervensystem und der Stressregulation verbunden ist, kann eine erhöhte Atemfrequenz langfristig ein emotionales und physisches Ungleichgewicht nach sich ziehen. Sie beeinträchtigt sowohl die psychische als auch die körperliche Gesundheit und verstärkt die Wirkung von Belastungen. Die ständigen digitalen Anforderungen erschweren es zudem, Phasen bewusster Ruhe und Entspannung zu erleben. Dies reduziert die regulierende Wirkung einer ruhigen und tiefen Atmung und verstärkt den Teufelskreis aus Stress und flacher Atmung.

[3] Zaccaro et al. 2018; Komori 2018.

Obwohl der Zusammenhang zwischen gestörtem Atemverhalten und Stressreaktionen gut erforscht ist, existieren nur wenige Studien, die sich explizit mit Atemdysfunktionen im Zusammenhang mit Erschöpfungssyndromen befassen. Daten einer schwedischen Studie belegen eine enge Korrelation zwischen hyperventilationsbezogenen Beschwerden und dem Ausmaß von Erschöpfung, depressiven Symptomen, Angst, Schlafstörungen sowie reduziertem Wohlbefinden.[4] Da diese Befunde auf korrelativen Analysen beruhen, lassen sich daraus keine eindeutigen Aussagen über die Richtung der Kausalität ableiten. Patientinnen und Patienten mit dysfunktionalen Atemmustern weisen zudem im Vergleich zu anderen Patientengruppen eine geringere gesundheitsbezogene Lebensqualität sowie erhöhte Werte für Angst und weitere Beschwerden auf.[5] Insgesamt sprechen die vorliegenden Befunde für einen engen Zusammenhang zwischen Atemdysfunktion und psychischer Belastung, ohne jedoch eine klare Ursache-Wirkungs-Beziehung festlegen zu können.

Digitale Technologien wirken sich, wie zuvor dargestellt, nicht nur auf psychische, sondern auch auf körperliche Prozesse aus. Diese Wechselwirkungen treten besonders im Bereich des autonomen Nervensystems hervor, das eng mit der Atmung verbunden ist. Eine intensive Nutzung digitaler Geräte verändert Körperhaltung und Atemmuster und kann so physiologische Prozesse beeinflussen, die das Stressniveau erhöhen und langfristig die Gesundheit belasten. Der Leiter der Universitätsklinik für Physikalische Medizin, Rehabilitation und Arbeitsmedizin der Medizinischen Universität Wien, Richard Crevenna (2024), weist darauf hin, dass übermäßiger Handykonsum zu einer Verkürzung der Atemmuskulatur führt. Dies begünstigt eine flache

[4] Ristiniemi et al. 2014.

[5] Hagman et al. 2008; Ristiniemi et al. 2014.

Schulter-Brust-Atmung, bei der der Atem kurz und hochfrequent bleibt. Eine derart veränderte Atmung reduziert nicht nur die Sauerstoffversorgung, sondern aktiviert auch das sympathische Nervensystem, was eine Stressreaktion im Körper auslöst. In der Folge steigt die Belastung des Herz-Kreislauf-Systems, die mit stressassoziierten Erkrankungen wie Bluthochdruck, Arteriosklerose oder Gefäßverengungen in Verbindung gebracht wird. Damit wird deutlich, dass eine veränderte Körperhaltung im digitalen Alltag über das Atemverhalten indirekt Einfluss auf das Nervensystem und damit auf zentrale Gesundheitsparameter nimmt.

Die Verbindung zwischen digitalem Stress und körperlichen Beschwerden wird auch durch empirische Daten gestützt. Eine Befragung[6] zeigt, dass zwei Drittel der befragten Studierenden in Deutschland unter Stress leiden. Bei 19 % äußert sich dieser Stress in Form von Atembeschwerden, Kurzatmigkeit oder einem Gefühl von Atemlosigkeit. Auch die Entwicklung der krankheitsbedingten Fehltage weist auf einen besorgniserregenden Trend hin. Nach den damals verfügbaren Daten erreichten die Ausfälle im Jahr 2022 einen neuen Höchststand und übertrafen erstmals die krankheitsbedingten Fehlzeiten infolge psychischer Belastungen. Im Vergleich zum Jahr 2000 hatten sich die Fehltage aufgrund von Atemwegserkrankungen damit mehr als verdoppelt. Diese Entwicklung unterstreicht die Notwendigkeit präventiver Maßnahmen, die Atemökonomie und Regenerationsfenster systematisch fördern.

Chronischer Stress stellt ein erhebliches gesundheitliches und gesellschaftliches Problem dar, da er die psychische und die körperliche Gesundheit gleichermaßen beeinträchtigt. Er entsteht, wenn Belastungen über längere Zeit bestehen und der Organismus nicht mehr in der Lage ist,

[6] Techniker Krankenkasse 2023.

durch ausreichende Regeneration die natürlichen Stressreaktionen auszugleichen. Dadurch kommt es zu einem kontinuierlichen Abbau energetischer Ressourcen, der auftritt, wenn das Verhältnis von Energieeinsatz und Energiewiederherstellung dauerhaft gestört ist. Chronische Stresssymptome manifestieren sich typischerweise in drei Bereichen: emotionale Erschöpfung, die die Fähigkeit zu sozialer Präsenz und zu einem aufmerksamen sozialen Austausch einschränkt, körperliche Müdigkeit, die alltägliche Aufgaben erschwert, und kognitive Beeinträchtigungen wie Gedächtnis- und Konzentrationsprobleme. In Schweden gehört chronischer Stress zu den häufigsten Ursachen für langfristige Krankschreibungen.[7]

Wo diese belastenden Reize dominieren, fehlt Stille, an der sich das Nervensystem neu kalibrieren kann. Die folgende Betrachtung der Atmung zeigt, wie solche Regenerationsfenster entstehen und weshalb sie eine Voraussetzung dafür sind, dass Stille als innerer Zustand überhaupt erfahrbar werden kann.

9.2 Das autonome Nervensystem und die Macht der Atmung

Das autonome Nervensystem (ANS) und die Atmung stehen in einer wechselseitigen Beziehung. Die Atmung nimmt dabei eine Sonderstellung ein, da sie zwar überwiegend automatisch abläuft, jedoch auch bewusst beeinflusst werden kann.[8] Das ANS reguliert Atemfrequenz und Atemtiefe automatisch und passt sie an unterschiedliche körperliche und emotionale Zustände an. Gleichzeitig erlaubt eine bewusste Veränderung des Atemmusters, direkt

[7] Ristiniemi et al. 2014.

[8] Zaccaro et al. 2018.

auf das ANS einzuwirken und dadurch Stressreaktionen zu reduzieren oder einen Zustand von Ruhe und Ausgeglichenheit zu fördern. Diese Fähigkeit ist besonders in stressbelasteten Situationen von Bedeutung, da eine gezielte Atemregulation helfen kann, die physiologische Aktivierung zu senken und emotionale Balance wiederherzustellen. Stille verstärkt diesen Effekt, weil sie die Aufmerksamkeitsressourcen bündelt und die differenzierte Wahrnehmung der Atemaktivität erleichtert. Atemtechniken stellen daher ein wirksames Werkzeug dar, um das ANS aktiv zu beeinflussen und die Verbindung von Körper und Emotionen zu stärken.

Der Popschlager *Atemlos durch die Nacht* von Helene Fischer, 2013 veröffentlicht und 2015 mit dem ECHO als *Hit des Jahres* ausgezeichnet, wurde wohl auch deshalb so populär, weil er ein Bedürfnis nach Leichtigkeit und Unbeschwertheit anspricht. Sein Titel steht für ein nächtliches Unterwegssein, das in einer beschleunigten Lebenswelt viele intuitiv berührt, zugleich jedoch einen Widerspruch sichtbar macht. Während der Song eine ungebrochene Energie feiert, erleben viele Menschen im Alltag eher eine mentale Daueraktivierung, die sich bis in die Nacht fortsetzt und Erholung erschwert. Wo der natürliche Wechsel zwischen Anspannung und Entlastung verloren geht, wird Abschalten schwieriger, und Stille bleibt kaum erreichbar. Damit fehlt jene innere Weite, die erst Regeneration und Genuss und ermöglicht. Ein Nervensystem, das dauerhaft in erhöhter Wachheit verharrt, erschöpft langfristig und verliert die Fähigkeit, zu innerer Ruhe zurückzufinden.

Wie bereits am Beispiel der intensiven Nutzung digitaler Geräte sichtbar wird, ist auch Stress eng mit einem charakteristischen Atemmuster verbunden. Er führt zu einer erhöhten Atemfrequenz und einer flacheren Atmung.[9] Die

[9] Kaluza 2007.

Bronchien erweitern sich, und die Brustatmung dominiert über die Zwerchfellatmung. Der Fokus liegt dabei stärker auf dem Einatmen, während das Ausatmen verkürzt wird. Ein ähnliches Muster zeigt sich auch bei Angst, insbesondere in Phasen antizipatorischer Anspannung, also in jenen Momenten, in denen sich der Körper auf ein potenziell belastendes Ereignis vorbereitet.[10] Diese Reaktionen zeigen die enge Verbindung zwischen Atmung, Emotionen und der Aktivierung des sympathischen Nervensystems. Eine stille Umgebung reduziert konkurrierende Reize und erleichtert den Übergang zu einer längeren und gleichmäßigeren Ausatmung.

Bevor die Wirkungen bewusster Atemtechniken näher betrachtet werden, ist es hilfreich, die zentralen Komponenten des autonomen Nervensystems, den Sympathikus und den Parasympathikus, genauer zu beleuchten.

Das autonome Nervensystem: Sympathikus und Parasympathikus

Das Nervensystem des Menschen besteht aus dem zentralen und dem peripheren Nervensystem, das wiederum in das somatische und das autonome Nervensystem unterteilt wird.[11] Während das somatische Nervensystem Reize von der Haut, den Skelettmuskeln, Gelenken, Augen und Ohren an das Zentralnervensystem weiterleitet, steuert das autonome Nervensystem das innere Gleichgewicht der Körpersysteme. Im Mittelpunkt der folgenden Ausführung steht das autonome Nervensystem (ANS), da es eine zentrale Rolle für das Wohlbefinden und die Stressbewältigung spielt. Es reguliert lebenswichtige Funktionen wie Herzfrequenz, Verdauung und Atmung. Diese Vorgänge laufen in

[10] Homma und Masaoka 2008.

[11] Die folgende Ausführung bezieht sich auf Ehlert et al. (2013) und wurde zur besseren Verständlichkeit vereinfacht.

der Regel unbewusst ab, können jedoch durch gezielte Techniken positiv beeinflusst werden. Damit wird Stille zu einer Voraussetzung, weil sie die bewusste Steuerung des Atems unterstützt und emotional stabilisiert.

Bemerkenswert ist, dass das autonome Nervensystem, trotz seiner Bezeichnung, nicht ausschließlich autonom agiert. Es kann durch bewusste Techniken beeinflusst und moduliert werden, was ein erhebliches Potenzial für die Selbstregulation eröffnet. Diese Fähigkeit ermöglicht es, Stress zu reduzieren, emotionale Stabilität zu fördern und Zustände innerer Ruhe zu erreichen. Damit wird das autonome Nervensystem zu einem zentralen Ansatzpunkt einer zeitgemäßen Form digitaler Selbstfürsorge. Ein vertieftes Verständnis seiner Funktionsweise sowie eine gezielte Schulung seiner Steuerungsmechanismen bilden die Grundlage, um in einer zunehmend beschleunigten und mediengeprägten Welt das innere Gleichgewicht zu wahren. Auf diese Weise entsteht die Möglichkeit einer bewussten und nachhaltigen Einflussnahme auf körperliche und psychische Prozesse, die langfristig Resilienz und Wohlbefinden stärken.

Das autonome Nervensystem, auch vegetatives oder viszerales Nervensystem genannt, steuert die inneren Organe und regelt somit essenzielle Lebensprozesse. Es wird in drei Bereiche unterteilt: das sympathische Nervensystem (SNS), das parasympathische Nervensystem (PSNS) und das enterische Nervensystem (ENS). Das ENS, auch Darmnervensystem genannt, weist besondere Eigenschaften auf und wird in den folgenden Ausführungen nicht berücksichtigt.

Der Sympathikus und der Parasympathikus wirken meist antagonistisch auf Organe, Muskeln und Drüsen. Während der Sympathikus die Aktivität steigert, sorgt der Parasympathikus für deren Reduktion. Vereinfacht ausgedrückt ist der Sympathikus mit den klassischen *Kampf- oder Flucht-*

reaktionen (fight or flight) verbunden, während der Parasympathikus die *Ruhe- und Verdauungsprozesse (rest and digest)* unterstützt. Wird der Sympathikus aktiviert, bereitet sich der Körper auf eine rasche Reaktion vor. Herzfrequenz und Blutdruck steigen, die Blutgefäße verengen sich in weniger versorgungsrelevanten Bereichen wie der Haut und dem Verdauungstrakt, während gleichzeitig die Durchblutung von Herz, Gehirn und Skelettmuskulatur zunimmt. Die Bronchien erweitern sich zur Verbesserung der Sauerstoffaufnahme und die Pupillen vergrößern sich, um die visuelle Wahrnehmung zu schärfen. Die Aktivierung des Parasympathikus hingegen fördert Prozesse der Erholung und Regeneration. Herzfrequenz und Atemrate sinken, die Blutgefäße im Verdauungstrakt erweitern sich, die Pupillen verengen sich, und die Verdauung wird angeregt. Insgesamt kommt es zu einer allgemeinen Beruhigung der körperlichen Funktionen.

Das Zusammenspiel beider Systeme ermöglicht es dem Körper, flexibel auf wechselnde Anforderungen zu reagieren. Sie sind nicht isoliert, sondern zugleich aktiv und wirken zusammen, um ein dynamisches Gleichgewicht zu wahren, das sich den jeweiligen äußeren Bedingungen anpasst. In Phasen der Entspannung verlangsamt sich die Herzfrequenz, da die Aktivität des Parasympathikus zunimmt und die des Sympathikus abnimmt. Beide Systeme dienen damit demselben Ziel, der Aufrechterhaltung der inneren Balance.

Studien weisen auf geschlechtsspezifische Unterschiede in der Aktivität des autonomen Nervensystems hin. Männer zeigen tendenziell eine stärkere sympathische Aktivität, während bei Frauen eine erhöhte parasympathische Aktivität beobachtet wird.[12] Darüber hinaus konnte festgestellt

[12] Koskinen et al. 2009, zit. nach Ehlert et al. 2013, S. 218.

werden, dass Raucher im Vergleich zu Nichtrauchern eine ausgeprägtere Aktivität des Sympathikus aufweisen (Dahlström et al., 2008, zit. nach Ehlert et al., 2013, S. 227).

Anspannung und Hyperventilation im digitalen Alltag
Stressreaktionen sind eng mit der Aktivierung des sympathischen Nervensystems verbunden und führen zu einer erhöhten Atemfrequenz. Hält diese Belastung über längere Zeit an oder ist sie besonders ausgeprägt, kann sich ein Zustand entwickeln, der als Hyperventilationssyndrom bezeichnet wird. Dieser Begriff wurde bereits von Kerr et al. (1937) geprägt und beschreibt eine übermäßige Luftaufnahme durch beschleunigtes oder vertieftes Atmen, die den tatsächlichen Sauerstoffbedarf des Körpers deutlich übersteigt. Charakteristisch ist dabei ein Ungleichgewicht in der Atemchemie: Durch die übermäßig schnelle Atmung sinkt der Kohlendioxidgehalt im Blut, obwohl der Sauerstoffgehalt weiterhin ausreichend bleibt. Dieses Missverhältnis löst das subjektive Gefühl aus, nicht genügend Luft zu bekommen, was die Betroffenen dazu veranlasst, noch schneller zu atmen. So entsteht ein selbstverstärkender Prozess, der den Abfall des Kohlendioxidgehalts weiter verstärkt und die körperlichen und psychischen Symptome verschlimmert. Die resultierende Überstimulation des autonomen Nervensystems führt zu einer gesteigerten Erregung und zu einer vermehrten Ausschüttung von Adrenalin. In der Fachsprache wird dieses Phänomen als *chronische Hyperventilation* bezeichnet, während im allgemeinen Sprachgebrauch häufig von *Überatmen (overbreathing)* die Rede ist.

Das sogenannte Überatmen verursacht ein Ungleichgewicht der Blutzusammensetzung, das mit vielfältigen körperlichen und psychischen Symptomen verbunden ist. Funktionelle Atemprobleme wie die Hyperventilation beeinträchtigen die Lebensqualität erheblich. Schätzungen zufolge sind etwa zehn Prozent der Bevölkerung davon betroffen.[13] Umfragen aus den USA zeigen, dass zwischen zehn und 25 % der Bevölkerung unter chronischem Überatmen leiden, wobei mehr als die Hälfte der Befragten angibt, häufig überzuatmen.[14] Diese Zahlen verdeutlichen, wie verbreitet dysfunktionale Atemmuster sind und welchen Einfluss sie auf Gesundheit und Wohlbefinden haben.

Überatmen: ein unterschätztes Symptom unserer Zeit

Im Gegensatz zu gut dokumentierten Parametern wie dem Body-Mass-Index (BMI), der langfristige Veränderungen des Körpergewichts abbildet, liegen zur Atemfrequenz nur wenige historische Daten vor. Während der durchschnittliche BMI in den USA seit der Mitte des 20. Jahrhunderts kontinuierlich anstieg und heute bei etwa 29 Punkten liegt, zeigt sich auch in Europa ein ähnlicher Trend. Nach Angaben der Weltgesundheitsorganisation (WHO) ist mittlerweile mehr als die Hälfte der erwachsenen Bevölkerung übergewichtig oder adipös.[15] Diese Entwicklung wird vor allem mit erhöhter Energieaufnahme und sinkender körperlicher Aktivität erklärt. Weitgehend unbeachtet bleibt jedoch die Frage, ob sich parallel dazu auch das Atemverhalten verändert hat.

Es gibt Hinweise darauf, dass die eingeatmete Luftmenge bei gesunden Erwachsenen in den vergangenen Jahrzehnten deutlich zugenommen hat. Während ein Erwachsener bis in die 1980er-Jahre durchschnittlich 5 bis 8 L Luft pro Minute einatmete, stieg dieser Wert zwischen 1990 und 2008 laut Rakhimov (2014) bereits auf 10 bis 14 Litern an. Auch James Nestor (2020) verweist auf Daten, die eine Zunahme der Atemfrequenz belegen. Zwar gelten weiterhin 12 bis 20 Atemzüge pro Minute mit einem Volumen von etwa einem

[13] Thomas et al. 2005.

[14] Litchfield 2003.

[15] WHO 2022a.

halben Liter Luft als normal (entspricht 6 bis 10 Litern pro Minute), doch Personen mit einer Atemfrequenz im oberen Bereich dieser Norm nehmen heute nahezu doppelt so viel Luft auf wie früher. Unsere Gesellschaft ist daher nicht nur eine der übermäßigen Esser, sondern auch eine der übermäßigen Atmer.[16]

Die zugrunde liegende Annahme ist bislang wissenschaftlich nicht umfassend bestätigt und sollte daher mit Vorsicht betrachtet werden. Dennoch erscheint es plausibel, dass die wachsende mediale Reizdichte über eine verstärkte Aktivierung des Sympathikus zu einer erhöhten Atemfrequenz beitragen kann. Überatmen ist eine schleichende, meist unbewusste Gewohnheit, die sich nur schwer erkennen lässt und dennoch erhebliche körperliche und psychische Beeinträchtigungen verursachen kann. Es führt zu einem Mangel an Kohlendioxid (Hypokapnie), der das Gleichgewicht der Atemchemie stört. In der Folge kommt es zu Gefäßverengungen (Vasokonstriktion), einer verminderten Sauerstoffversorgung des Gewebes (Hypoxie) und zu einem Anstieg des pH-Werts im Blut (Alkalose), was die Sauerstoffabgabe an Organe und Gewebe weiter beeinträchtigt.

Die Folgen des Überatmens können vielfältig und weitreichend sein. Sie umfassen emotionale Symptome wie Angstzustände und Panikattacken ebenso wie körperliche Beschwerden, darunter Atemnot, Herzrasen, Schwindel und Konzentrationsstörungen. Langfristig kann chronisches Überatmen die Entstehung von Bluthochdruck, Schlafstörungen, Migräne, Herz-Kreislauf-Erkrankungen und Erschöpfungszuständen begünstigen. Manche Menschen überatmen bereits bei geringem Anlass und tun dies möglicherweise unbewusst über den gesamten Tag hinweg, was durch die anhaltende Reizüberflutung und die zu-

[16] Nestor 2020.

nehmenden Anforderungen einer informationsgesättigten Umwelt zusätzlich verstärkt wird.[17]

Langsames Atmen als Weg zur psychischen und körperlichen Regulation

Die Atmung bietet einen unmittelbaren Zugang zum autonomen Nervensystem und ermöglicht es, dessen Aktivität gezielt zu beeinflussen. Durch bewusste Veränderungen des Atemmusters kann der Körper aktiv zwischen Anspannung und Entspannung wechseln. Diese Verbindung ist besonders in belastenden Situationen bedeutsam, da eine ruhige und gleichmäßige Atmung den Organismus in einen Zustand innerer Ausgeglichenheit versetzt. Atmung wirkt in diesem Zusammenhang wie ein Katalysator, der innere Ruhe und Stille fördert, während umgekehrt die Bedingungen innerer Sammlung wiederum die Wirkung des Atems vertiefen. Eine bewusste Verlangsamung des Atemrhythmus aktiviert den Parasympathikus, der für Erholung und Regeneration verantwortlich ist. Dadurch löst sich der Körper aus stressbedingten Zuständen und gelangt in einen Zustand tiefer Entspannung. Diese Entspannung bildet die Grundlage für einen stabilen Kreislauf, in dem die vertiefte und verlangsamte Atmung die parasympathische Aktivität weiter stärkt und dem Organismus ermöglicht, in einen Zustand von Ruhe und Erholung zurückzufinden.

Es liegen inzwischen zahlreiche Hinweise darauf vor, dass die Aktivierung des Parasympathikus positive psychologische und gesundheitliche Wirkungen entfaltet. Mehrfach replizierte Befunde zeigen, dass eine erhöhte Herzratenvariabilität mit einer verbesserten Emotionsregulation sowie mit besseren Leistungen in kognitiven Funktionen wie Aufmerksamkeit, Arbeitsgedächtnis und

---

[17] Litchfield 2003.

Impulskontrolle verbunden ist.[18] Personen, die unter Hyperventilation oder einem dysfunktionalen Atemmuster leiden, konnten durch gezieltes Atemtraining ihren Gesundheitszustand deutlich verbessern. Zu den beobachteten Effekten zählen eine effizientere Bewältigung von Stresssituationen, eine Verringerung körperlicher Beschwerden und eine Abnahme von Angstzuständen (Ristiniemi et al., 2014).

Langsame und kontrollierte Atemtechniken besitzen das Potenzial, Gesundheit und Langlebigkeit zu fördern.[19] In stress- oder angstbedingten Zuständen, die durch eine verstärkte sympathische Aktivität gekennzeichnet sind, können langsame Atemtechniken sowie meditative Praktiken das Gleichgewicht zugunsten des Parasympathikus verschieben. Diese Methoden fördern die Synchronisation von Atmung und Herzfrequenz, stabilisieren die Zellmembranpotenziale und verringern die Erregbarkeit zentraler Steuerungszentren wie des Herzens und der Amygdala, die an Angstverarbeitung und emotionaler Bewertung beteiligt ist. Auf diese Weise werden negative Emotionen abgeschwächt und das physiologische Gleichgewicht des Organismus unterstützt.[20]

Die Wirkung langsamer Atmung auf physiologische Parameter wie die Herzratenvariabilität (HRV) und die Aktivität des autonomen Nervensystems wurde in zahlreichen Studien beschrieben. Im Durchschnitt atmen Erwachsene zwischen zwölf und zwanzig Mal pro Minute.[21] Langsames Atmen, auch als *slow-paced breathing* bezeichnet, zielt darauf ab, die Atemfrequenz auf weniger als zehn Atemzüge

---

[18] Smith et al. 2017.

[19] Russo et al. 2017.

[20] Jerath et al. 2015.

[21] Laborde et al. 2019; basierend auf Tortora und Derrickson 2014.

pro Minute zu senken.[22] Bereits bei einer Reduktion auf etwa acht Atemzüge pro Minute lässt sich bei gesunden Personen eine ausgeprägte Verschiebung zugunsten parasympathischer Aktivität beobachten.[23]

Eine experimentelle Untersuchung[24] verdeutlicht diesen Zusammenhang. Eine Gruppe von Teilnehmenden nutzte über einen Zeitraum von dreißig Tagen jeweils fünfzehn Minuten am Abend soziale Medien wie Instagram, WhatsApp oder Facebook, während eine Vergleichsgruppe im selben Zeitraum eine langsame Atemtechnik praktizierte. Die Ergebnisse zeigten, dass die Atemgruppe nicht nur von einer subjektiv verbesserten Schlafqualität berichtete, sondern auch eine gesteigerte kardiovaskuläre Erholung aufwies. Die Kombination aus ruhiger Atmung und kurzer Stille vor dem Zubettgehen stellt daher eine niedrigschwellige Intervention mit hoher Alltagsnähe dar.

Die positiven Wirkungen langsamer Atmung sind seit Jahrhunderten bekannt, wie etwas im *Pranayama*, dem yogischen Atmen, einer traditionellen indischen Praxis bewusster Atemlenkung, die häufig in meditative Übungen integriert ist. Ihr werden sowohl gesundheitsfördernde als auch spirituelle Effekte zugeschrieben.[25]

Herzratenvariabilität als Indikator für innere Balance

Ein etabliertes Messverfahren zur Beurteilung der Aktivität des autonomen Nervensystems ist die Herzratenvariabilität (HRV). Sie beschreibt die natürlichen Schwankungen der Zeitintervalle zwischen aufeinanderfolgenden Herzschlägen und gilt als Indikator der autonomen Regulation, insbesondere der parasympathischen Aktivität. Stille bildet dabei

[22] Russo et al. 2017.

[23] Chang et al. 2013.

[24] Laborde et al. 2019.

[25] Russo et al. 2017.

einen regulativen Rahmen, der die Wirkung langsamer Atmung auf die HRV unterstützen kann.

Hohe HRV-Werte stehen für eine ausgeprägte Regulationsfähigkeit und Anpassungsflexibilität. Sie erleichtern den Wechsel zwischen Stress und Erholung und gehen mit einer besseren körperlichen Gesundheit, geringeren Entzündungswerten, einem reduzierten Risiko für Herz-Kreislauf-Erkrankungen und Schlaganfälle sowie mit einer insgesamt niedrigeren Sterblichkeitsrate einher.[26] Niedrige HRV-Werte deuten hingegen auf ein Ungleichgewicht im autonomen Nervensystem hin und werden häufig mit chronischem Stress, Erschöpfung sowie mit affektiven Störungen wie Depressionen und Angstzuständen in Verbindung gebracht.[27]

Die HRV lässt sich heute nicht mehr nur im klinischen oder wissenschaftlichen Umfeld messen, sondern ist auch für Privatpersonen zugänglich. Technische Geräte wie Fitness-Tracker, smarte Ringe, Armbänder oder Brustgurte ermöglichen die Messung im Alltag und geben Einblick, wie das autonome Nervensystem auf physiologische und psychologische Herausforderungen reagiert.[28] Moderne tragbare Messsysteme erfassen HRV-Werte mittlerweile mit hoher Genauigkeit und zeigen eine weitgehende Übereinstimmung mit klassischen EKG-Messungen.[29]

Mit dieser Entwicklung geht jedoch auch eine zunehmende Tendenz zur Selbstvermessung einher, die neben der Reflexion eine verstärkte Selbstbeobachtung begünstigen kann. Kontinuierliches *Lifelogging* kann dabei mitunter selbst zu einer Quelle von Stress werden, insbesondere dann, wenn physiologische Daten vor allem im Sinne von

[26] Russo et al. 2017.

[27] Smith et al. 2017.

[28] Ehlert et al. 2013.

[29] Theurl et al. 2023.

Selbstoptimierung interpretiert werden. Vor diesem Hintergrund erscheint es sinnvoll, HRV-Werte nicht als Maßstab kontinuierlicher Leistungssteigerung zu verstehen, sondern als orientierenden Hinweis im Umgang mit dem eigenen Zustand. Auf dieser Grundlage rückt die Frage in den Vordergrund, wie die Regulation des autonomen Nervensystems konkret unterstützt werden kann.

Die Herzratenvariabilität lässt sich gezielt durch Atemtechniken beeinflussen, was die Bedeutung der Atmung für die Regulation des autonomen Nervensystems unterstreicht. Langsames und bewusstes Atmen erhöht die HRV und fördert die parasympathische Aktivität, die für Ruhe und Erholung verantwortlich ist.[30] Zentral für diese Prozesse ist der Vagusnerv als wichtiger Bestandteil des parasympathischen Nervensystems, der zahlreiche Verbindungen zwischen Gehirn, Herz und weiteren Organen herstellt. Eine erhöhte vagale Aktivität unterstützt die neurokardiale Interaktion zwischen Herz und Gehirn und trägt dazu bei, dass der Organismus flexibel auf körperliche und psychische Anforderungen reagieren kann. Auf diese Weise wird die HRV zu einem zentralen Marker für Belastungsresilienz, Selbstregulation und allgemeines Wohlbefinden.

Die Annahme, dass Beruhigung vor allem durch ein verlängertes Ausatmen im Verhältnis zum Einatmen erreicht wird, greift aber zu kurz. Atemtechniken unterscheiden sich nicht nur in ihrer Geschwindigkeit, sondern auch in ihrer inneren Dynamik und ihrer Wirkung auf das autonome Nervensystem. Eine Studie der Stanford University zeigt exemplarisch, dass unterschiedliche Atemmuster unterschiedlich ausgeprägte Veränderungen der physiologischen Regulation und des emotionalen Erlebens

[30] Smith et al. 2017.

hervorrufen.[31] Besonders deutlich trat dies beim sogenannten *physiologischen Seufzer* zutage, der aus zwei aufeinanderfolgenden Einatmungen mit anschließender langer Ausatmung besteht. Dieses Atemmuster ging im Vergleich zu anderen Techniken mit einer ausgeprägteren Verbesserung der Stimmung einher. Die Befunde sprechen dafür, dass spezifische Atemsequenzen die parasympathische Aktivität gezielt unterstützen und damit auch die Herzratenvariabilität günstig beeinflussen können. Atemregulation ist somit nicht auf ein einzelnes Atemverhältnis reduzierbar, sondern beruht auf der differenzierten Gestaltung von Rhythmus und Abfolge.

Von der Atemregulation zur inneren Stille

Stress aktiviert die Ausschüttung von Hormonen, die den Körper in einen Zustand erhöhter Wachsamkeit versetzen. Herzschlag und Atemfrequenz steigen, die Atmung wird flacher. Diese Reaktion ist evolutionsbiologisch sinnvoll, da sie den Organismus in Sekundenbruchteilen auf Kampf oder Flucht vorbereitet und damit einen überlebenswichtigen Mechanismus in einer Umwelt darstellt, in der Bedrohungen häufig lebensgefährlich waren. Heute wird dieselbe Reaktionskaskade jedoch auch durch psychosoziale Belastungen ausgelöst, etwa durch beruflichen Druck, zwischenmenschliche Konflikte oder anhaltende Überforderung. Hält dieser Zustand über längere Zeit an, kann er die Gesundheit erheblich beeinträchtigen. Chronischer Stress begünstigt Bluthochdruck und führt zu strukturellen sowie funktionellen Veränderungen im Gehirn, die mit Angststörungen, Depressionen und Suchtverhalten in Verbindung stehen. Die Stressreaktion selbst beginnt im Gehirn, genauer in der Amygdala, die eintreffende Sinnesreize auf potenzielle Gefahren überprüft. Erkennt sie eine Bedro-

[31] Balban et al. 2023.

hung, sendet sie ein Alarmsignal an den Hypothalamus, der die physiologischen Stressprozesse in Gang setzt.[32]

Die Aktivierung des sympathischen Nervensystems erfolgt in einem äußerst kurzen Zeitraum, die Rückkehr in einen entspannten Zustand verläuft hingegen deutlich langsamer und kann über eine Stunde dauern.[33] Ist das Stresssystem einmal in Gang gesetzt, bleibt es häufig über längere Zeit aktiv und erschwert eine vollständige Regeneration. Daher ist es entscheidend, Stressreaktionen frühzeitig zu erkennen und Maßnahmen zu ergreifen, die die Aktivität des Sympathikus dämpfen und den Parasympathikus stärken. Ein stilles Innehalten vor der Antwort verschiebt die Dynamik vom Reflex zur Reflexion. Eine bewusste Verlangsamung der Atmung ist ein wirkungsvoller Ansatz, um emotionale Eskalationen zu verhindern und selbstregulierte, reflektierte Reaktionen zu fördern. Auf diese Weise kann vermieden werden, dass der Körper unnötig lange in einem Zustand erhöhter Anspannung verharrt.

Diese physiologischen Mechanismen wirken sich unmittelbar auf die zwischenmenschliche Kommunikation aus. Emotionale Reaktionen wie Ärger oder Frustration, die durch Stress ausgelöst werden, können die Qualität und Offenheit des Austauschs deutlich mindern. Die Aktivierung des sympathischen Nervensystems versetzt den Körper in einen Zustand erhöhter Wachsamkeit, der ursprünglich auf Kampf- oder Fluchtreaktionen ausgerichtet war. In dieser Phase werden mentale und emotionale Ressourcen vor allem auf Verteidigung, Rechtfertigung oder Angriff konzentriert, was sich auch in kommunikativen Mustern zeigt, die eher reaktiv oder konfrontativ als dialogorientiert ausfallen. Die Wahrnehmung richtet sich stärker auf mögliche Bedrohungen als auf Verständigung und Kooperation,

[32] LeWine 2024.

[33] Nestor 2020, S. 177, basierend auf Angaben von stress.org.

wodurch die Fähigkeit zu konstruktiver Kommunikation eingeschränkt wird. Gezielte Atempausen und Stille senken die Erregungslage und erweitern damit den verfügbaren Spielraum für Verständigung. Aus innerer Regulation erwächst äußere Verständigung. Atmung und Stille bilden dabei die verbindende Instanz zwischen physiologischer Balance und kommunikativer Präsenz.

9.3 Atmung und Stille als Brücke zur Kommunikation

In unserer medialisierten Lebenswelt verschärfen sich bestehende Kommunikationsprobleme erheblich. Digitale Plattformen sind durch Schnelligkeit, hohe Informationsdichte und die Möglichkeit zur Anonymität gekennzeichnet. Diese Faktoren erhöhen die Wahrscheinlichkeit impulsiver emotionaler Reaktionen und begünstigen Missverständnisse. Negative Emotionen, die durch unangenehme Nachrichten, polarisierende Inhalte oder Konflikte in Chats und sozialen Netzwerken ausgelöst werden, wirken oft unmittelbarer und intensiver als in analogen Begegnungen. Ein wesentlicher Faktor liegt in der reduzierten Ausdrucksform digitaler Kommunikation. Kurze Botschaften ersetzen oft den nuancierten Austausch, während nonverbale Signale wie Mimik, Gestik oder Tonfall weitgehend fehlen. Dadurch steigt die Wahrscheinlichkeit, dass Intention und Bedeutung einer Nachricht fehlinterpretiert werden. Verstärkt wird dieser Effekt durch algorithmische Mechanismen, die polarisierende oder emotional aufgeladene Inhalte bevorzugt verbreiten, weil sie mehr Aufmerksamkeit erzeugen. Dadurch werden wiederum Nutzerinnen und Nutzer häufiger mit emotionalen Triggern konfrontiert, die impulsive Kommunikationsmuster begünstigen.

Auch die nahezu unbegrenzte Reichweite digitaler Inhalte verstärkt die emotionale Intensität. Im Gegensatz zu analogen Kontexten, die sich meist auf einen überschaubaren Kreis von Personen beschränken, können digitale Beiträge potenziell ein globales Publikum erreichen. Dies erhöht nicht nur die Verantwortung für das Gesagte, sondern steigert zugleich die Wahrscheinlichkeit eskalierender Reaktionen.

Emotionale Regulation als Grundlage gelungener Kommunikation

Eine gelingende Kommunikation setzt die Fähigkeit zur emotionalen Selbstregulation voraus. Sie umfasst das bewusste Wahrnehmen eigener Gefühle und den gezielten Einsatz von Strategien, die innere Stabilität fördern. Dazu gehört, emotionale Auslöser frühzeitig zu erkennen und Stressreaktionen rechtzeitig zu unterbrechen. Bewusste Pausen oder achtsame Atemtechniken können das Nervensystem beruhigen und emotionale Anspannung verringern.

Ein zentraler Mechanismus in diesem Prozess ist die inhibitorische Kontrolle. Sie bezeichnet die Fähigkeit, impulsive oder automatische Reaktionen zu hemmen und das eigene Verhalten auch in emotional herausfordernden Situationen bewusst zu steuern. Dadurch bleibt es möglich, in Situationen, in denen spontane Reaktionen unangemessen wären, ruhig, gelassen und zielgerichtet zu handeln. Eine gut ausgeprägte inhibitorische Kontrolle unterstützt zudem die Konzentrationsfähigkeit, indem sie hilft, störende Reize auszublenden und die Aufmerksamkeit zu stabilisieren. Für eine konstruktive Kommunikation ist es entscheidend, emotionale Reaktionen wahrzunehmen und bewusst zu steuern, bevor sie das Gespräch beeinflussen. Ein kurzer Moment des Innehaltens ermöglicht es, Abstand zum eigenen Impuls zu gewinnen, die Perspektive des Gegenübers einzubeziehen und den Fokus auf eine lösungsorientierte Haltung zu richten. So entsteht ein Dialog, der auf Verständnis basiert und die Qualität zwischenmenschlicher Beziehungen stärkt.

Die beschriebenen Atemtechniken des langsamen und bewussten Atmens bilden eine wesentliche Grundlage, um die Qualität von Kommunikation zu verbessern. Ihre volle Wirkung entfalten sie jedoch erst in Verbindung mit bewusster Stille. Beide Elemente sind eng miteinander verbunden. Während die Atmung den Körper reguliert und das Nervensystem beruhigt, schafft die Stille den notwendigen Raum, um diese Regulation emotional und kognitiv zu integrieren. Daher gewinnt Kommunikation durch bewusst gestaltete Momente der Stille, in denen sich Atem und Aufmerksamkeit stabilisieren, an Tiefe und Klarheit.

Der Kommunikationsprozess lässt sich mit einer Brücke vergleichen, die Menschen miteinander verbindet und einen verstehensorientierten Austausch ermöglicht. Ihr Fundament ist die Stille, die die Atemregulation unterstützt und den Dialog stabilisiert. Diese Brücke ruht auf zwei zentralen Pfeilern, nämlich emotionaler Balance und kognitiver Klarheit.

Emotionale Balance bildet die Grundlage dafür, impulsive Reaktionen zu regulieren und emotionale Erregungszustände wie Ärger, Stress oder Frustration zu bewältigen. Sie ermöglicht es, auch in schwierigen Situationen gelassen zu bleiben und den Fokus auf konstruktive Lösungsansätze zu richten. Ein zentraler Bestandteil dieser Balance ist die emotionale Selbstregulation, also die Fähigkeit, Emotionen bewusst wahrzunehmen, zu steuern und situationsangemessen zu modulieren.

Kognitive Klarheit wiederum gewährleistet, dass Informationen rational bewertet und Entscheidungen auf einer fundierten Grundlage getroffen werden können. Sie unterstützt die Fähigkeit, unterschiedliche Perspektiven einzunehmen, Gedanken präzise zu formulieren und impulsiven oder defensiven Reaktionen vorzubeugen. Zusammen bilden emotionale Balance und kognitive Klarheit eine stabile Basis, die tragfähige und konstruktive Dialoge ermöglicht.

Atmung und Stille spielen dabei nicht nur während des Kommunikationsprozesses eine zentrale Rolle. Sie schaffen bereits vor einem Gespräch die Grundlage für mentale und emotionale Vorbereitung, helfen während des Dialogs, impulsive Reaktionen zu regulieren, und fördern nach der Interaktion die Reflexion und Verarbeitung. Auf diese Weise wird langfristig die Fähigkeit gestärkt, zukünftige Auseinandersetzungen bewusster und konstruktiver zu gestalten.

Atempausen und Stille vor, während und nach Gesprächen

Vor anspruchsvollen Gesprächen kann eine bewusste Kombination aus Atemregulation und Momenten der Stille eine hilfreiche Grundlage schaffen. Langsames, gleichmäßiges Atmen wirkt regulierend auf das autonome Nervensystem, indem es den Parasympathikus aktiviert und die körperliche Erregung senkt. Die Stille eröffnet zugleich einen inneren Raum für Sammlung und Reflexion. Eine solche kurze Phase der Vorbereitung hilft, die Aufmerksamkeit zu bündeln, die eigene Haltung zu klären und emotionale Reaktionen zu fördern.

In Konfliktsituationen oder bei emotional aufgeladenen Gesprächen ist das bewusste Innehalten eine wirksame Strategie, um die Dynamik zu entschleunigen. Atempausen wirken regulierend auf das Nervensystem und eröffnen in Verbindung mit Momenten der Stille die Möglichkeit, den Kommunikationsfluss kurz zu unterbrechen und innere Klarheit zu gewinnen. Diese Unterbrechung erleichtert es, die Perspektive des Gegenübers wahrzunehmen und eigene Impulse zu reflektieren. Stille wirkt dabei als Puffer zwischen spontaner Emotion und überlegter Reaktion und verringert so die Wahrscheinlichkeit, vorschnell zu handeln.

Auch nach einem intensiven Gespräch können Atemtechniken und Stille entscheidend sein. Langsames Atmen hilft, physiologische Spannungen abzubauen, die während des Austauschs entstanden sind. Stille bietet den notwendigen Raum, um das Erlebte zu verarbeiten, Emotionen zu ordnen und die Interaktion zu reflektieren. Diese bewusste Nachbereitung unterstützt nicht nur die persönliche Regeneration, sondern stärkt auch die Fähigkeit, aus der Erfahrung zu lernen und zukünftige Kommunikationsmuster konstruktiver zu gestalten.

Atmung und Stille ergänzen sich in zentralen Bereichen des Kommunikationsprozesses. Während die Atmung die physiologische Grundlage für Ruhe und Gelassenheit legt, eröffnet die Stille den mentalen Raum für Reflexion, Empathie und Perspektivenwechsel. Gemeinsam ermöglichen sie eine Deeskalation in Konfliktsituationen, stärken die Selbstregulation und fördern eine respektvolle Gesprächsführung, die auf Verständnis und Lösungsorientierung abzielt. Besonders in Situationen mit erhöhten emotionalen Anforderungen sind Atmung und Stille zentrale Ressourcen, die die Qualität der Kommunikation positiv beeinflussen können.

Atmung und Stille als Schlüssel zu Balance und bewusster Kommunikation

Nach einer alten yogischen Überlieferung messen Yogis die Lebensspanne nicht in Jahren, sondern in der Zahl der Atemzüge. Diese Perspektive verweist auf eine tiefe Wahrheit: Der Atem ist weit mehr als ein physiologischer Vorgang. Er ist ein direkter Ausdruck unseres Lebensrhythmus, unserer inneren Balance und der Art, wie wir mit der Welt in Kontakt treten.

Das moderne Leben, geprägt von Beschleunigung und überwiegend sitzender Tätigkeit, vernachlässigt diese Verbindung. Während frühere Generationen Stress durch körperliche Bewegung abbauten, staut sich heute Anspannung im Körper, weil die evolutionär angelegte Regulation über Bewegung weitgehend fehlt.[34] Hinzu kommen digitale Reize, die unser Nervensystem permanent aktivieren, ohne ihm die Möglichkeit zur Regeneration zu geben.

Gerade deshalb gewinnt der bewusste Umgang mit Atmung und Stille an Bedeutung. Der Vagusnerv, dessen Aktivität sich unter anderem in der Herzratenvariabilität (HRV) widerspiegelt,[35] und die respiratorische Sinusarrhythmie (RSA), bei der sich der Herzschlag mit dem Atemrhythmus harmonisiert,[36] zeigen auf physiologischer Ebene, wie eng unser Wohlbefinden mit der Qualität des Atems verknüpft ist. Jeder bewusste Atemzug aktiviert diesen Selbstregulationsmechanismus, verlangsamt den inneren Takt und schafft Raum für Klarheit.

So zeigt sich, dass Stille und Atem weit über ihre Funktion als Mittel zur Stressbewältigung hinausgehen. Sie schaffen eine Verbindung zu bewussterer Kommunikation und zu einem achtsameren Umgang mit sich selbst. Einfache Übungen wie langsames Atmen und kurze Phasen der Stille können dabei zu einem stabilisierenden Anker werden. Sie vergegenwärtigen, dass innere Balance nicht aus äußerer Beschleunigung entsteht, sondern aus der bewussten Rückkehr zum eigenen Rhythmus. Vielleicht lässt sich daraus eine moderne Antwort auf die Weisheit der Yogis formulieren: Nicht die Länge des Lebens allein zählt, sondern die Qualität unserer Atemzüge. In der yogischen Tradition findet sich zudem die Vorstellung, dass das Leben

[34] Kaluza 2011, S. 156.

[35] Laborde et al. 2022.

[36] Berntson et al. 1997.

nicht in Jahren, sondern in Atemzügen bemessen wird. Diese ist weniger als wörtliche Annahme zu verstehen, sondern verweist auf den Zusammenhang zwischen der Qualität des Atems und dem inneren Gleichgewicht. Die damit verbundene Idee eines begrenzten Vorrats an Atemzügen macht anschaulich, dass ein ruhiger Atemrhythmus mit der Qualität des Lebens in Beziehung steht. Und natürlich die Stille, die wir uns zwischen ihnen erlauben, öffnet in der Kommunikation jenen Raum, in dem Verstehen möglich wird.

10

Digitale Selbstfürsorge: Wege zu innerer Balance und äußerer Resonanz

Dieses Abschlusskapitel widmet sich der Frage, welche Rolle Stille für digitale Selbstfürsorge unter den Bedingungen einer beschleunigten Kommunikationskultur in mediatisierten Lebenswelten spielt. Digitale Kommunikation ist durch permanente Verfügbarkeit, hohe Reizdichte und den sozialen Erwartungsdruck schneller Reaktionen gekennzeichnet. Unter diesen Bedingungen verändert sich nicht nur unser kommunikatives Verhalten, sondern auch die Art und Weise, wie Wahrnehmung, Selbstregulation und Beziehungen geformt sind.

Stille ist dabei weder als Gegenentwurf zur digitalen Welt noch als Form des sozialen Rückzugs zu verstehen. Sie erfüllt vielmehr eine ordnende Funktion innerhalb von Kommunikation selbst. Dort, wo Kommunikation entgrenzt ist und keine Pausen mehr kennt, verliert sie ihre regulierende Kraft. Stille markiert jenen Zwischenraum, in der Selbst-

T. Herdin, *Stille - Ein Weckruf zur digitalen Selbstfürsorge*, Innovativ und kompakt – gesellschaftliche Herausforderungen der Gegenwart, https://doi.org/10.1007/978-3-658-51341-2_10

regulation wirksam werden kann und Beziehung ihre Qualität findet.

Digitale Selbstfürsorge ist in diesem Zusammenhang nicht als Technik oder Optimierungsstrategie zu verstehen. Sie beschreibt vielmehr eine Haltung, die es erlaubt, digitale Kommunikationsräume bewusst zu gestalten. Stille fungiert dabei als vermittelnder Erfahrungsraum zwischen innerer Regulation und äußerer Resonanz.

Der Aufbau des Kapitels folgt dieser Perspektive und entfaltet digitale Selbstfürsorge schrittweise als Haltung und Praxis. Zunächst wird digitale Selbstfürsorge als Kulturtechnik konzipiert und begrifflich abgegrenzt. Anschließend richtet sich der Blick auf innere Prozesse der Selbstführung, die durch Stille regulierend wirksam wird. Abschließend wird die soziale Bedeutung digitaler Selbstfürsorge im Licht von Verantwortung und Resonanz reflektiert.

10.1 Digitale Selbstfürsorge als neue Kulturtechnik

Digitale Selbstfürsorge beschreibt eine Haltung, die das Verhältnis zwischen Mensch und digitaler Umwelt reflektiert. Sie zielt darauf, mentale Gesundheit (Aufmerksamkeit und kognitive Steuerung), emotionale Gesundheit (Wahrnehmung und Regulation von Gefühlen), körperliche Gesundheit (physisches Wohlbefinden) sowie soziale Gesundheit (Beziehungsqualität und Zugehörigkeit) in einer technisierten und medialisierten Lebenswelt zu fördern und die Fähigkeit zur Selbstregulation zu stärken. In diesem Sinne ist sie als eine **neue Kulturtechnik** zu verstehen, die über individuelle Lebensführung hinausreicht, indem sie auch gesellschaftliche Verantwortung einschließt.

Die Notwendigkeit, digitale Selbstfürsorge als neue Kulturtechnik zu begreifen, ergibt sich nicht zuletzt aus der Geschwindigkeit technologischer Entwicklungen. Im Jahr 2007 stellte Steve Jobs das erste iPhone vor und leitete damit eine neue Phase der mobilen, permanent vernetzten Mediennutzung ein. Erst im Jahr 2013 wurden weltweit erstmals mehr Smartphones als klassische Mobiltelefone ohne umfassende Internet- und App-Funktionen verkauft.[1] Mit dieser breiten Durchsetzung des Smartphones gewannen mobile Anwendungen eine neue Alltagsrelevanz. Soziale Netzwerke wurden nun dauerhaft und ortsunabhängig verfügbar und entwickelten sich zu einem omnipräsenten Bestandteil alltäglicher Kommunikation. In diesem Zeitraum etablierte sich damit eine appbasierte Social-Media-Kultur, die Kommunikationspraktiken und soziale Beziehungsmuster nachhaltig veränderte. Aus entwicklungspsychologischer Perspektive handelt es sich hierbei um einen äußerst kurzen Zeitraum von rund 13 Jahren seit der breiten gesellschaftlichen Durchdringung smartphonespezifischer Internetnutzung, der für die Ausbildung entsprechender Lern- und Anpassungsprozesse nur begrenzt ausreicht.

Vor diesem Hintergrund ist es plausibel, dass der Umgang mit digitalen Technologien vielfach noch von Überforderung und Unsicherheit geprägt ist. Diese Beobachtung verweist weniger auf individuelles Versagen als auf fehlende kulturell etablierte Kompetenzen im Umgang mit digitalen Kommunikationsräumen. Digitale Selbstfürsorge macht daher die Notwendigkeit sichtbar, neue kulturelle Fähigkeiten zunächst zu entwickeln, sie bewusst zu erlernen und schließlich im Alltag einzuüben, um sie nachhaltig zu verankern. Sie beschreibt damit keinen spontanen Anpas-

[1] Gartner 2014.

sungsprozess, sondern einen fortlaufenden Lernprozess im Umgang mit einer sich rasch verändernden technischen Umwelt.

Aus diesem Verständnis ist digitale Selbstfürsorge nicht auf Rückzug, sondern auf eine aktive Auseinandersetzung mit dem Leben in einer digitalisierten Umwelt ausgerichtet. Der Begriff beschreibt ein oszillierendes Wechselspiel zwischen innerer und äußerer Bezugnahme. Digitale Selbstfürsorge bewegt sich daher zwischen Selbstwahrnehmung und emotionaler Regulation einerseits sowie der Gestaltung von Beziehung und Resonanzfähigkeit andererseits. Stille kommt in diesem Wechselspiel eine zentrale Bedeutung zu, da sie einen Raum öffnet, in dem innere Prozesse wahrgenommen und zugleich tragfähige Formen von Beziehung gefördert werden können.

Digitale Selbstfürsorge grenzt sich von *Digital Detox* insofern ab, als sie nicht auf Verzicht oder temporäre Abstinenz abzielt, sondern auf Integration. *Digital Detox* wird überwiegend als zeitlich begrenzte Reduktion digitaler Nutzung beschrieben.[2] Digitale Selbstfürsorge hingegen begreift digitale Technologien als Teil einer gestaltbaren Umwelt, deren bewusste Ausrichtung Achtsamkeit, Selbstregulation und Resonanzfähigkeit einschließt. Über diese abstinenzorientierte Perspektive hinaus unterscheidet sich digitale Selbstfürsorge auch von klassischen Konzepten der Selbstfürsorge, da sie digitale Umwelten ausdrücklich als wirksame Kontexte menschlicher Erfahrung berücksichtigt. Während sich traditionelle *Self-Care*-Ansätze vorwiegend auf individuelles Gesundheitsverhalten konzentrieren, richtet digitale Selbstfürsorge den Blick auf die Bedingungen digitaler Kommunikationsräume und deren Einfluss auf Wahrnehmung, emotionale Regulation und soziale Beziehungsprozesse.

---

[2] Syvertsen und Enli 2019.

Selbstfürsorge als Lernprozess

Es stellt sich die Frage, wie psychische Gesundheit unter digitalen Bedingungen erhalten werden kann. Die Weltgesundheitsorganisation beschreibt sie als einen Zustand, der es Menschen ermöglicht, ihre Fähigkeiten zu entfalten, mit Belastungen umzugehen, produktiv tätig zu sein und zur Gemeinschaft beizutragen.[3] In digitalen Lebenswelten ist diese Fähigkeit besonders gefordert und zugleich verletzlich. Selbstfürsorge erschöpft sich nicht im Erhalt von Funktionsfähigkeit, sondern beschreibt die Fähigkeit, den eigenen körperlichen und seelischen Zustand wahrzunehmen und bewusst zu regulieren. In diesem Zusammenhang gewinnt das Konzept des Selbstmitgefühls besondere Bedeutung. Ein freundlicher und nicht wertender Umgang mit eigenen Grenzen fördert emotionale Stabilität und Resilienz[4] und unterstützt damit zentrale Ziele der Selbstfürsorge.

Viele Menschen erleben ihre digitales Nutzungsverhalten als belastend, haben jedoch zugleich Schwierigkeiten, dieses zu verändern. Besonders deutlich zeigt sich diese Spannung bei jüngeren Menschen. Die Generation, die bereits mit Smartphones aufgewachsen ist, weist einerseits eine hohe Affinität zu digitalen Medien auf, entwickelt andererseits jedoch ein starkes Bedürfnis nach Begrenzung. In der Altersgruppe der 18- bis 24-Jährigen schätzen rund 84 % ihre Smartphone Nutzung als zu hoch ein. Auch in den mittleren Altersgruppen bleibt diese kritische Selbsteinschätzung verbreitet, wenn auch abgeschwächt. So liegen die entsprechenden Anteile bei den 25- bis 44-Jährigen noch klar über zwei Dritteln und selbst bei den 45- bis 54-Jährigen noch bei rund 60 %. Erst ab etwa dem 55. Lebensjahr zeigt sich ein markanter Rückgang, mit etwa einem Drittel in der

[3] WHO 2025.

[4] Neff 2003.

Altersgruppe der 55- bis 64-Jährigen.[5] Bemerkenswert ist dabei, dass insbesondere jüngere Nutzerinnen und Nutzer ihre als übermäßig empfundene Smartphone Nutzung nicht nur kritisch reflektieren, sondern diese auch mit konkreten negativen Folgen wie Konzentrationsschwierigkeiten und Schlafproblemen in Verbindung bringen. Auffällig ist, dass diese Einsicht häufig nicht mit einer entsprechenden Verhaltensänderung einhergeht.

Diese Diskrepanz zwischen Einsicht und Verhalten lässt sich nicht allein psychologisch erklären. Neurobiologische Perspektiven weisen darauf hin, dass wiederholte digitale Reizexposition mit spezifischen Belohnungsmechanismen verknüpft ist, die selbst bei hohem Problembewusstsein wirksam bleiben. Die Psychiaterin und Suchtmedizinerin Anna Lembke (2021), Leiterin der spezialisierten Klinik für Abhängigkeitserkrankungen an der Stanford University, beschreibt digitale Mediennutzung im Kontext alltäglicher Belohnungsdynamiken. Smartphones fungieren dabei als kontinuierliche Vermittler dopaminwirksamer Reize und machen kurzfristige Stimulation nahezu jederzeit verfügbar. Diese permanente Verfügbarkeit wirkt vergleichbar mit einer fortlaufenden, mikrodosierten Belohnungszufuhr und verstärkt die Aktivierung dopaminerger Systeme. Diese Prozesse fördern Gewöhnungseffekte, bei denen das Ausbleiben digitaler Reize nicht als neutraler Zustand, sondern als Mangel oder Unruhe erlebt wird. In der Folge entsteht eine paradoxe Situation, in der belastende Nutzungsmuster trotz bewusster Wahrnehmung ihrer negativen Auswirkungen aufrechterhalten bleiben. Digitale Selbstfürsorge erfordert unter diesen Bedingungen weniger Willenskraft als vielmehr Lernräume, in denen Unterbrechung, Regulation und neue Erfahrungsqualitäten schrittweise möglich werden.

---

[5] Deloitte 2024a.

Diese Ambivalenz macht deutlich, dass digitale Selbstfürsorge nicht als einfache Entscheidung zwischen Nutzung und Verzicht verstanden werden kann. Sie beschreibt vielmehr das gleichzeitige Erleben von Entlastung und Belastung, Stabilisierung und Überforderung innerhalb digitaler Kommunikationsräume. Vor diesem Hintergrund ist digitale Selbstfürsorge weder als kurzfristige Verzichtsstrategie noch als modischer Trend zu begreifen, sondern als Lernprozess, der individuelles Verhalten einbettet in eine breitere Auseinandersetzung mit veränderten kommunikativen Praktiken und Nutzungsgewohnheiten.

Ebenen der Verantwortung im digitalen Alltag
Der Umgang mit digitalen Medien wird in öffentlichen Debatten häufig auf individuelles Verhalten reduziert. Fragen der Selbstkontrolle und der persönlichen Disziplin stehen dabei im Vordergrund. Eine solche Perspektive greift jedoch zu kurz. Digitale Überforderung, die zu Aufmerksamkeitsproblemen und emotionaler Erschöpfung führt, entstehen nicht allein aus individuellen Entscheidungen, sondern aus dem Zusammenspiel mehrerer Ebenen, die sich gegenseitig beeinflussen und verstärken.

Digitale Selbstfürsorge stellt einen zentralen, jedoch begrenzten Ansatz im Umgang mit digitaler Überforderung dar. Sie beschreibt den bewussten und reflektierten Umgang einer Person mit digitalen Medien im Hinblick auf das eigene psychische und körperliche Wohlbefinden. Im Zentrum stehen Selbstregulation, die Fähigkeit zur emotionalen Distanzierung sowie die bewusste Gestaltung von Pausen, Übergängen und stillen Momenten im Alltag. Diese individuelle Ebene ist jener Bereich, in dem unmittelbare Handlungsmöglichkeiten bestehen und Veränderungen möglich sind.

Auf der interpersonellen Ebene (Mikroebene) zeigt sich digitale Fürsorge besonders deutlich in Verantwortungsverhältnissen, in denen asymmetrische Rollen bestehen, etwa zwischen Eltern und Kindern oder zwischen Lehrpersonen und Schülerinnen und Schülern. Gerade in diesen Konstellationen stößt die Erwartung individueller Selbstkontrolle rasch an Grenzen. Kinder und Jugendliche verfügen entwicklungsbedingt noch nicht über vollständig ausgereifte neurokognitive Fähigkeiten zur Impulssteuerung, sind zugleich jedoch stark auf digitale Teilhabe angewiesen, um nicht aus sozialen Gefügen ausgeschlossen zu werden. Eine restriktive Begrenzung der Nutzung ist daher weder einfach umsetzbar noch folgenlos. Digitale Selbstfürsorge lässt sich unter diesen Bedingungen nicht allein als individuelle Aufgabe verstehen. Sie verweist vielmehr auf ein kollektives Handlungsproblem, das gemeinschaftliche Strategien erfordert. Orientierung entsteht hier weniger durch einzelne Verbote als durch gemeinsam getragene Regelungen und abgestimmte Praktiken auf Ebene von Klassen, Schulen, Gemeinden oder kommunalen Strukturen. Erst in solchen kollektiven Aushandlungsprozessen kann digitale Selbstfürsorge zu einer tragfähigen sozialen Praxis werden.

Über diese interpersonellen und kollektiven Aushandlungsprozesse hinaus wirken auch organisationale Strukturen (Mesoebene). Schulen, Unternehmen, Organisationen oder andere Institutionen können formelle und informelle Rahmenbedingungen setzen, die digitales Verhalten lenken. Erwartungen an Erreichbarkeit oder Reaktionsgeschwindigkeit bestimmen dabei maßgeblich, in welchem Ausmaß Selbstregulation für Einzelne überhaupt realisierbar ist. Organisationale Verantwortung zeigt sich dort, wo digitale Belastungen erkannt und durch klare Kommunikationsregeln strukturell adressiert werden.

Auf gesellschaftlicher Ebene (Makroebene) wird deutlich, dass digitale Selbstfürsorge nicht allein dem Individuum zu überlassen ist. Gesetzliche Regelungen und medienpolitische Entscheidungen prägen Normen und Erwartungen im Umgang mit digitalen Technologien. Fragen der Altersregulierung, der Nutzungsdauer, des Datenschutzes oder der Plattformverantwortung betreffen kollektive Aushandlungsprozesse und machen sichtbar, dass Selbstkontrolle unter Bedingungen permanenter Verfügbarkeit an strukturelle Grenzen stößt.

Schließlich ist digitaler Mediengebrauch untrennbar mit dem Design der Technologien selbst verbunden (Metaebene). Digitale Hard- und Software sind nicht neutral, sondern aus ökonomischen Gründen gezielt auf Aufmerksamkeitsbindung ausgerichtet. Endlose Feeds und algorithmisch gesteuerte Inhaltspriorisierungen strukturieren Nutzungserfahrungen so, dass Belohnungsmechanismen angesprochen und Verhaltensmuster verstärkt werden. Wie Technologien gestaltet sind, entscheidet wesentlich darüber, ob ein gesunder Umgang erleichtert oder erschwert wird. Digitale Selbstfürsorge kann daher nicht ohne eine kritische Reflexion technologischer Logiken gedacht werden (s. Abb. 10.1).

Dieses Buch setzt bewusst auf der individuellen Ebene digitaler Selbstfürsorge an. Nicht, weil andere Ebenen weniger relevant wären, sondern weil hier konkrete Erfahrungsräume liegen, in denen Menschen ihre Selbstregulation stärken können. Gleichzeitig versteht sich dieser Zugang nicht als Verlagerung von Verantwortung auf Einzelne. Digitale Überforderung darf nicht als persönliches Versagen interpretiert werden, sondern ist Ausdruck eines komplexen Zusammenspiels individueller, sozialer, organisationaler, gesellschaftlicher und technologischer Faktoren.

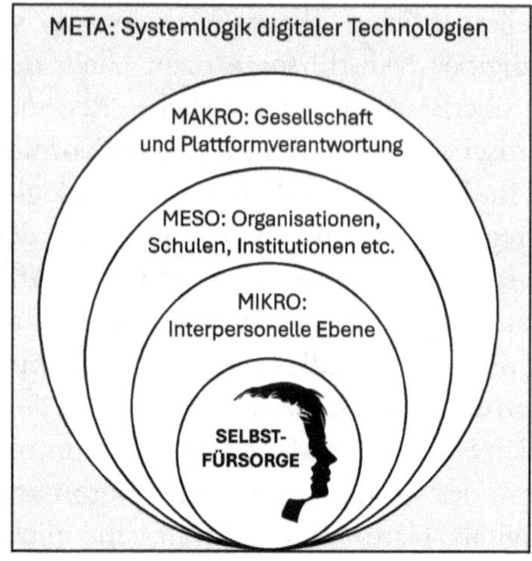

Abb. 10.1 Digitale Selbstfürsorge im Mehrebenengefüge digitaler Verantwortung. (Eigene Darstellung)

Kritik an Selbstoptimierung und funktionalisierter Achtsamkeit

Digitale Technologien sind weder ausschließlich Belastung noch Befreiung. Ihre Wirkung hängt wesentlich von den Bedingungen ihrer Nutzung und damit von der Fähigkeit zur Selbstregulation ab. Sie können soziale Verbundenheit fördern, Bildung erleichtern und hochwertige Informationen zugänglich machen, ebenso aber Überforderung, Abhängigkeit und Erschöpfung verstärken. Digitale Selbstfürsorge zielt nicht auf Distanzierung von Technologie, sondern auf einen bewussten Umgang mit Aufmerksamkeit und inneren Zuständen ab. Achtsamkeit bildet in diesem Zusammenhang eine zentrale Ressource, sofern sie als Haltung der Präsenz verstanden wird. Kritisch wird sie dort, wo sie als Instrumentarium zur Leistungssteigerung reduziert wird.

Im neoliberalen Kontext wird Achtsamkeit bereits funktionalisiert und verliert damit ihren transformativen Gehalt.[6] Sie fügt sich in gesellschaftliche Strukturen ein, die Produktivität und Anpassungsfähigkeit höher bewerten als Innehalten und Reflexion. Auf diese Weise wird Achtsamkeit Teil einer Logik, die jene Überforderung mitträgt, die sie ursprünglich abfedern sollte. Kurze, kontextlose Achtsamkeitsübungen fördern nicht automatisch Empathie oder soziale Verbundenheit, sondern können unter bestimmten Bedingungen sogar mit einer geringeren empathischen Offenheit einhergehen.[7] Wird Achtsamkeit primär zur kurzfristigen Dämpfung unangenehmer Emotionen eingesetzt, etwa durch eine stark beruhigende Atemfokussierung, kann dies auch unbeabsichtigte Effekte haben, indem Gefühle von Schuld, die üblicherweise als Impuls für Einsicht und Entschuldigung wirken, abgeschwächt und damit die Bereitschaft zur Wiedergutmachung konkreter Verfehlungen verringert werden.[8]

Eine vergleichbare Dynamik zeigt sich im Umgang mit Emotionen in digitalen Räumen. Soziale Medien begünstigen Formen positiver Selbstdarstellung, die mit normativen Erwartungen einhergehen, negative Gefühle zu vermeiden oder zu überdecken. Dieses Phänomen wird als *toxische Positivität* beschrieben. Gemeint ist damit eine übermäßige Betonung positiver Haltung, bei der unangenehme Emotionen wie Trauer, Wut oder Angst nicht zugelassen oder sogar abgewertet werden. Das schränkt emotionale Authentizität ein und erschwert die Verarbeitung belastender Erfahrungen, da negative Gefühle nicht integriert, sondern verdrängt werden. Langfristig besteht die Gefahr, dass die

---

[6] Purser 2019.

[7] Ridderinkhof et al. 2017.

[8] Hafenbrack et al. 2022.

Differenziertheit emotionalen Erlebens verloren geht und adaptive Formen der Bewältigung geschwächt werden.[9]

Auch die meditative Praxis selbst ist nicht frei von Ambivalenzen. Studien weisen darauf hin, dass meditative Erfahrungen unter bestimmten Bedingungen belastend sein können. Unerwünschte Effekte treten im Rahmen meditativer Übungen nicht selten auf und umfassen unter anderem Angstzustände, emotionale Überforderung, irritierende Gedanken oder Wahrnehmungsveränderungen sowie eine Destabilisierung des Selbst- oder Weltbezugs, die von Betroffenen als deutlich belastend erlebt werden.[10] Eine systemische Analyse[11] zeigt sogar, dass solche Erfahrungen bei einem relevanten Anteil der Praktizierenden zu beobachten sind, insbesondere in intensiveren oder unbegleiteten Übungsformen. Deshalb ist es notwendig, meditative Praktiken kritisch zu reflektieren.[12]

Digitale Selbstfürsorge bedeutet, unterschiedliche Erfahrungen wahrzunehmen und auch widersprüchliche emotionale Zustände in das eigene Selbstverständnis zu integrieren. In einer Zeit, in der digitale Technologien Erleben, Denken und Fühlen nicht nur beeinflussen, sondern teilweise prägen, wird sie zu einer zentralen Kompetenz. Sie erfordert die Bereitschaft, auch unangenehmen Gefühlen Raum zu geben und ihnen weder reflexhaft auszuweichen noch sie durch ständige Reize oder positive Selbstdarstellung zu überdecken, sondern diese Gefühlslage in Momenten der Stille wahrzunehmen. Dies setzt eine Form von Achtsamkeit voraus, die nicht primär auf Optimierung oder sofortige Beruhigung ausgerichtet ist, sondern auf ein Hinwenden zu inneren Prozessen, die mitunter als heraus-

[9] Wyatt 2024; Ungvarsky 2025.

[10] Schlosser et al. 2019.

[11] Farias et al. 2020.

[12] Britton et al. 2021.

fordernd erlebt werden können. Stille ist in diesem Sinne kein durchgängig angenehmer Zustand, sondern ein Erfahrungsraum, der Zugang zu inneren Regungen eröffnet, die im digitalen Alltag häufig übergangen oder unterdrückt werden.

Reduktion als Weg zur Präsenz

Ein achtsamer Umgang mit der eigenen Smartphone-Nutzung kann mit Verbesserungen des psychischen Wohlbefindens einhergehen. In einer randomisierten kontrollierten Studie führte die Begrenzung der täglichen Smartphone-Nutzung auf maximal zwei Stunden bereits nach drei Wochen zu signifikanten Verbesserungen von depressiven Symptomen, des Stresserlebens, der Schlafqualität und des allgemeinen Wohlbefindens. Die Effekte lagen im kleinen bis mittleren Bereich und wurden in einer Stichprobe gesunder junger Erwachsener beobachtet, überwiegend bei Studierenden im Alter von 18 bis 29 Jahren.[13] Auch kürzere Phasen bewusster Unterbrechung können regulierende Wirkungen entfalten. Experimentelle Untersuchungen, in denen der Smartphonegebrauch für 72 h deutlich eingeschränkt wurde, weisen auf Veränderungen in der Reaktivität belohnungsbezogener neuronaler Prozesse sowie auf Modulationen zentraler Systeme der Reizverarbeitung und Verhaltenssteuerung hin. Übertragen lässt sich dies so verstehen, dass digitale Reize an unmittelbarer Anziehungskraft verlieren können und impulsive Reaktionen tendenziell weniger automatisch ablaufen, während Prozesse der Verhaltenssteuerung stärker in den Vordergrund treten.[14] Vergleichbare Effekte lassen sich auch in jüngeren Altersgruppen beobachten. Eine Reduktion der Bildschirmzeit bei Kindern und Jugendlichen kann mit

[13] Pieh et al. 2025.

[14] Schmitgen et al. 2025.

einer Abnahme psychischer Belastungen einhergehen, etwa in Bezug auf Angst und depressive Verstimmungen, sowie mit positiven Veränderungen im psychosozialen Erleben.[15] Auch bei Erwachsenen zeigen sich nach einer Reduktion der Bildschirmzeit Verbesserungen von Wohlbefinden und Stimmung.[16]

Diese Befunde lassen erkennen, dass nicht die Technologie selbst, sondern der unreflektierte Umgang mit ihr eine zentrale Herausforderung darstellt. Eine bewusste Reduktion externer Reize wirkt entlastend auf kognitive und emotionale Prozesse und kann das Erleben von Ausgeglichenheit und Präsenz fördern.[17] Entscheidend wird damit die innere Haltung zur digitalen Nutzung. Ob Begrenzung als Verlust oder als Möglichkeit zur Selbstregulation erlebt wird, beeinflusst maßgeblich ihre Wirkung. Dieses Spannungsfeld zeigt sich exemplarisch in den Konzepten *Fear of Missing Out* (FOMO) und *Joy of Missing Out* (JOMO). FOMO beschreibt die Sorge, durch digitale Nichtteilhabe soziale Anschlussmöglichkeiten zu verlieren und steht in Zusammenhang mit erhöhter Anspannung, stärkerem sozialen Vergleich und problematischer Mediennutzung.[18] JOMO hingegen beschreibt eine Haltung, in der bewusste digitale Distanzierung nicht als Verzicht, sondern als entlastende Unterbrechung erlebt wird, die Raum für innere Präsenz eröffnet. Erste Befunde deuten darauf hin, dass eine

[15] Schmidt-Persson et al. 2024.

[16] Pedersen et al. 2022.

[17] Zu berücksichtigen ist, dass ein Großteil der empirischen Forschung zu digitalen Medien und psychischer Gesundheit auf vergleichsweise kurzen Beobachtungszeiträumen und begrenzten Stichproben beruht. Langfristige Effekte lassen sich bislang nur eingeschränkt untersuchen, nicht zuletzt deshalb, weil soziale Medien und mobile digitale Technologien erst seit relativ kurzer Zeit in dieser Breite und Intensität Teil des Alltags sind. Entsprechend fehlen derzeit belastbare Langzeitstudien, die Entwicklungsverläufe über mehrere Jahrzehnte hinweg abbilden.

[18] Rautela und Sharma 2022; Stead und Bibby 2017.

ausgeprägtere JOMO-Haltung mit höherem subjektivem Wohlbefinden, größerer Selbstwirksamkeit und emotionaler Ausgeglichenheit einhergehen kann.[19] Die Auseinandersetzung mit FOMO und JOMO berührt damit grundlegende Fragen der Selbstwahrnehmung, der emotionalen Regulation und der Fähigkeit, Stille als bewussten Erfahrungsraum zuzulassen.

Digitale Selbstfürsorge ist eine Form von Selbstführung. Sie zielt nicht auf Abkehr, sondern auf die Fähigkeit, Aufmerksamkeit zu regulieren und Unterbrechungen so zu nutzen, dass sie Orientierung und innere Stabilität ermöglicht. Entscheidend ist dabei weniger die Unterbrechung selbst als ihre Einbettung in den Alltag und ihre Anschlussfähigkeit an bestehende Lebensrealitäten. Stille erfährt dabei eine funktionale Bedeutung, indem sie das Reiz-Reaktions-Muster unterbricht und Bedingungen für Selbstwahrnehmung und Präsenz schafft. Im Unterschied zu abstinenzorientierten Ansätzen wie *Digital Detox* entfaltet sie ihre Wirkung nicht durch Verzicht, sondern durch regulierende Eingriffe im alltäglichen Mediengebrauch. Auf diese Weise trägt digitale Selbstfürsorge dazu bei, digitale Nutzung nicht gewohnheitsmäßig, sondern reflektiert zu gestalten.

10.2 Die innere Praxis digitaler Selbstfürsorge

Digitale Selbstfürsorge lässt sich in der persönlichen Praxis nicht nur auf Haltung oder Reflexion reduzieren. Ihre Wirksamkeit entfaltet sich dort, wo sie leiblich verankert ist. Der Blick richtet sich nun auf jene inneren Prozesse, durch die Selbstregulation unter digitalen Bedingungen

[19] Barry et al. 2023.

konkret erfahrbar wird. Selbstfürsorge ist in diesem Sinne eine verkörperte Praxis, in der Sprache, Leib und Wahrnehmung untrennbar zusammenwirken.

Die innere Dimension digitaler Selbstfürsorge entfaltet sich auf drei miteinander verbundenen Ebenen der Selbstregulation. Sie umfasst erstens die bewusste Gestaltung der Atmung als grundlegenden Zugang zur Regulation physiologischer Prozesse. Zweitens richtet sie sich auf den inneren Dialog als Form intrapersoneller Kommunikation, in der Bewertung und Handlung sprachlich vermittelt werden. Drittens bezieht sie die leibliche Dimension des Erlebens ein, in der emotionale Zustände und körperliche Resonanz miteinander verschränkt sind.

Stille kommt in allen drei Ebenen eine zentrale Funktion zu. Sie unterbricht äußere Reizdynamiken und öffnet den Zugang zu jenen Prozessen, durch die Selbstregulation wirksam werden kann. In der bewussten Atmung, im inneren Dialog und in der leiblichen Sensibilität für atmosphärische Wirkungen bildet Stille den gemeinsamen Erfahrungsraum. Damit wird die innere Praxis digitaler Selbstfürsorge zu einem Fundament emotionaler Stabilität und reflektierten Handelns unter Bedingungen beschleunigter digitaler Kommunikation.

Selbstmitgefühl und emotionale Souveränität stehen damit in engem Zusammenhang. Kristin Neff (2003) beschreibt Selbstmitgefühl als die Fähigkeit, in Momenten von Leiden, Überforderung oder Scheitern freundlich und verständnisvoll mit sich selbst umzugehen, anstatt mit Selbstkritik oder Abwertung zu reagieren. Diese Haltung wirkt regulierend auf emotionale Prozesse und trägt zur Stabilisierung innerer Zustände bei. Emotionale Souveränität geht darüber hinaus. Sie bezeichnet die Fähigkeit, eigene Emotionen wahrzunehmen, anzunehmen und zu modulieren, ohne von ihnen überwältigt zu werden oder sie zu unterdrücken. Sie entsteht aus dem Zusammenspiel von

Selbstakzeptanz und physiologischer Regulation. In der interpersonellen Neurobiologie beschreibt Daniel Siegel (2012) diesen Prozess als Integration und versteht darunter die Verbindung unterschiedlicher neuronaler, emotionaler und kognitiver Prozesse zu einem kohärenten inneren Erleben.

Digitale Selbstfürsorge lässt sich in diesem Sinne als integrative Praxis verstehen. Kognition, Emotion und Körperempfindung werden nicht getrennt behandelt, sondern in ihrem Zusammenspiel wahrgenommen und reguliert. Dies steht im Kontrast zu verbreiteten Formen funktionalisierter Selbstoptimierung. Selbstfürsorge zielt nicht darauf, das eigene Funktionieren zu perfektionieren, sondern die Beziehung zu sich selbst zu klären. Sie ist damit eine ethische Praxis, die auf Selbstakzeptanz und innerer Verbundenheit gründet und damit jene Voraussetzungen schafft, aus denen ein achtsames, verantwortungsvolles und tragfähiges soziales Miteinander hervorgehen kann.

Die Kraft der Atmung: Zugang zur Selbstregulation

Atmung zählt zu den grundlegendsten Formen der Selbstregulation. Sie verbindet Körper und Bewusstsein in einem rhythmischen Prozess, der sowohl unbewusst abläuft als auch willentlich beeinflusst werden kann. Durch bewusstes Atmen lassen sich autonome Regulationsmechanismen aktivieren, die zu innerer Ruhe und emotionaler Stabilisierung beitragen. Empirische Studien zeigen, dass langsames und bewusst geführtes Atmen die Aktivität des Parasympathikus stärkt und die Herzratenvariabilität erhöht, was als physiologischer Marker emotionaler Regulation gilt.[20] Unter Bedingungen digitaler Reizüberflutung kann bewusste Atmung dazu beitragen, einen Übergang von sympathi-

[20] Zaccaro et al. 2018; Laborde et al. 2019.

scher Überaktivierung zu parasympathischer Beruhigung zu ermöglichen.

Neurobiologische Modelle verdeutlichen, dass Atmung eng mit dem Erleben von Sicherheit und Selbstberuhigung verbunden ist. Die Regulation des Atemrhythmus unterstützt die Aktivierung jener neuronalen Systeme, die emotionale Ausgeglichenheit und kognitive Klarheit begünstigen.[21] Ein ruhiger Atem wirkt dabei als Signal für innere Sicherheit und erleichtert die Integration emotionaler und kognitiver Prozesse. Ein praxisnahes Beispiel für eine regulierende Atemform ist eine ruhige, rhythmische Atmung mit etwa fünf Sekunden Ein- und Ausatmung. Diese gleichmäßige Atemführung liegt im Bereich der kardiorespiratorischen Resonanzfrequenz und begünstigt eine enge Kopplung von Atmung und Herzschlag. Empirische Befunde zeigen, dass Atmung in diesem Frequenzbereich die Baroreflexaktivität (zentrale Rückkopplungsmechanismen der Blutdruck- und Herzregulation) stärkt, die Herzratenvariabilität erhöht und damit autonome Selbstregulation sowie emotionale Stabilisierung unterstützt.[22] Eine leichte Verlängerung der Ausatmung bei zugleich etwas verkürzter Einatmung begünstigt eine Verschiebung der autonomen Aktivität in Richtung parasympathischer Prozesse.

Auch die körperliche Dimension emotionalen Erlebens steht in engem Zusammenhang mit der Atmung. Untersuchungen zu den sogenannten Körperkarten der Emotionen zeigen, dass unterschiedliche emotionale Zustände mit spezifischen Mustern körperlicher Aktivierung einhergehen.[23] Bewusste Atmung kann diese Muster beeinflussen, indem sie über das autonome Nervensystem regulierend

---

[21] Porges 2011.

[22] Shaffer und Meehan 2020.

[23] Nummenmaa et al. 2014.

auf emotionale Prozesse einwirkt. In diesem Sinne bildet Atmung den Kern einer leiblich fundierten Praxis digitaler Selbstfürsorge.

Bewusstes Atmen besitzt darüber hinaus eine zeitliche Dimension. Es unterbricht den Beschleunigungstakt des Alltags und eröffnet Momente des Innehaltens. Dieses temporale Anhalten schafft Raum für Wahrnehmung und Selbstbezug, aus dem heraus Handeln und Kommunikation neu ausgerichtet werden können.

Die Kraft der Worte: der innere Dialog

Kommunikation erschöpft sich nicht im Austausch zwischen Menschen. Sie umfasst auch die Weise, wie Menschen mit sich selbst sprechen und bildet als Form intrapersoneller Kommunikation die Grundlage von Selbstreflexion. Stille ist dabei keine Unterbrechung von Kommunikation, sondern ihre Voraussetzung. Erst in Momenten innerer Ruhe wird der eigene innere Dialog wahrnehmbar, der unser Denken kontinuierlich begleitet. Er kommentiert Erfahrungen, bewertet Situationen und strukturiert Handlungsimpulse. In der Forschung wird dieses Phänomen als *inner speech* beschrieben und als ein fortlaufender Austausch zwischen verschiedenen Bewusstseinsanteilen verstanden.[24] Ist dieser innere Dialog durch permanente äußere Reize überlagert, geht der Zugang zu innerer Orientierung und Selbststeuerung verloren.

Stille eröffnet den Raum, in dem diese innere Stimme überhaupt Gehör findet. Sie ermöglicht eine Distanzierung von automatisierten Gedankenschleifen, die häufig durch Bewertungen (wie Kritik und Selbstkritik) geprägt sind. Die bewusste Wahrnehmung des inneren Dialogs stellt einen ersten Schritt zu emotionaler Selbstregulation dar. Wer mithilfe des inneren Dialogs Emotionen verstärken

[24] Baars 2003; Fernyhough 2009.

oder abschwächen kann, gewinnt Handlungsspielraum. Dan Siegel (2012), Psychiater, klinischer Professor für Psychiatrie an der UCLA und Begründer der Interpersonalen Neurobiologie, verwendet hierfür die Metapher der *limbischen Lava*, um intensive affektive Zustände zu beschreiben, die ohne Regulation zu impulsivem Handeln führen können. Gemeint sind damit Prozesse in evolutionär älteren Hirnregionen, die für die schnelle Bewertung von Situationen und die Entstehung grundlegender emotionaler Reaktionen zuständig sind. Diese sogenannten limbischen Strukturen arbeiten weitgehend automatisch und dienen dem Schutz des Organismus, indem sie Bedrohungen rasch erkennen und entsprechende Reaktionen auslösen. Bei starker oder anhaltender Aktivierung können diese emotionalen Prozesse jedoch an Intensität gewinnen und gleichsam *hochkochen*. In solchen Zuständen sind jene Hirnbereiche, die für bewusstes Abwägen und Impulskontrolle verantwortlich sind (insbesondere präfrontaler Cortex), vorübergehend eingeschränkt erreichbar. Die Folge ist, dass Handlungen weniger reflektiert erfolgen und stärker von unmittelbaren emotionalen Reaktionen bestimmt werden, wodurch impulsives und reaktives Verhalten wahrscheinlicher wird.

Wird inneres Erleben sprachlich gefasst, kann damit die Intensität emotionaler Aktivierung zuerst wahrgenommen und daran anschließend beeinflusst werden. Der innere Dialog kann somit regulierend auf affektive Prozesse wirken. Dieser Zusammenhang lässt sich in der Formulierung verdichten, dass der Zugang zu den eigenen Gefühlen wesentlich über die Kommunikation mit sich selbst erfolgt. Selbstgespräche sind eine Form der Selbstbegegnung. Sie dienen der Klärung innerer Zustände. Stille schafft den Raum, in dem diese Form der Selbstkommunikation möglich wird. In ihr entsteht der Abstand, der bewusstes Handeln erst erlaubt.

Die Qualität intrapersoneller Kommunikation wirkt sich auch auf zwischenmenschliche Beziehungen aus. Wer mit sich selbst in einem bewussten und wohlwollenden Dialog steht, ist eher in der Lage, anderen aufmerksam, empathisch und differenziert zu begegnen. Stille eröffnet hier einen Resonanzraum, in dem nicht nur eigene Emotionen, sondern auch die Gefühle des Gegenübers wahrgenommen werden können.

Digitale Medien beeinflussen diesen Prozess in zweifacher Weise. Einerseits erweitern sie kommunikative Möglichkeiten, andererseits überlagern sie durch permanente Reizangebote den inneren Dialog. Digitale Dauerkommunikation kann die Fähigkeit zur Selbstreflexion beeinträchtigen, indem sie nach innen gerichtete Wahrnehmung verdrängt.[25] Sprache verbindet somit nicht nur Menschen miteinander, sondern auch den Einzelnen mit sich selbst. Der innere Dialog bildet eine zentrale Schnittstelle zwischen Wahrnehmung und Handlung und ist ein wesentlicher Bestandteil digitaler Selbstfürsorge.

Die Kraft des Leibes: atmosphärische Sensibilität

Der Leib bildet den Erfahrungsraum, in dem Wahrnehmung, Emotion und Bewusstsein zusammenwirken. In der phänomenologischen Tradition wird er nicht als bloßer Körper verstanden, sondern als Medium der Weltbegegnung, durch das Menschen sich selbst und ihre Umwelt erfahren.[26] Diese Perspektive wird heute unter dem Begriff Embodiment aufgegriffen, der bezeichnet, dass Erleben, Denken und Handeln stets leiblich verankert sind und nicht unabhängig vom Körper stattfinden. Der Leib ist in diesem Sinne eine spürende und sinnstiftende Instanz, in der innere und äußere Prozesse untrennbar miteinander

[25] Gioia et al. 2021; San Martín Iñiguez et al. 2024.

[26] Merleau-Ponty 1966.

verschränkt sind. Als solche somatisiert er Resonanz und verankert Erfahrungen als Leiblichkeit im Menschen. Dadurch verleiht er Erlebnissen ihre Bedeutsamkeit und macht sie überhaupt erst zugänglich. Merleau-Ponty (1966, S. 117) beschreibt den Leib daher „als Mittel unserer Kommunikation mit der Welt". Wahrnehmung, Verstehen und Beziehung sind in diesem Verständnis nicht primär kognitive Akte, sondern leiblich vermittelt. Entsprechend gilt: „Durch meinen Leib verstehe ich den Anderen, so wie ich auch durch meinen Leib die ‚Dinge' wahrnehme".[27]

Die Neue Phänomenologie hebt diese leibliche Dimension besonders hervor, indem sie den Begriff der Atmosphäre einführt. Atmosphären werden nicht als rein subjektive Stimmungen verstanden, sondern als räumlich wirksame, affektive Kräfte, die Menschen umgeben und leiblich berühren.[28] Auch digitale Umwelten erzeugen solche Atmosphären. Bewegtbildsequenzen, Interaktionslogiken, Vergleichsdynamiken und permanente Erreichbarkeit schaffen spezifische Gefühlsräume, die Anspannung, Unruhe oder Fragmentierung von Aufmerksamkeit begünstigen können.

Digitale Selbstfürsorge bedeutet vor diesem Hintergrund, atmosphärische Sensibilität zu entwickeln. Sie schließt die Fähigkeit ein, leiblich wahrzunehmen, wie unterschiedliche Umwelten wirken und welche digitalen Räume dabei als anregend, ausgleichend oder erschöpfend erlebt werden. Diese Wahrnehmung beruht wesentlich auf interozeptiver Bewusstheit, also der Aufmerksamkeit für innere körperliche Signale, die mit der emotionalen Verarbeitung verknüpft ist.[29] Eine gut ausgeprägte interozeptive Sensibilität kann damit emotionale Selbstregulation unter-

---

[27] Merleau-Ponty 1966, S. 220.

[28] Schmitz 2014.

[29] Pollatos und Schandry 2008.

stützen, da Veränderungen im Erregungsniveau frühzeitig erfahrbar werden.

Digitale Aktivitäten wirken zudem auf Haltung, Atmung und Muskeltonus. Reduzierte Bewegungsvielfalt durch langes, statisches Sitzen und flache Atmung verändert damit das leibliche Erleben und beeinflusst emotionale Zustände. Digitale Selbstfürsorge umfasst daher auch das Bewusstsein für diese körperlichen Rückkopplungen, durch die psychische Belastung verstärkt oder abgepuffert werden kann.

In der neurobiologischen Emotionsforschung wird diese leibliche Dimension zunehmend durch das Modell des Körperbudgets[30] beschrieben, wie es die Neurowissenschaftlerin und Emotionsforscherin Lisa Feldman Barrett im Rahmen ihrer Theorie konstruierter Emotionen ausgearbeitet hat. Diesem Ansatz nach lassen sich emotionale Zustände als energetische Investitionen verstehen, die Ressourcen beanspruchen oder zur Regulation beitragen. Dauererregung, soziale Vergleichsprozesse und permanente Aufmerksamkeit nach außen belasten dieses Budget, während Erholung, soziale Sicherheit und Selbstregulation zu seiner Regeneration beitragen. Digitale Selbstfürsorge kann vor diesem Hintergrund als bewusste Pflege eines begrenzten Körperbudgets verstanden werden. Sie zielt nicht auf Disziplin oder Kontrolle, sondern auf verantwortungsvolle Selbststeuerung. Stille nimmt in diesem Modell eine zentrale Rolle ein, da sie einen Regenerationsraum schafft, in dem das autonome Nervensystem entlastet und leibliche Balance wiederhergestellt werden kann. In diesem Zusammenhang ist sie als leiblich erfahrbare Qualität zu verstehen. Sie bringt Aufmerksamkeit in den Körper zurück und macht den Leib damit zum Resonanzorgan zwischen Innen und Außen.

[30] Barrett 2017.

10.3 Von der Stille zur Resonanz: die soziale Dimension digitaler Selbstfürsorge

Digitale Selbstfürsorge erschöpft sich nicht in individueller Selbstregulation. Sie besitzt stets eine zwischenmenschliche und gesellschaftliche Dimension. Entscheidend ist, ob innere Stabilität zu Rückzug oder zu Verbundenheit führt. Erst wenn diese Form der Regulation den Blick nach außen öffnet, entfaltet digitale Selbstfürsorge ihre Bedeutung für ein soziales Miteinander.

Stille wirkt in diesem Zusammenhang als vermittelnde Bedingung zwischen Selbstwahrnehmung und zwischenmenschlicher Resonanz. Sie beeinflusst, wie Menschen einander begegnen und aufeinander reagieren. Die Fähigkeit, mit sich selbst in Kontakt zu stehen, bildet dabei die Voraussetzung für Präsenz und Offenheit im Umgang mit anderen. In Momenten bewusster Stille entsteht ein Raum, in dem Resonanz möglich wird und sich in wechselseitigem Wahrnehmen und In-Beziehung-Treten ausdrückt. Resonanz beschreibt nach Hartmut Rosa (2016) eine Form lebendiger Weltbeziehung, die auf Empfänglichkeit und Antwortfähigkeit beruht. Dabei handelt es sich nicht um einen bloßen Austausch von Informationen, sondern um eine Antwortbeziehung zwischen Subjekt und Welt, die sich der vollständigen Kontrolle entzieht und nicht erzwungen werden kann. Gerade unter Bedingungen digital beschleunigter Kommunikation gerät diese Qualität unter Druck, da Interaktion häufig von Zeitverdichtung und permanenter Erreichbarkeit geprägt ist. Stille gewinnt vor diesem Hintergrund eine besondere Bedeutung, weil sie jene Unterbrechung schafft, in denen Resonanz überhaupt entstehen kann. Sie wird zu einer regulativen Haltung im kommunikativen Handeln, durch die Aufmerksamkeit und Beziehung wieder in ein tragfähiges Verhältnis gesetzt werden. Stille ermöglicht es, äußere Impulse bewusst zu begrenzen und damit die Voraussetzungen für Zuhören und Einfühlung zu schaffen. In diesem Sinne ist Stille kein Rückzug aus der Kommunikation, sondern eine Form bewusster Gestaltung, durch die gegenseitiges Verstehen gefördert wird.

Stille eröffnet zudem auch kreative Handlungsspielräume. Die temporäre Abwesenheit äußerer Reize entlastet das kognitive System und schafft einen offenen Denkraum, in dem neue Verknüpfungen sich ausbilden können. Kreative Einsichten entstehen häufig nicht unter permanenter Aktivität, sondern in Momenten des Innehaltens oder der scheinbaren Untätigkeit. Diese Erfahrung ist eng mit dem Phänomen der Langeweile verbunden, ein Zustand, der bei einem digitalen Lebensstil häufig vermieden wird. Mobile Technologien bieten jederzeit Möglichkeiten zur Ablenkung und Überbrückung innerer Leere. Doch gerade die Fähigkeit, Langeweile auszuhalten, erweist sich als Ressource. Byung-Chul Han (2010) beschreibt die sogenannte tiefe Langeweile als Voraussetzung für kontemplative Aufmerksamkeit und geistige Sammlung. Permanente Kommunikation und Reizexposition verhindern jedoch jene Formen des Verweilens, in denen Wahrnehmung sich vertiefen und neu ordnen kann.

Zwischen Reiz und Reaktion: der Raum der Achtsamkeit

In digitalen Kommunikationsumgebungen verkürzt sich häufig die Zeit zwischen Reiz und Reaktion. Benachrichtigungen erzeugen einen Handlungsdruck, der unmittelbare Antworten begünstigt. Damit wächst die Gefahr, impulsiv und reaktiv zu handeln.

In der existenzanalytischen Tradition Viktor Frankls wird Freiheit nicht als Abwesenheit von Bedingungen verstanden, sondern als Fähigkeit, zu inneren und äußeren Impulsen bewusst Stellung zu nehmen. Diese Haltung lässt sich in einem vielfach rezipierten, Frankl zugeschriebenen Zitat verdichten: „Zwischen Reiz und Reaktion liegt ein Raum. In diesem Raum liegt unsere Macht zur Wahl unserer Reaktion. In unserer Reaktion liegen unsere Entwicklung und unsere Freiheit." Auch wenn diese Formulierung nicht wörtlich aus Frankls Schriften stammt,[31] bringt sie den Kern seines Freiheitsverständnisses prägnant zum Ausdruck. Der Gedanke eines solchen Zwischenraums, der menschliche Wahl und Selbststeuerung eröffnet, bildet eine zentrale Brücke zwischen existenzanalytischem Denken und zeitgenössischen Konzepten achtsamer Selbstführung und Selbstregulation.

Dieser Zwischenraum ist als Möglichkeit angelegt, wird jedoch nicht automatisch wirksam, sondern muss aktiv geöffnet werden. Er entsteht, wenn gewohnte Reiz-Reaktions-Muster unterbrochen werden. Stille spielt dabei eine zentrale Rolle, weil sie eine zeitliche Verzögerung schafft, in der Reize wahrgenommen werden können, ohne sofort zu handeln. Achtsamkeit bezeichnet in diesem Zusammenhang nicht einen Zustand, sondern die Fähigkeit, diesen Moment der Unterbrechung aktiv zu gestalten und Wahrnehmung von automatisierter Bewertung zu entkoppeln.

Hinweise auf einen solchen Erfahrungsraum finden sich in zahlreichen kulturellen und spirituellen Traditionen. So verweist beispielsweise der indische Begriff *sukha* auf einen inneren und äußeren Raum des Gleichgewichts, in dem

[31] Dieses Zitat wird häufig Viktor Frankl zugeschrieben, ohne sich in dieser Form wörtlich in seinen Schriften nachweisen zu lassen. Im populärwissenschaftlichen und wissenschaftlichen Kontext hat sich die Formulierung dennoch verselbstständigt und findet sich inzwischen auch in seriösen Publikationen und auf einschlägigen Internetseiten. Ein solches Phänomen lässt sich als Beispiel für *textbookery* beschreiben. Dieser von Robert C. Bolles (1993) geprägte Begriff verweist darauf, wie sich inhaltlich nicht belegte Aussagen durch wiederholte Übernahme in Lehrbüchern und Lehrkontexten verbreiten und schließlich den Status scheinbarer Fakten erlangen (Giobbi 2012). Der Gedanke eines Zwischenraums zwischen Reiz und Reaktion, der menschliche Wahlfreiheit eröffnet, wurde insbesondere durch Stephen R. Covey popularisiert.

Offenheit und Klarheit möglich werden und zur Stabilisierung beitragen können.[32] Ein vergleichbarer Zugang findet sich im Buddhismus im Konzept der *upekkhā*, das eine Haltung des Gleichmuts und der Nicht-Reaktivität beschreibt. Digitale Selbstfürsorge kann zur Ausweitung solcher Räume beitragen, indem sie Reaktivität mindert und bewusste Selbststeuerung unter Bedingungen digitaler Beschleunigung unterstützt.

Digitale Selbstführung zwischen Rückzug und Resonanz
Digitale Selbstführung entscheidet sich in der Art und Weise, wie wir mit Verunsicherung umgehen. Aktuelle Medienumgebungen konfrontieren uns Menschen fortlaufend mit widersprüchlichen Informationen und Meinungen. Daraus resultiert Irritation und fordert unsere Orientierung heraus. Entscheidend ist nicht das Vorhandensein von Ambiguität, sondern wie wir darauf reagieren.

Das nun vorgestellte Modell beschreibt zwei mögliche Bewegungsrichtungen im Umgang mit Verunsicherung. Es handelt sich dabei um zwei dynamische Prozesse, die sich unter bestimmten Bedingungen verstärken und verfestigen können. Beide Bewegungen lassen sich als Spiralen beschreiben, die entweder zu Rückzug und Verengung oder zu Öffnung und Resonanzfähigkeit führen.

Die nach innen gerichtete Spirale der Selbstverengung
Begegnungen mit divergierenden Weltsichten können als irritierend oder bedrohlich erlebt werden. Wird diese Irritation primär als Angriff auf die eigene Weltsicht gedeutet, setzt häufig eine Rückzugsbewegung ein. An die Stelle der Auseinandersetzung mit dem Fremden tritt die Orientierung an Bekanntem, Vertrautem und Gleichgesinnten. Digitale Technologien erleichtern diesen Rückzug, etwa durch

[32] Choudry und Vinayachandra 2015.

personalisierte Inhalte und die Ausbildung sogenannter Echokammern, in denen bestehende Überzeugungen fortlaufend bestätigt und nur selten hinterfragt werden.

Die Aufmerksamkeit richtet sich in der Folge zunehmend nach innen. Mobile Endgeräte mit ihren Applikationen fungieren als permanente Begleiter, die Sicherheit und Kontrolle versprechen. Gleichzeitig nimmt die Offenheit für Unbekanntes ab. Widersprüchliche Informationen werden vermieden oder abgewertet, wodurch die Fähigkeit, Ambiguität auszuhalten, sinkt.

Paradoxerweise kann in diesem Prozess das subjektive Gefühl entstehen, gut informiert und orientiert zu sein. Tatsächlich verengt sich jedoch der Weltbezug. Die eigene Perspektive wird zur primären Referenz für Wirklichkeit und gleichzeitig verlieren alternative Sichtweisen an Bedeutung. Damit fehlt ein Orientierungsraum, in dem Irritation verarbeitet und Selbstreflexion möglich wäre. Die Spirale verengt sich weiter nach innen. Das Selbst wird dabei zunehmend zum Maßstab von Wirklichkeit, während sich der Horizont des Weltbezugs schrittweise verengt.

Die nach außen gerichtete Spirale der Selbstöffnung

Begegnungen mit divergierenden Weltsichten werden auch in dieser Bewegungsrichtung als herausfordernd erlebt. Entscheidend ist jedoch, ob die entstehende Verunsicherung ausschließlich als Bedrohung erlebt wird oder als Anlass zur Reflexion. Wird Irritation nicht abgewehrt, sondern zugelassen, kann sich eine neue Weltorientierung eröffnen. Anstelle einer reflexhaften Reaktionen tritt eine Unterbrechung automatisierter Muster ein. Stille spielt hierbei eine zentrale Rolle. Sie schafft einen Wahrnehmungsraum, in dem Emotionen nicht sofort bewertet oder abgewehrt werden müssen. Durch das bewusste Zulassen von Stille erweitert sich die Aufmerksamkeit über die eigene Sichtweise hinaus.

Bisherige Deutungsmuster werden nicht gänzlich aufgegeben, aber als perspektivisch erkannt. Die Fähigkeit, Ambiguität auszuhalten, nimmt zu. Im weiteren Verlauf entwickelt sich Resonanzfähigkeit. Resonanz meint hier nicht Harmonie oder Übereinstimmung, sondern die Fähigkeit, auf Menschen und Situationen offen zu antworten. Resonante Kommunikation trägt Differenz, ohne sie aufzulösen, und ermöglicht Beziehung trotz Ungewissheit.[33] In dieser Bewegung fungiert Stille als Orientierungsraum. Sie unterstützt Selbstführung und öffnet zugleich den Weg in Beziehung. Die Spirale erweitert sich nach außen (s. Abb. 10.2).

Das dargestellte Modell versteht sich nicht als Anleitung, sondern als Einladung zur Selbstbeobachtung. Es beschreibt Bewegungen, die sich im Alltag oft schleichend und unbemerkt vollziehen. Digitale Selbstfürsorge zeigt sich weniger in einzelnen Entscheidungen als in der wiederkehrenden Bereitschaft, innezuhalten und den eigenen Standpunkt kritisch zu prüfen.

Die Haltung des Habens und des Seins im Kontext digitaler Selbstfürsorge

Erich Fromm (1976) unterscheidet mit den Konzepten des Habens und des Seins zwei grundlegende Weisen menschlicher Existenz, wie Individuen sich selbst wahrnehmen und ihre Welt gestalten. Es handelt sich dabei nicht um moralische Kategorien im Sinne von richtig oder falsch, sondern um unterschiedliche Formen des In-der-Welt-Seins, die Erleben und Handeln prägen.

Die Haltung des Habens ist auf Aneignung und Besitz ausgerichtet. In diesem Modus definiert sich der Mensch über das, was er vorweisen kann. Wissen wird angehäuft, Beziehungen funktionalisiert und Erfahrungen zu etwas,

[33] Klinglmayr 2025.

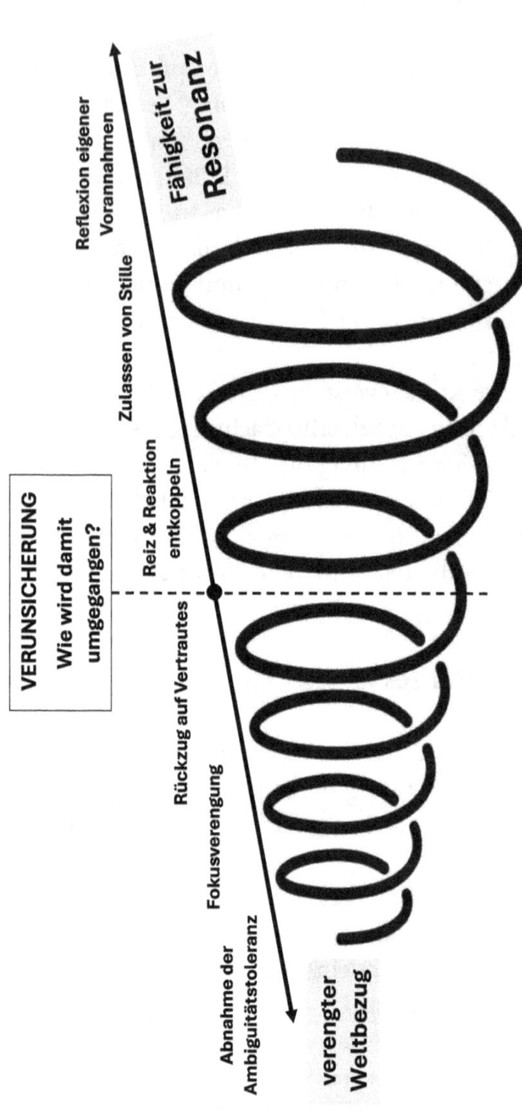

Abb. 10.2 Spiralenmodell digitaler Selbstführung zwischen Selbstverengung und Selbstöffnung. (Eigene Darstellung)

die man macht und damit besitzt. Das Haben folgt einer Logik der Stabilisierung, die darauf gerichtet ist, Unsicherheit zu reduzieren und Identität durch Verfügung über Dinge oder Status zu sichern. Fromm beschreibt diesen Modus als defensiv, da er aus dem Bedürfnis entsteht, das eigene Selbst durch äußere Sicherheiten zu schützen.

Demgegenüber steht die Haltung des Seins, die durch Präsenz und Offenheit gekennzeichnet ist. Im Modus des Seins geht es nicht um Besitz, sondern um Teilhabe. Erfahrungen werden nicht gesammelt, sondern durchlebt. Das Sein ist ein Zustand innerer Beweglichkeit, in dem Menschen bereit sind, sich berühren und verändern zu lassen. Resonanz und Sinn werden dabei nicht durch Kontrolle der Welt erfahrbar, sondern durch Anverwandlung, verstanden als eine antwortoffene Beziehung zur Welt.[34] Alltägliche Handlungen können aus einer Haltung des Habens oder des Seins vollzogen werden. Wer liest, um Informationen zu sammeln und verfügbar zu machen, bewegt sich im Modus des Habens. Wer liest, um sich auf Gedanken einzulassen und sich durch sie verändern zu lassen, handelt im Modus des Seins. Der Unterschied liegt nicht im Tun, sondern in der Weise des Bezogenseins.

Diesen Gedankengang hat Christian Uhle (2024) aufgegriffen und auf Technik und Digitalisierung übertragen. In seiner philosophischen Auseinandersetzung mit künstlicher Intelligenz knüpft er explizit an Fromms Unterscheidung von Haben und Sein an. Uhle weist darauf hin, dass Technik in ihrer inneren Logik darauf ausgerichtet ist, menschliche Kontrolle auszuweiten. Diese Orientierung habe historisch wesentlich zum menschlichen Überleben beigetragen. Kritisch werde sie jedoch dort, wo Technik nicht mehr nur ein Bestandteil des Lebens bleibt, sondern zu einem dominanten Strukturprinzip wird und damit eine

[34] Rosa 2016, 2018.

Haltung des Habens verstärkt. Diese Entwicklung ist eng mit einer Logik permanenter Steigerung verbunden, in der Identität und Sinn an Wachstum und Verfügbarkeit gekoppelt werden. Die umfassende Technisierung folg damit einer Dynamik fortwährender Ausdehnung, ohne dass sich das Begehren nach Mehr je sättigen ließe. Diese Logik wird besonders deutlich in veränderten Formen der Anerkennung. Digitale Plattformen übersetzen zwischenmenschliche Rückmeldungen in standardisierte, zählbare Größen. An die Stelle qualitativer Zeichen von Verbundenheit treten messbare Indikatoren wie Klicks, Likes oder Reichweiten, die anzeigen, wie viele Personen einen Beitrag sehen oder mit ihm in Kontakt kommen. Dadurch wird Anerkennung vergleichbar, obwohl sie ihrem Wesen nach qualitativ ist und sich nicht durch bloße Zahlen steigern lässt. Auch als passiv Teilnehmende bewegen sich Nutzerinnen und Nutzer in einem digitalen Raum, der durch quantitative Bewertungsmechanismen strukturiert ist. Algorithmen erfassen, wie lange Inhalte betrachtet werden und wie oft reagiert wird, und entscheiden auf dieser Grundlage, welche Beiträge häufiger angezeigt und welche in den Hintergrund gedrängt werden. Anerkennung wird so von Formen des Seins in Größen des Habens überführt.

Stille gewinnt in diesem Zusammenhang eine besondere Funktion, weil sie einen begrenzenden Gegenraum zu digitalen Umgebungen eröffnet, in denen Vergleichbarkeit, Sichtbarkeit und Reaktionsdruck dominieren. Wer Stille als Praxis kultiviert, entzieht sich für einen Moment der permanenten Sichtbarkeit und der impliziten Erwartung, zu reagieren oder sich darzustellen. Stille markiert damit eine Grenze, an der Aufmerksamkeit nicht vollständig funktionalisiert wird. Zugleich eröffnet sie einen Raum, in dem Menschen sich selbst und der Welt nicht über Rückmeldung oder Verfügbarkeit begegnen, sondern in einer Haltung des Seins. In diesem Sinne bezeichnet sie eine Praxis digitaler Selbstfürsorge ohne die Logik des Habens zum dominierenden Bezugsmodus werden zu lassen.

Schlussreflexion

Digitale Selbstfürsorge verbindet Achtsamkeit mit sozialer Verantwortung und ist damit Ausdruck einer Kultur des Gleichgewichts, die nicht auf Rückzug, sondern auf Beziehung und Resonanzfähigkeit zielt. Auf individueller Ebene stärkt sie die Wahrnehmungs- und Empfindungsfähigkeit eigener innerer Zustände. Zugleich entfaltet sie ihre Wirkung im sozialen Raum, indem sie die Qualität zwischenmenschlicher Begegnung beeinflusst. Wer lernt, die eigene Reaktivität zu regulieren, begegnet anderen mit größerer Offenheit und Präsenz. Auf diese Weise fördert digitale Selbstfürsorge eine Kultur des Zuhörens, in der Kommunikation nicht durch Geschwindigkeit oder Lautstärke bestimmt wird, sondern durch Aufmerksamkeit und Verantwortung. In einer überkommunizierten Welt eröffnet sie die Möglichkeit, automatisierte Reiz-Reaktions-Muster zu unterbrechen und Wahrnehmung zu vertiefen, statt reflexhaft zu reagieren. Stille wirkt dabei als regulativer Erfahrungsraum. Sie schafft Distanz zur digitalen Reizdichte und ermöglicht es, innere Wahrnehmung und äußere Anforderungen bewusst aufeinander zu beziehen. Damit wird Stille zu einer Voraussetzung gelingender Kommunikation.

Diese individuelle Praxis bleibt jedoch nicht auf das Subjekt beschränkt. Digitale Selbstfürsorge geht über persönliche Selbstregulation hinaus und berührt das gesellschaftliche Zusammenleben insgesamt. In digitalen Kommunikationsräumen ist Aufmerksamkeit keine unbegrenzte Ressource. Eine Kultur digitaler Selbstfürsorge erkennt diese Begrenztheit und versteht Kommunikation nicht als dauerhafte Verfügbarkeit, sondern als geteilte Verantwortung. Daraus ergibt sich die Notwendigkeit von Rahmenbedingungen, die psychische Gesundheit nicht systematisch unterlaufen, sondern aktiv ermöglichen.

Dementsprechend richtet sich digitale Selbstfürsorge nicht ausschließlich an Individuen. Sie betrifft ebenso Organisationen, Bildungsinstitutionen, Unternehmen und politische Akteure. Dort, wo ständige Erreichbarkeit zur Norm, Reaktionsgeschwindigkeit erwartet und Aufmerksamkeit ökonomisch verwertet wird, geraten Selbstregulation und Beziehungsqualität unter Druck. Unter solchen Bedingungen ist digitale Selbstfürsorge immer in institutionelle, organisationale und gesellschaftliche Strukturen eingebettet, die darüber entscheiden, ob Achtsamkeit und Präsenz überhaupt realisierbar sind.

Stille führt nicht aus der Welt heraus, sondern in sie zurück. Die durch sie gewonnene Klarheit schafft die Voraussetzung für verantwortliches Handeln und gesellschaftliche Teilhabe. Menschen, die ihre eigene Reaktivität regulieren können, tragen dazu bei, digitale Kommunikationsräume zu stabilisieren, statt sie weiter zu eskalieren. So wird Selbstfürsorge nicht zum Rückzugsprojekt, sondern zur Ressource gemeinsamer Verantwortung.

Literatur

Albert, M., Quenzel, G., & De Moll, F. (2024). *Jugend 2024. 19. Shell Jugendstudie*. Beltz.

Alderson-Day, B., & Fernyhough, C. (2015). Inner speech: Development, cognitive functions, phenomenology, and neurobiology. *Psychological Bulletin, 141*(5), 931–965. https://doi.org/10.1037/bul0000021

Andel, P. V. (1994). Anatomy of the unsought finding. serendipity: Orgin, history, domains, traditions, appearances, patterns and programmability. *The British Journal for the Philosophy of Science, 45*(2), 631–648.

Andresen, S., Lips, A., Möller, R., Rusack, T., Schröer, W., Thomas, S., & Wilmes, J. (2022). *JuCo III – Jugendliche in der Corona-Pandemie: Lebenslagen, Erfahrungen und Perspektiven*. Universitätsverlag Hildesheim. https://hilpub.uni-hildesheim.de/entities/publication/b3457b07-68ba-4d7d-ab60-b9e9f65bc596

Andrews-Hanna, J. R., Reidler, J. S., Sepulcre, J., Poulin, R., & Buckner, R. L. (2010). Functional-anatomic fractionation of

T. Herdin, *Stille - Ein Weckruf zur digitalen Selbstfürsorge*, Innovativ und kompakt – gesellschaftliche Herausforderungen der Gegenwart, https://doi.org/10.1007/978-3-658-51341-2

the brain's default network. *Neuron, 65*(4), 550–562. https://doi.org/10.1016/j.neuron.2010.02.005

Andrillon, T., Lutz, A., Windt, J., & Demertzi, A. (2025). Where is my mind? A neurocognitive investigation of mind blanking. *Trends in Cognitive Sciences, 29*(7), 600–613. https://doi.org/10.1016/j.tics.2025.02.002

AOK Rheinland/Hamburg. (2024, April 23). *Generation Z: Junge Beschäftigte fallen so häufig wie nie an ihrem Arbeitsplatz aus.* https://www.aok.de/pp/rh/pm/generation-z-junge-beschaeftigte-fallen-so-haeufig-wie-nie-an-ihrem-arbeitsplatz-aus/. 19. Jännern 2026.

Appelbaum, D. (1995). *The Stop.* State University of New York Press.

Arao, B., & Clemens, K. (2013). From safe spaces to brave spaces: A new way to frame dialogue around diversity and social justice. In L. M. Landreman (Hrsg.), *The art of effective facilitation* (S. 135–150). Routledge.

Atteneder, H. (2022). *Machtasymmetrien in geomediatisierten Welten. Geomedien als Konzept zur Neubewertung der Dialektik von Raum/Ort und Medien.* Springer VS. https://doi.org/10.1007/978-3-658-36721-3

Awao, S., Park, C. L., Russell, B. S., & Fendrich, M. (2023). Social media use early in the pandemic predicted later social well-being and mental health in a national online sample of adults in the United States. *Behavioral Medicine, 49*(4), 352–361. https://doi.org/10.1080/08964289.2022.2069667

Baars, B. (2003). How brain reveals mind neural studies support the fundamental role of conscious experience. *Journal of Consciousness Studies, 10*(9–10), 100–114.

Bai, H. (2015). Peace with the earth: Animism and contemplative ways. *Cultural Studies of Science Education, 10*, 135–147. https://doi.org/10.1007/s11422-013-9501-z

Balban, M. Y., Neri, E., Kogon, M. M., Weed, L., Nouriani, B., Jo, B., Holl, G., Zeitzer, J. M., Spiegel, D., & Huberman, A. D. (2023). Brief structured respiration practices enhance mood and reduce physiological arousal. *Cell Reports Medicine, 4*(1). https://doi.org/10.1016/j.xcrm.2022.100895

Barker, E. (o.J.). This is how to overcome anger: 5 powerful secrets from research. *Barking up the wrong tree*. https://bakadesuyo.com/2023/06/overcome-anger/

Barmer. (2024, 23. Oktober). *Diagnose Depression bei immer mehr jungen Menschen*. https://www.barmer.de/presse/presseinformationen/pressearchiv/diagnose-depression-bei-immer-mehr-jungen-menschen-1288264. 19. Jännern 2026.

Barrett, L. F. (2017). *How emotions are made: The secret life of the brain*. Pan Macmillan.

Barry, C. T., Smith, E. E., Murphy, M. B., Halter, B. M., & Briggs, J. (2023). JOMO: Joy of missing out and its association with social media use, self-perception, and mental health. *Telematics and Informatics Reports, 10*, 100054. https://doi.org/10.1016/j.teler.2023.100054

Bauer, T. (2018). *Die Vereindeutigung der Welt: Über den Verlust an Mehrdeutigkeit und Vielfalt*. Reclam.

Baumeister, R. F., Bratslavsky, E., Finkenauer, C., & Vohs, K. D. (2001). Bad is stronger than good. *Review of General Psychology, 5*(4), 323–370. https://doi.org/10.1037/1089-2680.5.4.32

Bavelier, D., & Green, C. S. (2016). The brain-boosting power of video games. *Scientific American, 315*(1), 26–31.

BBC (British Broadcasting Corporation). (2011, Juni 03). *Chinese teenager 'sells kidney to buy iPad and iPhone'*. https://www.bbc.com/news/av/world-asia-pacific-13647438. 19. Jännern 2026.

Beck, U. (2005). Europäisierung - Soziologie für das 21. Jahrhundert. *Aus Politik und Zeitgeschichte, 34–35*, 3–11.

Beck, U., & Grande, E. (2010). Jenseits des methodologischen Nationalismus. Außereuropäische und europäische Variationen der Zweiten Moderne. *Soziale Welt, 61*(3–4), 187–216.

Bennett, N., & Lemoine, G. J. (2014). What VUCA really means for you. *Harvard Business Review, 92*(1–2), 27.

Berntson, G. G., Bigger, J. T., Eckberg, D. L., Grossman, P., Kaufmann, P. G., Malik, M., & van der Molen, M. W. (1997). Heart rate variability: Origins, methods, and interpretive caveats. *Psychophysiology, 34*(6), 623–648. https://doi.org/10.1111/j.1469-8986.1997.tb02140.x

Bertelsmann Stiftung. (2006). *Interkulturelle Kompetenz – Schlüsselqualifikation des 21. Jahrhunderts?* https://www.bertelsmann-stiftung.de/fileadmin/files/BSt/Presse/imported/downloads/xcms_bst_dms_30236_30237_2.pdf. 19. Jännern 2026.

Blanchflower, D. G., & Graham, C. L. (2021). The U shape of happiness: A response. *Perspectives on Psychological Science, 16*(6), 1435–1446. https://doi.org/10.1177/1745691620984393

BMFSFJ (Bundesministerium für Familie, Senioren, Frauen und Jugend). (2023). *Aufwachsen in Deutschland: Alltagswelten (AID:A) – Bericht zur Lebenssituation von Kindern, Jugendlichen und Familien.* BMFSFJ. https://www.dji.de/ueber-uns/projekte/projekte/aida-2023.html. 19. Jännern 2026.

Bolles, R. C. (1993). *The story of psychology: A thematic history.* Brooks/Cole Publishing Co.

Boniel-Nissim, M., Marino, C., Galeotti, T., Blinka, L., Ozoliņa, K., Craig, W., Lahti, H., Wong, S. L., Brown, J., Wilson, M., Inchley, J., & van den Eijnde, R. (2023). *A focus on adolescent social media use and gaming in Europe, Central Asia and Canada: Health Behaviour in School-aged Children international report from the 2021/2022 survey.* World Health Organization. Regional Office for Europe. https://iris.who.int/handle/10665/378982

Brewer, J. A., Worhunsky, P. D., Gray, J. R., Tang, Y. Y., Weber, J., & Kober, H. (2011). Meditation experience is associated with differences in default mode network activity and connectivity. *Proceedings of the National Academy of Sciences, 108*(50), 20254–20259. https://doi.org/10.1073/pnas.1112029108

Britton, W. B., Lindahl, J. R., Cooper, D. J., Canby, N. K., & Palitsky, R. (2021). Defining and measuring meditation-related adverse effects in mindfulness-based programs. *Clinical Psychological Science: A Journal of the Association for Psychological Science, 9*(6), 1185–1204. https://doi.org/10.1177/2167702621996340

Buchanan, K., Aknin, L. B., Lotun, S., & Sandstrom, G. M. (2021). Brief exposure to social media during the COVID-19 pandemic: Doom-scrolling has negative emotional consequences, but kindness-scrolling does not. *PLOS ONE, 16*(10), e0257728. https://doi.org/10.1371/journal.pone.0257728

Buckner, R. L. (2012). The serendipitous discovery of the brain's default network. *Neuroimage, 62*(2), 1137–1145. https://doi.org/10.1016/j.neuroimage.2011.10.035

Burhan, R., & Moradzadeh, J. (2020). Neurotransmitter dopamine (DA) and its role in the development of social media addiction. *Journal of Neurology & Neurophysiology, 11*(7), 1–2.

Burkart, R. (2002). *Kommunikationswissenschaft. Grundlagen und Problemfelder einer interdisziplinären Sozialwissenschaft*. Böhlau Verlag.

Bushman, B. J. (2002). Does venting anger feed or extinguish the flame? Catharsis, rumination, distraction, anger and aggressive responding. *Personality and Social Psychology Bulletin, 28*(6),724–731.https://doi.org/10.1177/0146167202289002

Cain, N., & Gradisar, M. (2010). Electronic media use and sleep in school-aged children and adolescents: A review. *Sleep Medicine, 11*(8), 735–742. https://doi.org/10.1016/j.sleep.2010.02.006

Cardoso-Leite, P., Buchard, A., Tissieres, I., Mussack, D., & Bavelier, D. (2021). Media use, attention, mental health and academic performance among 8 to 12 year old children. *PLOS One, 16*(11), e0259163. https://doi.org/10.1371/journal.pone.0259163

Carter, B., Rees, P., Hale, L., Bhattacharjee, D., & Paradkar, M. (2016). Association between portable screen-based media device access or use and sleep outcomes. A systematic review and meta-analysis. *JAMA Pediatrics, 170*(12). https://doi.org/10.1001/jamapediatrics.2016.2341

Çetin, Z., & Voß, H.-J. (2016). *Schwule Sichtbarkeit – schwule Identität: Kritische Perspektiven*. Psychosozial-Verlag. https://doi.org/10.25595/1375

Chaarani, B., Ortigara, J., Yuan, D., Loso, H., Potter, A., & Garavan, H. P. (2022). Association of video gaming with cognitive performance among children. *JAMA Network Open, 5*(10), e2235721. https://doi.org/10.1001/jamanetworkopen.2022.35721

Chang, Q., Liu, R., & Shen, Z. (2013). Effects of slow breathing rate on blood pressure and heart rate variabilities. *International Journal of Cardiology, 169*(1), e6–e8. https://doi.org/10.1016/j.ijcard.2013.08.121

Charron, S., & Koechlin, E. (2010). Divided representation of concurrent goals in the human frontal lobes. *Science, 328*(5976), 360–363. https://doi.org/10.1126/science.1183614

Chen, G.-M. (2009). Beyond the dichotomy of communication studies. *Asian Journal of Communication, 19*(4), 398–411. https://doi.org/10.1080/01292980903293312

Choudry, A., & Vinayachandra, B. K. (2015). Understanding happiness: The concept of sukha as 'Excellent Space'. *Psychological Studies, 60*(3), 356–367. https://doi.org/10.1007/s12646-015-0319-5

Coe, E., Doy, A., Enomoto, K., & Healy, C. (2023, April 28). Gen Z mental health: The impact of tech and social media. *McKinsey Health Institute*. https://www.mckinsey.com/mhi/our-insights/gen-z-mental-health-the-impact-of-tech-and-social-media#/. 19. Jännern 2026.

Covey, S. R. (2010). Forword. In A. Pattakos (Hrsg.), *Prisoners of our thoughts. Viktor Frankl's principles for discovering meaning in life and work* (S. vii–xiii). Berrett-Koehler Publishers.

Craig, S. L., Brooks, A. S., Doll, K., Eaton, A. D., McInroy, L. B., & Hui, J. (2023). Processes and manifestations of digital resilience: Video and textual insights from sexual and gender minority youth. *Journal of Adolescent Research, 0*(0). https://doi.org/10.1177/07435584221144958

Dahlström, A., Ebersjö, C., & Lundell, B. (2008). Nicotine in breast milk influences heart rate variability in the infant. *Acta Paediatrica, 97*(8), 1075–1079. https://doi.org/10.1111/j.1651-2227.2008.00785.x

DAK. (2024). *Psychreport 2024: Erneuter Höchststand bei psychisch bedingten Fehltagen im Job*. https://www.dak.de/dak/unternehmen/reporte-forschung/psychreport-2024_57364. 19. Jännern 2026.

DAK. (2025). *Gesundheitsreport 2025*. https://www.dak.de/dak/unternehmen/reporte-forschung/gesundheitsreport-2025_142376. 19. Jännern 2026.

Deloitte. (2024a). *Smartphone-Nutzung 2024: Sehnsucht nach Digital Detox*. Deloitte. https://www.deloitte.com/content/dam/assets-zone2/de/de/docs/industries/technology-media-telecommunications/2025/Smartphone-Nutzung-2024_Studie_Deloitte.pdf. 19. Jännern 2026.

Deloitte. (2024b). *Digital consumer trends: Digital usage and online behaviours* (Europa und Vereinigtes Königreich). https://www.deloitte.com/ie/en/Industries/tmt/research/digital-consumer-trends/digital-usage-online-behaviours.html. 19. Jännern 2026.

Demakis, J. (2012). *The ultimate book of quotations*. CreateSpace Independent Publishing Platform.

Dempere, J., Modugu, K., Hesham, A., & Ramasamy, L. K. (2023, September). The impact of ChatGPT on higher education. *Frontiers in Education, 8,* 1–13. https://doi.org/10.3389/feduc.2023.1206936

Der Standard. (2022, August 30): Die schönsten Wanderungen in Österreich? *derstandard.at.* https://www.derstandard.at/story/2000138625733/die-schoensten-wanderungen-in-oesterreich. 19. Jännern 2026.

Detjen, M. (2020, 17. Juli). „Wir schaffen das“ oder „revolutionäres Bewusstsein"? Überlegungen zur Willkommenskultur 2015. *Aus Politik und Zeitgeschichte, 70*(30–32), 20–26. https://www.bpb.de/shop/zeitschriften/apuz/312830/wir-schaffen-das-oder-revolutionaeres-bewusstsein/. 19. Jännern 2026.

Diefenbach, S., & Anders, L. (2022). The psychology of likes: Relevance of feedback on Instagram and relationship to self-esteem and social status. *Psychology of Popular Media, 11*(2), 196. https://doi.org/10.1037/ppm0000360

Dresp-Langley, B., & Hutt, A. (2022). Digital addiction and sleep. *International Journal of Environmental Research and Public Health, 19*(11), 6910. https://doi.org/10.3390/ijerph19116910

Ehlert, U., La Marca, R., Abbruzzese, E., & Kübler, U. (2013). *Biopsychologie*. Kohlhammer.

Erdheim, M. (1988). Zur Ethnospsychoanalyse von Exotismus und Xenophobie. In M. Erdheim (Hrsg.), *Die Psychoanalyse und das Unbewusste in der Kultur. Aufsätze 1980–1987* (S. 258–265). Suhrkamp Verlag.

Esch, T. (2021). *Mehr Nichts! Warum wir weniger vom Mehr brauchen*. Goldmann Verlag.

ETH Zürich. (o.J.). *LGBTQIA+*. https://ethz.ch/staffnet/de/anstellung-und-arbeit/arbeitsumfeld/diversity/angebote-und-beratung/lgbtqia.html

Europäische Kommission. (2026, 6. February). *Commission preliminarily finds TikTok's addictive design in breach of the Digital Services Act*. https://digital-strategy.ec.europa.eu/en/news/commission-preliminarily-finds-tiktoks-addictive-design-breach-digital-services-act

Exelmans, L., & Van den Bulck, J. (2019). Sleep research: A primer for media scholars. *Health Communication, 34*(5), 519–528. https://doi.org/10.1080/10410236.2017.1422100

Farias, M., Maraldi, E., Wallenkampf, K. C., & Lucchetti, G. (2020). Adverse events in meditation practices and meditation-based therapies: A systematic review. *Acta psychiatrica Scandinavica, 142*(5), 374–393. https://doi.org/10.1111/acps.13225

Farman, J. (2012). *Mobile interface theory. Embodied space and locative media*. Routlegde. https://doi.org/10.4324/9780429460241

Felder-Puig, R., Teutsch, F., & Winkler, R. (2023). *Gesundheit und Gesundheitsverhalten von österreichischen Schülerinnen und Schülern. Ergebnisse des WHO-HBSC-Survey 2021/22*. BMSGPK. https://www.sozialministerium.gv.at/Services/Studien.html. 19. Jännern 2026.

Fernyhough, C. (2009). Dialogic thinking. In A. Winsler, C. Fernyhough, & I. Montero (Hrsg.), *Private speech, executive functioning, and the development of verbal self-regulation* (S. 42–52). Cambridge University Press. https://doi.org/10.1017/CBO9780511581533.004

Festinger, L. (1957). *A theory of cognitive dissonance*. Stanford University Press.

Fineberg, N. A., Demetrovics, Z., Stein, D. J., Ioannidis, K., Potenza, M. N., Grünblatt, E., Brand, M., Billieux, J., Carmi, L., King, D. L., Grant, J. E., Yücel, M., Dell'Osso, B., Rumpf, H. J., Hall, N., Hollander, E., Goudriaan, A., Menchon, J., Zohar, J., et al. (2018). Manifesto for a European research network into Problematic Usage of the Internet. *European Neuropsychopharmacology, 28*(11), 1232–1246.

Franklin, M. S., Mrazek, M. D., Anderson, C. L., Smallwood, J., Kingstone, A., & Schooler, J. W. (2013). The silver lining of a mind in the clouds: Interesting musings are associated with positive mood while mind-wandering. *Frontiers in Psychology, 4*, 583. https://doi.org/10.3389/fpsyg.2013.00583

Freund, M. (2019, 17. Februar). T. C. Boyle und Michael Pollan auf LSD und Pilzen: Vom Wunder des bloßen Daseins. *derstandard.at*. https://www.derstandard.at/story/2000098051667/tc-boyle-und-michael-pollan-auf-lsd-und-pilzen-vom. 19. Jännern 2026.

Freytag, A., Knop-Huelss, K., Meier, A., Reinecke, L., Hefner, D., Klimmt, C., & Vorderer, P. (2021). Permanently online – Always stressed out? The effects of permanent connectedness on stress experiences. *Human Communication Research, 47*(2), 132–165. https://doi.org/10.1093/hcr/hqaa014

Fromm, E. (1976). *Haben oder sein. Die seelischen Grundlagen einer neuen Gesellschaft*. dtv.

Galambos, N. L., Krahn, H. J., Johnson, M. D., & Lachman, M. E. (2020). The U shape of happiness across the life course: Expanding the discussion. *Perspectives on Psychological Science, 15*(4),898–912.https://doi.org/10.1177/1745691620902428

Gallup. (2024). *State of the global workplace: 2024 report*. https://www.gallup.com/workplace/349484/state-of-the-global-workplace.aspx. 19. Jännern 2026.

Gansner, M. E. (2019). Gaming addiction in ICD-11 issues and implications. *Psychiatric Times, 36*(9).

Garfin, D. R., Silver, R. C., & Holman, E. A. (2020). The novel coronavirus (COVID-2019) outbreak: Amplification of public health consequences by media exposure. *Health Psychology, 39*(5), 355–357. https://doi.org/10.1037/hea0000875

Gartner Inc. (2014, Februar 13). *Gartner says annual smartphone sales surpassed sales of feature phones for the first time in 2013.* https://www.gartner.com/en/newsroom/press-releases/2014-02-13-gartner-says-annual-smartphone-sales-surpassed-sales-of-feature-phones-for-the-first-time-in-2013. 19. Jännern 2026.

Gattuso, J. J., Perkins, D., Ruffell, S., Lawrence, A. J., Hoyer, D., Jacobson, L. H., Timmermann, C., Castle, D., Rossell, S. L., Downey, L. A., Pagni, B. A., Galvão-Coelh, N. L., Nutt, D., & Sarris, J. (2023). Default mode network modulation by psychedelics: A systematic review. *International Journal of Neuropsychopharmacology, 26*(3), 155–188. https://doi.org/10.1093/ijnp/pyac074

Gaudino, R. (1974). *The uncomfortable learning. Some Americans in India*. Popular Prakashan.

Genner, S. (2017). *ON | OFF. Risks and rewards of the anytime-anywhere Internet.* vdf Hochschulverlag AG.

Gergen, K. (2002). The challenge of absent presence. In J. E. Katz & M. Aakhus (Hrsg.), *Perpetual contact: Mobile communication, private talk, public performance* (S. 227–241). Cambridge University Press.

Germer, C. K. (2009). *The mindful path to self-compassion: Freeing yourself from destructive thoughts and emotions.* The Guilford Press.

Giesecke. (o.J.). www.michaelgiesecke.de/visionen/dokumente/02_mythen_oekuloge/fliesstext/anamnese_diagnose_therapie.htm. Zugegriffen am 11.05.2023.

Gilfert, A. (o.J.). 5000 Jahre Kritik an Jugendlichen – Eine sichere Konstante in Gesellschaft und Arbeitswelt. *Unterwegs in die Arbeitswelt.* https://bildungswissenschaftler.de/5000-jahre-kritik-an-jugendlichen-eine-sichere-konstante-in-der-gesellschaft-und-arbeitswelt/

Giobbi, M. T. (2012). *The myth of Freud's iceberg.* http://www.mgiobbi.com/2012/02/myth-of-freuds-iceberg.html. Zugegriffen am 11.04.2016.

Gioia, F., Rega, V., & Boursier, V. (2021). Problematic internet use and emotional dysregulation among young people: A literature review. *Clinical Neuropsychiatry, 18*(1), 41. https://doi.org/10.36131/cnfioritieditore20210104

Giuntella, O., McManus, S., Mujcic, R., Oswald, A. J., Powdthavee, N., & Tohamy, A. (2023). The midlife crisis. *Economica, 90*(357), 65–110. https://doi.org/10.1111/ecca.12452

Global Mind Project. (2024, 4. März). *The mental state of the world in 2023. A perspective on internet-enabled populations.* Sapien Labs. https://mentalstateoftheworld.report/2023_read/

Gradisar, M., Wolfson, A. R., Harvey, A. G., Hale, L., Rosenberg, R., & Czeisler, C. A. (2013). The sleep and technology use of Americans: Findings from the National Sleep Foundation's 2011 Sleep in America poll. *Journal of Clinical Sleep Medicine, 9*(12), 1291–1299. https://doi.org/10.5664/jcsm.3272

Grant, A. (2024). *Hidden Potential. Die Wissenschaft des Erfolgs*. Piper.

Gross, P. (1994). *Die Multioptionsgesellschaft*. Suhrkamp.

Gupta, C., Jogdand, D. S., & Kumar, M. (2022). Reviewing the impact of social media on the mental health of adolescents and young adults. *Cureus, 14*(10), e30143. https://doi.org/10.7759/cureus.30143

Hadot, I. (2011). *Philosophie als Lebensform. Antike und moderne Exerzitien der Weisheit*. Fischer Taschenbuch.

Hafenbrack, A. C., LaPalme, M. L., & Solal, I. (2022). Mindfulness meditation reduces guilt and prosocial reparation. *Journal of Personality and Social Psychology, 123*(1), 28–54. https://doi.org/10.1037/pspa0000298

Hagman, C., Janson, C., & Emtner, M. (2008). A comparison between patients with dysfunctional breathing and patients with asthma. *The Clinical Respiratory Journal, 2*(2), 86–91. https://doi.org/10.1111/j.1752-699X.2007.00036.x

Haidt, J. (2024). *Generation Angst. Wie wir unsere Kinder an die virtuelle Welt verlieren und ihre psychische Gesundheit aufs Spiel setzen*. Rowohlt.

Hale, L., & Guan, S. (2015). Screen time and sleep among school-aged children and adolescents: A systematic literature review. *Sleep Medicine Reviews, 21*, 50–58. https://doi.org/10.1016/j.smrv.2014.07.007

Haller, R. (2020). *Die Macht der Kränkung*. Ecowin.

Halmer, N. (2022, 15. Oktober). Wie das Leben gelingt. *science.orf.at*. https://science.orf.at/stories/3215487/

Hamberger[†], E. (2016). *Kommunikation und Erkenntnis: Grundzüge einer fächerübergreifenden und transkulturellen Kontextualisierung*. Verlag Karl Alber. https://doi.org/10.5771/9783495817803. [†] in freundschaftlicher und dankbarer Erinnerung an einen prägenden Denker.

Han, B. C. (2010). *Müdigkeitsgesellschaft*. Matthes & Seitz Berlin.

Han, B. C. (2016). *Die Austreibung des Anderen. Gesellschaft, Wahrnehmung und Kommunikation heute*. S. Fischer.

Hansraj, K. K. (2014). Assessment of stresses in the cervical spine caused by posture and position of the head. *Surgical Technology International, 25*(25), 277–279.

Harris, J. L. (2018). Uncomfortable learning: Teaching race through discomfort in higher education. In B. Ahad-Legardy & O. A. Poon (Hrsg.), *Difficult subjects. Insights and Strategies for teaching about race, sexuality, and gender* (S. 248–265). Routledge.

Hatzer, B., & Layes, G. (2010). Applied intercultural competence. In A. Thomas, E.-U. Kinast, & S. Schroll-Machl (Hrsg.), *Handbook of intercultural communication and cooperation. Basics and areas of application* (S. 121–130). Vandenhoeck & Ruprecht.

Hayes, S. C., Wilson, K. G., Gifford, E. V., Follette, V. M., & Strosahl, K. (1996). Experiential avoidance and behavioral disorders: A functional dimensional approach to diagnosis and treatment. *Journal of Consulting and Clinical Psychology, 64*(6), 1152–1168. https://doi.org/10.1037/0022-006X.64.6.1152

Heeg, R., & Steiner, O. (2019). *„Always on": Wie Jugendliche das ständige Online-Sein erleben*. https://soziale-sicherheit-chss.ch/wp-content/uploads/2019/12/dCHSS_04-19_Heeg_Always-on_bf.pdf

Hegel, G. W. F. (1963). *Wissenschaft der Logik: Band 1 (1812)*. Felix Meiner Verlag.

Herdin, T. (2015). IKTs im Tourismus: Verlust der Souveränität im touristischen Erleben? In R. Egger & K. Luger (Hrsg.),

Tourismus und mobile Freizeit: Lebensformen, Trends, Herausforderungen (S. 177–192). BoD.

Herdin, T. (2018). *Werte, Kommunikation und Kultur: Fokus China*. Nomos Verlag. https://doi.org/10.5771/9783845286525

Higgins, E. T. (1987). Self-discrepancy: A theory relating self and affect. *Psychological Review, 94*(3), 319–340. https://doi.org/10.1037/0033-295X.94.3.319

Hirsch, P., Koch, I., & Karbach, J. (2019). Putting a stereotype to the test: The case of gender differences in multitasking costs in task-switching and dual-task situations. *PLOS ONE, 14*(8), e0220150. https://doi.org/10.1371/journal.pone.0220150

Hollis, R. B., & Was, C. A. (2016). Mind wandering, control failures, and social media distractions in online learning. *Learning and Instruction, 42*, 104–112. https://doi.org/10.1016/j.learninstruc.2016.01.007

Homma, I., & Masaoka, Y. (2008). Breathing rhythms and emotions. *Experimental Physiology, 93*(9), 1011–1021. https://doi.org/10.1113/expphysiol.2008.042424

Ivanovski, B., & Malhi, G. S. (2007). The psychological and neurophysiological concomitants of mindfulness forms of meditation. *Acta Neuropsychiatrica, 19*(2), 76–91. https://doi.org/10.1111/j.1601-5215.2007.00175.x

Jerath, R., Crawford, M. W., Barnes, V. A., & Harden, K. (2015). Self-regulation of breathing as a primary treatment for anxiety. *Applied Psychophysiology and Biofeedback, 40*(2), 107–115. https://doi.org/10.1007/s10484-015-9279-8

Johannes, N., Vuorre, M., & Przybylski, A. K. (2021). Video game play is positively correlated with well-being. *Royal Society Open Science, 8*(2), 202049. https://doi.org/10.1098/rsos.202049

Johnston, W. M., & Davey, G. C. (1997). The psychological impact of negative TV news bulletins: The catastrophizing of personal worries. *British Journal of Psychology, 88*(1), 85–91. https://doi.org/10.1111/j.2044-8295.1997.tb02622.x

Kabat-Zinn, J. (1994). *Wherever you go, there you are. Mindfulness meditation in everyday life*. Hyperion.

Kaluza, G. (2007). *Gelassen und sicher im Stress. Das Stresskompetenz-Buch: Stress erkennen, verstehen, bewältigen.* Springer. https://doi.org/10.1007/978-3-662-67116-0

Kaman, A., Erhart, M., Devine, J., Napp, A. K., Reiß, F., Behn, S., & Ravens-Sieberer, U. (2025). Psychische Gesundheit von Kindern und Jugendlichen in Zeiten globaler Krisen: Ergebnisse der COPSY-Längsschnittstudie von 2020 bis 2024. *Bundesgesundheitsblatt-Gesundheitsforschung-Gesundheitsschutz, 68*(6), 670–680. https://doi.org/10.1007/s00103-025-04045-1

Keller, G. (2014). *Die Schülerschelte. Leidensgeschichte einer Generation.* Centaurus Verlag & Media UG. https://doi.org/10.1007/978-3-86226-984-6

Kerr, W. J., Dalton, J. W., & Gliebe, P. A. (1937). Some physical phenomena associated with anxiety states and their relationship to hyperventilation. *Annals of Internal Medicine, 11*, 961–992. https://doi.org/10.7326/0003-4819-11-6-961

Killingsworth, M. A., & Gilbert, D. T. (2010). A wandering mind is an unhappy mind. *Science, 330*(6006), 932–932. https://doi.org/10.1126/science.1192439

Klinglmayr, T. (2025). *Kulturdiskurse – Diskurskulturen. Zur Verhandlung von (Inter-)Kulturalität im Kontext von Integrationsdiskursen.* Springer VS. https://doi.org/10.1007/978-3-658-49995-2

Klopack, E. T., Crimmins, E. M., Cole, S. W., Seeman, T. E., & Carroll, J. E. (2022). Social stressors associated with age-related T lymphocyte percentages in older US adults: Evidence from the US Health and Retirement Study. *Proceedings of the National Academy of Sciences of the United States of America, 119*(25). https://doi.org/10.1073/pnas.2202780119

Köhne, O. (1981). *Polarität: Einführung in die Polaritätstheorie.* Verlag Sokrates.

Komori, T. (2018). The relaxation effect of prolonged expiratory breathing. *Mental Illness, 10*(1), 7669. https://doi.org/10.4081/mi.2018.7669

Koskinen, T., Kähönen, M., Jula, A., Laitinen, T., Keltikangas-Järvinen, L., Viikari, J., Välimäki, I., & Raitakari, O. T. (2009).

Short-term heart rate variability in healthy young adults The Cardiovascular Risk in Young Finns Study. *Autonomic Neuroscience: Basic and Clinical, 145*(1–2), 81–88. https://doi.org/10.1016/j.autneu.2008.10.011

Krasnova, H., Wenninger, H., Widjaja, T., & Buxmann, P. (2013, Februar 27–März 01). *Envy on Facebook: A hidden threat to users' life satisfaction?* [Paper Konferenzbeitrag]. 11th International Conference on Wirtschaftsinformatik (WI2013), Leipzig, Deutschland. https://d-nb.info/1238366627/34#page=553

Kuratorium für Verkehrssicherheit. (2023, September 18). *ÖAMTC-Studie und KFV-Verkehrsbeobachtung zeigen Gefahren von Ablenkung im Straßenverkehr.* https://www.kfv.at/ablenkung/. 19. Jännern 2026.

Kuratorium für Verkehrssicherheit. (2024, Juni 24). *Ablenkung ist auf Österreichs Autobahnen die Unfallursache Nummer 1.* https://www.kfv.at/ablenkung-ist-auf-oesterreichs-autobahnen-die-unfallursache-nummer-1/. 19. Jännern 2026.

Laborde, S., Hosang, T., Mosley, E., & Dosseville, F. (2019). Influence of a 30-day slow-paced breathing intervention compared to social media use on subjective sleep quality and cardiac vagal activity. *Journal of Clinical Medicine, 8*(2), 193. https://doi.org/10.3390/jcm8020193

Laborde, S., Zammit, N., Iskra, M., Mosley, E., Borges, U., Allen, M. S., & Javelle, F. (2022). The influence of breathing techniques on physical sport performance: A systematic review and meta-analysis. *International Review of Sport and Exercise Psychology*, 1–56. https://doi.org/10.1080/1750984X.2022.2145573

Lauer, C. (2024, 5. November). Das macht die „Vorherrschaft der Likes“ mit Teenager-Gehirnen. *welt.de.* https://www.welt.de/gesundheit/article254160258/Hirnforschung-Das-macht-die-Vorherrschaft-der-Likes-mit-Teenager-Gehirnen.html. 19. Jännern 2026.

Lawrence, M., Homer-Dixon, T., Janzwood, S., Rockstöm, J., Renn, O., & Donges, J. F. (2024). Global polycrisis: The causal mechanisms of crisis entanglement. *Global Sustainability, 7*, e6. https://doi.org/10.1017/sus.2024.1

Lembke, A. (2021). *Dopamine Nation: Finding Balance in the Age of Indulgence*. Penguin Publishing Group.

Lessing, T. (1908). *Der Lärm. Eine Kampfschrift gegen die Geräusche unseres Lebens*. J. F. Bergmann.

LeWine, H. E. (2024, 3. April). Understanding the stress response. Chronic activation of this survival mechanism impairs health. *health.harvard.edu*. https://www.health.harvard.edu/staying-healthy/understanding-the-stress-response

Lindenberg, K., & Holtmann, M. (2022). Einzug der Computerspielstörung als Verhaltenssucht in die ICD-11. *Zeitschrift für Kinder-und Jugendpsychiatrie und Psychotherapie, 50*(1), 1–7. https://doi.org/10.1024/1422-4917/a000837

Litchfield, P. M. (2003). A brief overview of the chemistry of respiration and the breathing heart wave. *California Biofeedback, 19*(1), 1–11.

Liu, C., Wang, J., Li, H., Shangguan, Q., Jin, W., Zhu, W., Wang, P., Chen, X., & Wang, Q. (2025). Loss aversion and evidence accumulation in short-video addiction: A behavioral and neuroimaging investigation. *NeuroImage, 313*, 121250. https://doi.org/10.1016/j.neuroimage.2025.121250

Liu, Q., He, H., Yang, J., Feng, X., Zhao, F., & Jun Lyu, J. (2020). Changes in the global burden of depression from 1990 to 2017. Findings from the Global Burden of Disease Study. *Journal of Psychiatric Research, 126*, 134–140. https://doi.org/10.1016/j.jpsychires.2019.08.002

Lossau, N. (2010, 28. März). Schulbücher mit Zeitungsspalten. *welt.de*. https://www.welt.de/welt_print/wissen/article6957033/Schulbuecher-mit-Zeitungsspalten.html. 19. Jännern 2026.

Lu, L., & Gilmour, R. (2006). Individual-oriented and socially oriented cultural conceptions of subjective well-being: Conceptual analysis and scale development. *Asian Journal of Social Psychology, 9*(1), 36–49. https://doi.org/10.1111/j.1467-839X.2006.00183.x

Luger, K. (2004). Horizontverschiebungen. Imagination und Erfahrung von Fremdheit im Tourismus. In K. Luger, C. Baumgartner, & K. Wöhler (Hrsg.), *Ferntourismus wohin? Der globale Tourismus erobert den Horizont* (S. 39–56). Studienverlag.

Lukianoff, G., & Haidt, J. (2015). The coddling of the American mind. *theatlantic.com*. https://www.theatlantic.com/magazine/archive/2015/09/the-coddling-of-the-american-mind/399356/. 19. Jännern 2026.

Lukianoff, G., & Haidt, J. (2018). *The coddling of the American mind: How good intentions and bad ideas are setting up a generation for failure*. Penguin UK.

Lup, K., Trub, L., & Rosenthal, L. (2015). Instagram #Instasad?: Exploring associations among Instagram use, depressive symptoms, negative social comparison, and strangers followed. *Cyberpsychology, Behavior, and Social Networking, 18*(5), 247–252. https://doi.org/10.1089/cyber.2014.0560

MacPherson, S. E. (2018). Definition: Dual-tasking and multitasking. *Cortex, 106*, 313–314. https://doi.org/10.1016/j.cortex.2018.06.009

Madore, K. P., Khazenzon, A. M., Backes, C. W., Jiang, J., Uncapher, M. R., Norcia, A. M., & Wagner, A. D. (2020). Memory failure predicted by attention lapsing and media multitasking. *Nature, 587*(7832), 87–91. https://doi.org/10.1038/s41586-020-2870-z

Marino, C., Gini, G., Vieno, A., & Spada, M. M. (2018). The associations between problematic Facebook use, psychological distress and well-being among adolescents and young adults: A systematic review and meta-analysis. *Journal of Affective Disorders, 226*, 274–281. https://doi.org/10.1016/j.jad.2017.10.007

Mau, S., Lux, T., & Westheuser, L. (2023). *Triggerpunkte: Konsens und Konflikt in der Gegenwartsgesellschaft*. Suhrkamp.

Max-Neef, M. A. (2005). Foundations of transdisciplinarity. *Ecological Economics, 53*(1), 5–16. https://doi.org/10.1016/j.ecolecon.2005.01.014

Mayer, M. (2022, 6. April). *Karriere.at-Umfrage: In gut zwei Drittel der Unternehmen spielt mentale Gesundheit keine Rolle.* https://www.karriere.at/presse/umfrage-mentale-gesundheit-arbeitsplatz. 19. Jännern 2026.

McGorry, P. D., Mei, C., Dalal, N., Alvarez-Jimenez, M., Blakemore, S. J., Browne, V., Dooley, B., Hickie, I. B., Jones, P. B.,

McDaid, D., Mihalopoulos, C., Wood, S. J., El Azzouzi, F. A., Fazio, J., Gow, E., Hanjabam, S., Hayes, A., Morris, A., Pang, E., et al. (2024). The Lancet Psychiatry Commission on youth mental health. *The Lancet Psychiatry, 11*(9), 731–774. https://doi.org/10.1016/S2215-0366(24)00163-9

Medizinische Universität Wien. (2024, 26. März). *Richard Crevenna übernimmt Leitung der Initiative „Leben mit Krebs"*. https://www.meduniwien.ac.at/web/ueber-uns/news/2024/news-im-maerz-2024/richard-crevenna-uebernimmt-leitung-der-initiative-leben-mit-krebs/. 19. Jännern 2026.

Meier, A., & Reinecke, L. (2021). Computer-mediated communication, social media, and mental health: A conceptual and empirical meta-review. *Communication Research, 48*(8), 1182–1209. https://doi.org/10.1177/0093650220958224

Menon, V. (2023). 20 years of the default mode network: A review and synthesis. *Neuron, 111*(16), 2469–2487. https://doi.org/10.1016/j.neuron.2023.04.023

Merleau-Ponty, M. (1966). *Phänomenologie der Wahrnehmung*. Walter de Gruyter.

Mierau, P. (2006). *Nationalsozialistische Expeditionspolitik. Deutsche Asien-Expeditionen 1933–45*. Herbert Utz Verlag.

Mind Foundation. (2023, August 31–September 03). *Insight 2023. Rethink psychedelics. Bridging therapy research & society* [Website]. https://insight-conference.eu/

Mind Foundation. (o.J.). *MIND Foundation. We bring psychedelic therapy into public health care.* https://www.mind-foundation.org/

Montag, C., Yang, H., & Elhai, J. D. (2021). On the psychology of TikTok use: A first glimpse from empirical findings. *Frontiers in Public Health, 9*, 641673. https://doi.org/10.3389/fpubh.2021.641673

Nasser, N. S., Sharifat, H., Rashid, A. A., Hamid, S. A., Rahim, E. A., Loh, J. L., Ching, S. M., Hoo, F. K., Ismail, S. I. F., Tyagi, R., Mohammad, M., & Suppiah, S. (2020). Cue-reactivity among young adults with problematic Instagram use in response to Instagram-themed risky behavior cues: A pilot fMRI study. *Frontiers in Psychology, 11*, 556060. https://doi.org/10.3389/fpsyg.2020.556060

Neff, K. (2003). Self-compassion: An alternative conceptualization of a healthy attitude toward oneself. *Self and Identity, 2*(2), 85–101. https://doi.org/10.1080/15298860309032

Nestor, J. (2020). *Breath. The new science of a lost art.* Penguin Books ltd.

Nier, H. (2020, Februar 04). *Die Arbeit verdichtet sich* [Infografik]. Statista. https://de.statista.com/infografik/20705/aspekte-der-arbeitsintensivierung/

Nummenmaa, L., Glerean, E., Hari, R., & Hietanen, J. K. (2014). Bodily maps of emotions. *Proceedings of the National Academy of Sciences of the United States of America, 111*(2), 646–651. https://doi.org/10.1073/pnas.1321664111

Oldenburg, R. (1989). *The great good place: Cafe, coffee shops, community centers, beauty parlors, general stores, bars, hangouts, and how they get you through the day*. Paragon House.

OÖNachrichten. (2024, September 02). *Bildungsminister Polaschek setzt im neuen Schuljahr auf psychische Gesundheit und Lesekompetenz.* https://www.nachrichten.at/panorama/chronik/bildungsminister-polaschek-setzt-im-neuen-schuljahr-auf-psychische-gesunheit-und-lesekompetenz;art58,3979740. 19. Jännern 2026.

Ophir, E., Nass, C., & Wagner, A. D. (2009). Cognitive control in media multitaskers. *Proceedings of the National Academy of Sciences, 106*(37), 15583–15587. https://doi.org/10.1073/pnas.0903620106

ORF. (2024, April 24). Nicht ohne mein Handy [Dokumentarfilm]. *ORF On.* https://on.orf.at/video/14223460/dok-1-nicht-ohne-mein-handy

Ozimek, P., & Bierhoff, H. W. (2020). All my online-friends are better than me – Three studies about ability-based comparative social media use, self-esteem, and depressive tendencies. *Behaviour & Information Technology, 39*(10), 1110–1123. https://doi.org/10.1080/0144929X.2019.1642385

Pan, Y. C., Chiu, Y. C., & Lin, Y. H. (2020). Systematic review and meta-analysis of epidemiology of internet addiction. *Neuroscience & Biobehavioral Reviews, 118*, 612–622.

Pariser, E. (2011). *The filter bubble: What the internet is hiding from you.* Penguin Press.

Parkinson, J., Schuster, L., & Mulcahy, R. (2022). Online third places: Supporting well-being through identifying and managing unintended consequences. *Journal of Service Research, 25*(1), 108–125. https://doi.org/10.1177/10946705211018860

Paulus, F. W., Möhler, E., Recktenwald, F., Albert, A., & Mall, V. (2021). Electronic media and early childhood: A review. *Klinische Pädiatrie, 233*(4), 157–172. https://doi.org/10.1055/a-1335-4936

Pedersen, J., Rasmussen, M. G. B., Sørensen, S. O., Mortensen, S. R., Olesen, L. G., Brage, S., Kristensen, P. L., Puterman, E., & Grøntved, A. (2022). Effects of limiting digital screen use on well-being, mood, and biomarkers of stress in adults. *Npj Mental Health Research, 1*(1), 14. https://doi.org/10.1038/s44184-022-00015-6

Peng, K., & Nisbett, R. E. (1999). Culture, dialectics and reasoning about contradiction. *American Psychologist, 54*(9), 741–754. https://doi.org/10.1037/0003-066X.54.9.741

Perkins, A. M., Arnone, D., Smallwood, J., & Mobbs, D. (2015). Thinking too much: Self-generated thought as the engine of neuroticism. *Trends in Cognitive Sciences, 19*(9), 492–498. https://doi.org/10.1016/j.tics.2015.07.003

Pew Research Center. (2014, Juni 12). *Political polarization in the American Public.* https://www.pewresearch.org/politics/2014/06/12/political-polarization-in-the-american-public/. 19. Jännern 2026.

Pew Research Center. (2017, Oktober 05). *The partisan divide on political values grows even wider.* https://www.pewresearch.org/politics/2017/10/05/1-partisan-divides-over-political-values-widen/. 19. Jännern 2026.

Pieh, C., Humer, E., Hoenigl, A., Schwab, J., Mayerhofer, D., Dale, R., & Haider, K. (2025). Smartphone screen time reduction improves mental health: A randomized controlled trial. *BMC Medicine, 23*(1), 107. https://doi.org/10.1186/s12916-025-03944-z

Pietschmann, H. (1996). *Phänomenologie der Naturwissenschaft. Wissenschaftstheoretische und philosophische Probleme der Physik*. Springer.

Pietschmann, H. (2002). *Eris & Eirene: Anleitung zum Umgang mit Widersprüchen und Konflikten*. Ibera-Verlag.

Pinker, S. (2018). *Aufklärung jetzt. Für Vernunft, Wissenschaft, Humanismus und Fortschritt. Eine Verteidigung*. S. Fischer Verlage.

Planet Youth. (2023). *Smartphone-Nutzung und Schlafverhalten von Jugendlichen in Irland*. zitiert in: The Irish Times (22. Mai 2023). *Barriers to sleep: Research finds 83% of Irish teenagers have their phones in bedrooms at night*. https://www.irishtimes.com/health/your-family/2023/05/22/barriers-to-sleep-research-finds-83-of-irish-teenagers-have-their-phones-in-bedrooms-at-night/. 19. Jännern 2026.

Poespodihardjo, R. (2021). *Handysucht nimmt zu – Betroffene geben lieber ihre Niere als ihr Smartphone her.* [Video] https://www.20min.ch/video/sie-geben-lieber-ihre-niere-als-ihr-smartphone-her-270781107311. 19. Jännern 2026.

Pollan, M. (2007, März). A plant's-eye view [Video]. *TED*. https://www.ted.com/talks/michael_pollan_a_plant_s_eye_view. 19. Jännern 2026.

Pollan, M. (o.J.). *About Michael Pollan*. https://michaelpollan.com/about/

Pollatos, O., & Schandry, R. (2008). Emotional processing and emotional memory are modulated by interoceptive awareness. *Cognition and Emotion, 22*(2), 272–287. https://doi.org/10.1080/02699930701357535

Porges, S. W. (2011). *The polyvagal theory: Neurophysiological foundations of emotions, attachment, communication, and self-regulation*. W. W. Norton & Company.

Pörksen, B. (2018). *Die große Gereiztheit. Wege aus der kollektiven Erregung*. Carl Hanser Verlag.

Pörksen, B., & von Thun, F. S. (2016). *Kommunikation als Lebenskunst. Philosophie und Praxis des Miteinander-Redens* (2. Aufl.). Carl-Auer Verlag.

Postbank. (2025, September 22). *Rekord: Deutsche sind ganze drei Tage pro Woche online.* https://www.postbank.de/unternehmen/medien/meldungen/2025/september/rekord-deutsche-sind-ganze-drei-tage-pro-woche-online.html. 19. Jännern 2026.

Price, M., Legrand, A. C., Brier, Z. M., van Stolk-Cooke, K., Peck, K., Dodds, P. S., Danforth, C. M., & Adams, Z. W. (2022). Doomscrolling during COVID-19: The negative association between daily social and traditional media consumption and mental health symptoms during the COVID-19 pandemic. *Psychological Trauma: Theory, Research, Practice, and Policy, 14*(8). https://doi.org/10.1037/tra0001202

Purser, R. E. (2019). McMindfulness. How mindfulness became the new capitalist spirituality. *Sexuologie, 26*(3–4), 179–180. https://doi.org/10.61387/S.2019.34.41

Qin, Y., Omar, B., & Musetti, A. (2022). The addiction behavior of short-form video app TikTok: The information quality and system quality perspective. *Frontiers in Psychology, 13*, 932805. https://doi.org/10.3389/fpsyg.2022.932805

Raichle, M. E., MacLeod, A. M., Snyder, A. Z., Powers, W. J., Gusnard, D. A., & Shulman, G. L. (2001). A default mode of brain function. *Proceedings of the National Academy of Sciences, 98*(2), 676–682. https://doi.org/10.1073/pnas.98.2.676

Rakhimov, A. (2014). *Normal breathing: The key to vital health.* CreateSpace Independent Publishing Platform.

Rautela, S., & Sharma, S. (2022). Fear of missing out (FOMO) to the joy of missing out (JOMO): Shifting dunes of problematic usage of the internet among social media users. *Journal of Information, Communication and Ethics in Society, 20*(4), 461–479. https://doi.org/10.1108/JICES-06-2021-0057

Reckwitz, A. (2019). *Politik, Ökonomie und Kultur in der Spätmoderne*. Suhrkamp.

Ricci, C., Schlarb, A. A., Rothenbacher, D., & Genuneit, J. (2021). Digital media, book reading, and aspects of sleep and sleep-related fears in preschoolers: The Ulm SPATZ Health Study. *Somnologie, 25*(1), 11–19. https://doi.org/10.1007/s11818-020-00290-5

Ridderinkhof, A., de Bruin, E. I., Brummelman, E., & Bögels, S. M. (2017). Does mindfulness meditation increase empathy? An experiment. *Self and Identity, 16*(3), 251–269. https://doi.org/10.1080/15298868.2016.1269667

Riendeau, J. (2023, Januar 08). FOBO: Gen Z's FOMO. *thegospelcoalition.org.* https://www.thegospelcoalition.org/article/fobo-genz-fomo/. 19. Jännern 2026.

Ristiniemi, H., Perski, A., Lyskov, E., & Emtner, M. (2014). Hyperventilation and exhaustion syndrome. *Scandinavian Journal of Caring Sciences, 28*(4), 657–664. https://doi.org/10.1111/scs.12090

Ritchie, H. (2024). *Not the end of the world: How we can be the first generation to build a sustainable planet.* Little, Brown Spark.

Roberts, J. A., & David, M. E. (2019). The social media party: Fear of Missing Out (FoMO), social media intensity, connection, and well-being. *International Journal of Human–Computer Interaction, 36*(4), 386–392. https://doi.org/10.1080/10447318.2019.1646517

Rosa, H. (2013). *Beschleunigung und Entfremdung. Entwurf einer Kritischen Theorie spätmoderner Zeitlichkeit.* Suhrkamp.

Rosa, H. (2016). *Resonanz. Eine Soziologie der Weltbeziehung.* Suhrkamp.

Rosa, H. (2018). *Unverfügbarkeit.* Residenz Verlag.

Rosling, H., Rosling Rönnlund, A., & Rosling, O. (2018). *Factfulness. Wie wir lernen, die Welt so zu sehen, wie sie wirklich ist.* Ullstein Buchverlage.

Russo, M. A., Santarelli, D. M., & O'Rourke, D. (2017). The physiological effects of slow breathing in the healthy human. *Breathe, 13*(4), 298–309. https://doi.org/10.1183/20734735.009817

Saehrendt, C., & Kittl, S. T. (2016). *Ist das Kunst oder kann das weg? Vom wahren Wert der Kunst.* DuMont Buchverlag.

San Martín Iñiguez, L., García, E. L., Rosado Luna, E., García-Rodríguez, L., Aoiz Pinillos, M., De la Fuente Arias, J., & Morón Henche, I. (2024). Relationship between regulatory processes and problematic social media use: A systematic review. *Computers in Human Behavior Reports, 16*. https://doi.org/10.1016/j.chbr.2024.100507

Sapien Labs. (2023, Mai 15). *Age of first smartphone/tablet and mental wellbeing outcomes*. https://sapienlabs.org/whats_new/study-out-from-sapien-labs-links-age-of-first-smartphone-to-mental-wellbeing/

Sapien Labs. (2024, März 04). *The mental state of the world in 2023. A perspective on internet-enabled populations*. https://mentalstateoftheworld.report/2023_read/

Sautermeister, J. (2021). Mit Mehrdeutigkeit und Ungewissheit leben können: Zum Wechselverhältnis von Ambiguitätstoleranz, Resilienz und Spiritualität. *Spiritual Care, 10*(2), 128–134. https://doi.org/10.1515/spircare-2021-0001

Scharbert, J., Humberg, S., Kroencke, L., Reiter, T., Sakel, S., Horst, J., Utesch, K., Gosling, S. D., Harari, G., Matz, S. C., Schoedel, R., Stachl, C., Aguilar, N. M. A., Amante, D., Aquino, S. D., Bastias, F., Bornamanesh, A., Bracegirdle, C. L., Campos, L., et al. (2024). Psychological well-being in Europe after the outbreak of war in Ukraine. *Nature Communications, 15*, 1202. https://doi.org/10.1038/s41467-024-44693-6

Schlosser, M., Sparby, T., Vörös, S., Jones, R., & Marchant, N. L. (2019). Unpleasant meditation-related experiences in regular meditators: Prevalence, predictors, and conceptual considerations. *PloS One, 14*(5), e0216643. https://doi.org/10.1371/journal.pone.0216643

Schmidt-Persson, J., Rasmussen, M. G. B., Sørensen, S. O., Mortensen, S. R., Olesen, L. G., Brage, S., Kristensen, P. L., Bilenberg, N., & Grøntved, A. (2024). Screen media use and mental health of children and adolescents: A secondary analysis of a randomized clinical trial. *JAMA Network Open, 7*(7), e2419881. https://doi.org/10.1001/jamanetworkopen.2024.19881

Schmitgen, M. M., Henemann, G. M., Koenig, J., Otte, M. L., Rosero, J. P., Bach, P., Haage, S. H., Wolf, N. D., & Wolf, R. C. (2025). Effects of smartphone restriction on cue-related neural activity. *Computers in Human Behavior, 167*, 108610. https://doi.org/10.1016/j.chb.2025.108610

Schmitz, H. (2014). *Atmosphären*. Karl Alber.

Schneider, S. L. (2001). In search of realistic optimism: Meaning, knowledge, and warm fuzziness. *American Psychologist, 56*(3), 250–263. https://doi.org/10.1037/0003-066X.56.3.250

Schnetzer, S., Hurrelmann, K., & Hampel, K. (2024, April 23). *Trendstudie „Jugend in Deutschland 2024: Verantwortung für die Zukunft? Ja, aber"*. https://simon-schnetzer.com/trendstudie-jugend-in-deutschland-2024/

Schöneck, N. (2004). Stets ein bisschen getrieben. Die Zeitwahrnehmung meiner Mitmenschen im Fokus. In H. Rosa (Hrsg.), *Fast forward. Essays zu Zeit und Beschleunigung* (S. 29–46) Edition Körber.

Schubert, C. (2013). Psychoneuroimmunologie und Infektanfälligkeit. *Zeitschrift für Komplementärmedizin, 5*(05), 17–23. https://doi.org/10.1055/s-0033-1357224

Schuler, D., Tuch, A., Sturny, I., & Peter, C. (2024). *Psychische Gesundheit. Kennzahlen 2022 (Obsan Bulletin 11/2024).* Schweizerisches Gesundheitsobservatorium. obsan_bulletin_2024_11_d.pdf

Schuster, H. (2021, Januar 29). *Smartphone ist wichtiger als eine Niere: Ergebnisse einer von OnePoll für OnePlus durchgeführten Umfrage*. IT-Business. https://www.it-business.de/smartphone-ist-wichtiger-als-eine-niere-a-995433. 19. Jännern 2026.

Schwartz, B. (2004). *The paradox of choice: Why more is less*. Harper Perennial.

Schwartz Public Relations. (2021, Januar 27). *Smartphone-Studie: „Nimm meine Niere, aber lass mir bitte mein Handy"*. https://schwartzpr.de/newsroom/oneplus/smartphone-studie-nimm-meine-niere-aber-lass-mir-bitte-mein-handy/

Schwarzenegger, C., & Lohmeier, C. (2021). Creating opportunities for temporary disconnection: How tourism professionals provide alternatives to being permanently online. *Convergence, 27*(6), 1631–1647. https://doi.org/10.1177/13548565211033385

Seli, P., Beaty, R. E., Marty-Dugas, J., & Smilek, D. (2019). Depression, anxiety, and stress and the distinction between intentional and unintentional mind wandering. *Psychology of Consciousness: Theory, Research, and Practice, 6*(2), 163–170. https://doi.org/10.1037/cns0000182

Selle, G. (1997). *Siebensachen. Ein Buch über die Dinge*. Campus.

Shaffer, F., & Meehan, Z. M. (2020). A practical guide to resonance frequency assessment for heart rate variability biofeedback. *Frontiers in Neuroscience, 14*, 570400. https://doi.org/10.3389/fnins.2020.570400

Sharma, B., Lee, S. S., & Johnson, B. K. (2022). The dark at the end of the tunnel: Doomscrolling on social media newsfeeds. *Technology, Mind, and Behavior, 3*(1). https://doi.org/10.1037/tmb0000059

Sherman, L. E., Hernandez, L. M., Greenfield, P. M., & Dapretto, M. (2018). What the brain 'Likes': Neural correlates of providing feedback on social media. *Social Cognitive and Affective Neuroscience, 13*(7), 699–707. https://doi.org/10.1093/scan/nsy051

Siegel, D. J. (2012). *Pocket guide to interpersonal neurobiology. An integrative handbook of the mind.* W. W. Norton.

da Silva Pinho, A., Céspedes Izquierdo, V., Lindström, B., & van den Bos, W. (2024). Youths' sensitivity to social media feedback: A computational account. *Science Advances, 10*(43), eadp8775. https://doi.org/10.1126/sciadv.adp8775

Smallwood, J., & Andrews-Hanna, J. (2013). Not all minds that wander are lost: The importance of a balanced perspective on the mind-wandering state. *Frontiers in Psychology, 4*, 441. https://doi.org/10.3389/fpsyg.2013.00441

Smith, R., Thayer, J. F., Khalsa, S. S., & Lane, R. D. (2017). The hierarchical basis of neurovisceral integration. *Neuroscience & Biobehavioral Reviews, 75*, 274–296. https://doi.org/10.1016/j.neubiorev.2017.02.003

Sparrow, B., Liu, J., & Wegner, D. M. (2011). Google effects on memory: Cognitive consequences of having information at our fingertips. *Science, 333*(6043), 776–778.

Stead, H., & Bibby, P. A. (2017). Personality, fear of missing out and problematic internet use and their relationship to subjective well-being. *Computers in Human Behavior, 76*, 534–540. https://doi.org/10.1016/j.chb.2017.08.016

Steers, M. L. N., Wickham, R. E., & Acitelli, L. K. (2014). Seeing everyone else's highlight reels: How Facebook usage is linked to depressive symptoms. *Journal of Social and Clinical Psychology, 33*(8), 701–731. https://doi.org/10.1521/jscp.2014.33.8.701

Sussams, R., Schlotz, W., Clough, Z., Amin, J., Simpson, S., Abbott, A., Beardmore, R., Sharples, R., Raybould, R., Brookes, K., Morgan, K., Culliford, D., & Holmes, C. (2020). Psychological stress, cognitive decline and the development of dementia in amnestic mild cognitive impairment. *Scientific Reports, 10*(1), 3618. https://doi.org/10.1038/s41598-020-60607-0

Suzuki, S. (2020). *Zen mind, beginner's mind.* Shambhala Publications.

Sydow, L. (2020, 15. Januar). *The state of mobile in 2020. How to win on mobile.* https://mmaglobal.com/research/report-state-mobile-2020

Syvertsen, T., & Enli, G. (2019). Digital detox: Media resistance and the promise of authenticity. *Convergence: The International Journal of Research into New Media Technologies, 26*(5–6), 1269–1283. https://doi.org/10.1177/1354856519847325

Taylor, V. A., Daneault, V., Grant, J., Scavone, G., Breton, E., Roffe-Vidal, S., Courtemanche, J., Lavarenne, A. S., Marrelec, G., Benali, H., & Beauregard, M. (2013). Impact of meditation training on the default mode network during a restful state. *Social Cognitive and Affective Neuroscience, 8*(1), 4–14. https://doi.org/10.1093/scan/nsr087

Techniker Krankenkasse. (2023). *Gesundheitsreport. Wie geht's Deutschlands Studierenden?* https://www.tk.de/resource/blob/2149886/e5bb2564c786aedb3979588fe64a8f39/2023-tk-gesundheitsreport-data.pdf. 19. Jännern 2026.

The Harris Poll. (2024, September 10). *What Gen Z thinks about its social media and smartphone usage.* https://theharrispoll.com/briefs/gen-z-social-media-smart-phones/

The Lancet Psychiatry. (2024). Prioritising young people. *The Lancet Psychiatry, 11*(9), 665.

Theurl, F., Schreinlechner, M., Sappler, N., Toifl, M., Dolejsi, T., Hofer, F., Massmann, C., Steinbring, C., Komarek, S., Mölgg, K., Dejakum, B., Böhme, C., Kirchmair, R., Reinstadler, S., & Bauer, A. (2023). Smartwatch-derived heart rate variability: A head-to-head comparison with the gold standard in cardiovascular disease. *European Heart Journal-Digital Health, 4*(3), 155–164. https://doi.org/10.1093/ehjdh/ztad022

Thomas, M., McKinley, R. K., Freeman, E., Foy, C., & Price, D. (2005). The prevalence of dysfunctional breathing in adults in the community with and without asthma. *Primary Care Respiratory Journal, 14*(2), 78–82. https://doi.org/10.1016/j.pcrj.2004.10.007

Tseng, J., & Poppenk, J. (2020). Brain meta-state transitions demarcate thoughts across task contexts exposing the mental noise of trait neuroticism. *Nature Communications, 11*(1), 1–12. https://doi.org/10.1038/s41467-020-17255-9

Tucholsky, K. (1931). Der Mensch. *Die Weltbühne., 27*(24), 889–890.

Uhle, C. (2024). *Künstliche Intelligenz und echtes Leben: Philosophische Orientierung für eine gute Zukunft.* S. Fischer.

Ungvarsky, J. (2025): Toxic positivity. *EBSCO Knowledge Advantage.* https://www.ebsco.com/research-starters/psychology/toxic-positivity. 19. Jännern 2026.

Universitätsklinikum Leipzig. (2018, Juli 12). *Neue Krankheit „Handy-Daumen".* https://www.uniklinikum-leipzig.de/presse/Seiten/Pressemitteilung_6552.aspx. 19. Jännern 2026.

Vogel, E. A., Rose, J. P., Roberts, L. R., & Eckles, K. (2014). Social comparison, social media, and self-esteem. *Psychology of Popular Media Culture, 3*(4), 206–222. https://doi.org/10.1037/ppm0000047

Waldersee, V. (2019, März 08). *Could you live without your smartphone?* YouGov. https://yougov.co.uk/topics/technology/articles-reports/2019/03/08/could-you-live-without-your-smartphone

Wallensten, J., Ljunggren, G., Nager, A., Wachtler, C., Bogdanovic, N., Petrovic, P., & Carlsson, A. C. (2023). Stress, depression, and risk of dementia – A cohort study in the total population between 18 and 65 years old in Region Stockholm. *Alzheimer's Research & Therapy, 15*(1), 161. https://doi.org/10.1186/s13195-023-01308-4

Wang, G. (2009). Going beyond the dualistic view of culture and market economy: Learning from the localization of reality television in Greater China. *Chinese Journal of Communication, 2*(2), 127–139. https://doi.org/10.1080/17544750902826616

Wang, Z., Irwin, M., Cooper, C., & Srivastava, J. (2015). Multidimensions of media multitasking and adaptive media selection. *Human Communication Research, 41*(1), 102–127. https://doi.org/10.1111/hcre.12042

Watzlawick, P., Beavin, J., & Jackson, D. (1990). *Menschliche Kommunikation. Formen, Störungen, Paradoxien*. Hans Huber.

Weber, H. (2008). *Das Versprechen mobiler Freiheit. Zur Kultur- und Technikgeschichte von Kofferradio, Walkman und Handy*. Transcript.

Weggel, O. (1997). *Die Asiaten*. dtv Deutscher Taschenbuchverlag.

Weinfeld, J. (1992). *Polarität und Dialektik in Beziehung auf Gesellschaftsdynamik*. Peter Lang.

Weyel, B. (2013). Ambiguitätstoleranz. Seelsorge als interkulturelle Seelsorge. In K. Merle (Hrsg.), *Kulturwelten. Zum Problem des Fremdverstehens in der Seelsorge* (S. 299–312). LIT.

Winsler, A., Fernyhough, C., & Montero, I. (2009). Introduction. In A. Winsler, C. Fernyhough, & I. Montero (Hrsg.), *Private speech, executive functioning, and the development of verbal self-regulation* (S. xi–xvii). Cambridge University Press. https://doi.org/10.1017/CBO9780511581533.002

Wiradhany, W., van Vugt, M. K., & Nieuwenstein, M. R. (2020). Media multitasking, mind-wandering, and distractibility: A large-scale study. *Attention, Perception, & Psychophysics, 82*(3), 1112–1124. https://doi.org/10.3758/s13414-019-01842-0

Wood, J. (2004). *Communication theories in action. An introduction.* Wadsworth.

Woolley, K., & Fishbach, A. (2022). Motivating personal growth by seeking discomfort. *Psychological Science, 33*(4), 510–523. https://doi.org/10.1177/09567976211044685

World Health Organization. (2022a, Mai 02). *WHO European regional obesity report 2022.* https://www.who.int/europe/publications/i/item/9789289057738. 19. Jännern 2026.

World Health Organization. (2022b, Juni 16). *World mental health report: Transforming mental health for all.* https://www.who.int/publications/i/item/9789240049338. 19. Jännern 2026.

World Health Organization. (2024, September 25). *Jugendliche, Bildschirme und psychische Gesundheit.* https://www.who.int/europe/de/news/item/25-09-2024-teens%2D%2Dscreens-and-mental-health. 19. Jännern 2026.

World Health Organization. (2025, Oktober 08). *Mental Health.* https://www.who.int/news-room/fact-sheets/detail/mental-health-strengthening-our-response. 19. Jännern 2026.

Wyatt, Z. (2024). The dark side of #PositiveVibes: Understanding toxic positivity in modern culture. *Psychiatry and Behavioral Health, 3*(*1*), 1–6. https://doi.org/10.33425/2833-5449.0016

YEP – Stimme der Jugend. (2025). *Mental-Health Jugendbericht.* Wien. https://yep-works.org/wp-content/uploads/2025/04/20250401_Mental-Health_Jugendbericht_Download.pdf

Yes Theory. (2020). *Yes Theory.* https://yestheory.com/

Yoon, S., Kleinman, M., Mertz, J., & Brannick, M. (2019). Is social network site usage related to depression? A meta-analysis of Facebook–depression relations. *Journal of Affective Disorders, 248*, 65–72. https://doi.org/10.1016/j.jad.2019.01.026

YouGov. (2019). *Could you live without your smartphone?* https://yougov.co.uk/technology/articles/22577-could-you-live-without-your-smartphone

Zaccaro, A., Piarulli, A., Laurino, M., Garbella, E., Menicucci, D., Neri, B., & Gemignani, A. (2018). How breath-control can change your life: A systematic review on psychophysiological correlates of slow breathing. *Frontiers in Human Neuroscience, 12*, 353. https://doi.org/10.3389/fnhum.2018.00353

Zick, I. (2023, Januar 18). *Mental-Health-Barometer 2022. Der Hälfte der Studierenden geht es mental schlecht.* https://studo.com/de/blog/mental-health-barometer-2022

Ziegler, R. (2010). Ambiguität und Ambivalenz in der Psychologie: Begriffsverständnis und Begriffsverwendung. *Zeitschrift für Literaturwissenschaft und Linguistik, 158*(2), 125–171. https://doi.org/10.1007/BF03379838

Zurstiege, G. (2019). *Taktiken der Entnetzung: die Sehnsucht nach Stille im digitalen Zeitalter*. Suhrkamp.

GPSR Compliance
The European Union's (EU) General Product Safety Regulation (GPSR) is a set of rules that requires consumer products to be safe and our obligations to ensure this.

If you have any concerns about our products, you can contact us on

ProductSafety@springernature.com

In case Publisher is established outside the EU, the EU authorized representative is:

Springer Nature Customer Service Center GmbH
Europaplatz 3
69115 Heidelberg, Germany

www.ingramcontent.com/pod-product-compliance
Lightning Source LLC
LaVergne TN
LVHW010420230826
846092LV00003BA/985

* 9 7 8 3 6 5 8 5 1 3 4 0 5 *